traverse編集委員会 編

布野修司
古阪秀三
山岸常人
竹山聖
大崎純

建築学のすすめ

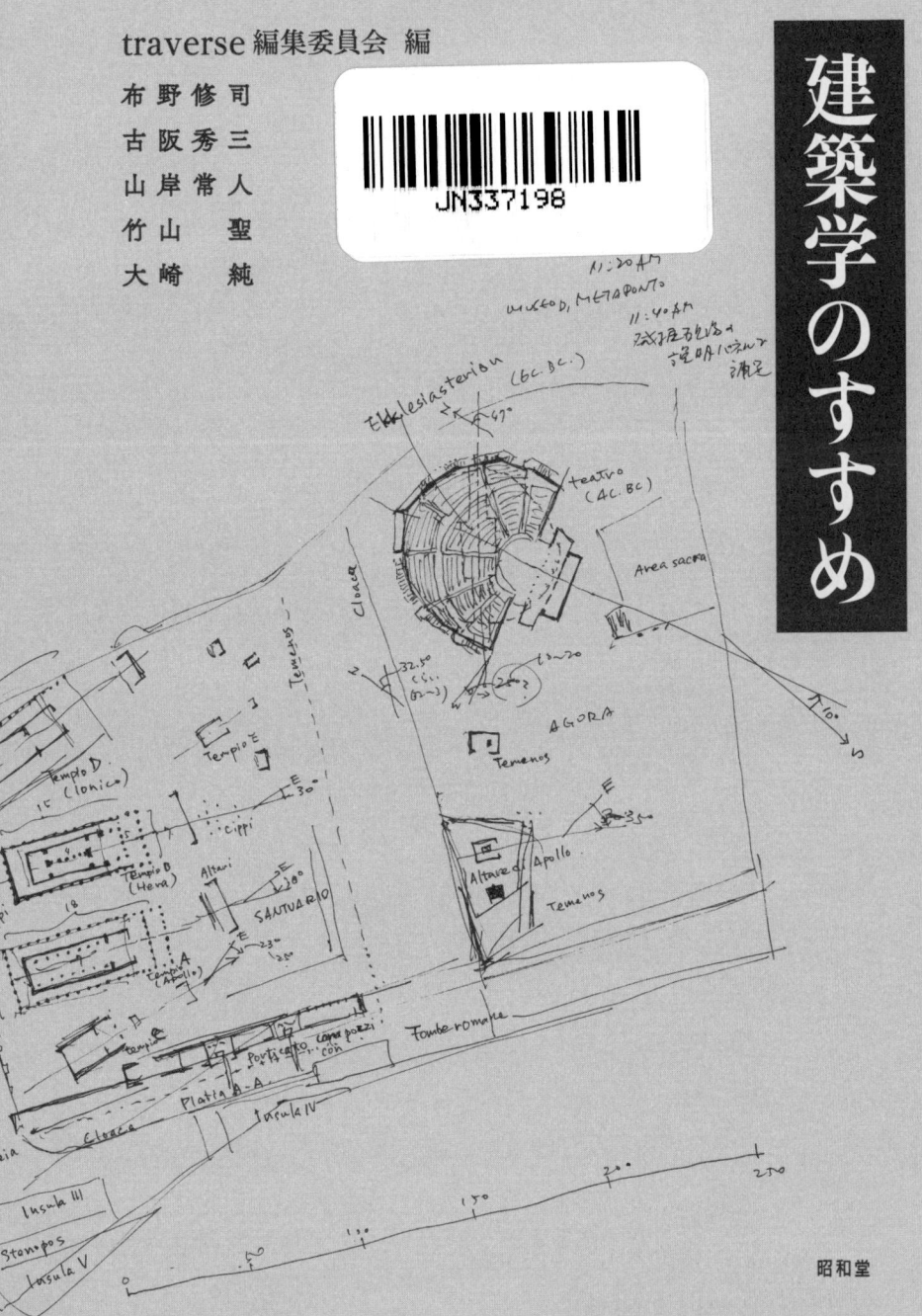

昭和堂

建築学のすすめ
序

　すべてが建築である、誰もが建築家である、というのが本書の出発点にあります。すなわち、建築学というのは誰にとっても身近であり、誰もが無縁ではないということを本書の前提にしたいと思います。その上での建築学のすすめです。

　最初に、第1章ですべてが建築であることを宣言しますが、「建築」というのは、英語の「アーキテクチャー architecture」の訳語です。中国でも「建築」という訳語が用いられますが、「建築」という言葉はもともと中国語になく、日本語の訳語がもとになったようです。「建築家」はアーキテクト architect です。その語源を遡ると、ラテン語のアルケー arché（根源）のテクネー techné（技能・技術）という意味が込められているようです。根源的技能ということになります。考古学はアルケオロジー archeology ですね。「建築＝アーキテクチャー」には、ものごとの始まり（始原）、原理、始動因、大元に遡るという意味が含まれていることになります。

　最近、コンピュータ・アーキテクトといった言葉が使われます。つまり、アーキテクトというのはいわゆる「建築家」に限るわけではありません。ギリシャの哲学者アリストテレスによれば、アルキテクトニケ・テクネー（建築家の技能）というのは本来諸芸を統合する原理に関わっています。

　第3章でも触れていますが、建築を学ぶものであれば世界中の誰でもがその名を知ることになる最古の建築書『建築十書』を書いた、紀元前1世紀頃カエサル（シーザー）に仕えたウィトルウィウスという建築家は、建築家というのはさまざまなことを知るべきだというようなことを『建築十書』の冒頭で主張しています。建築家というのは好奇心旺盛でないといけないのは確かです。

　以上のように始めると、何やら難しそうな入門になりそうなのですが、そんなことはありません。始原に帰って考えよう、根源に帰って考えよう、ということです。また、どんな分野でも建築に関係する、ということです。だから、すべてが建築であり、誰もが建築家なのです。

明治時代に入って、「建築」という言葉ができるまで使われていたのは「造家」という言葉です。聞きなれない言葉かもしれませんが、「造船」という言葉と同様です。「家」を「造」るという意味ですから、「建築」とは何かと問うより、むしろ「造家」と言った方がわかりやすいと思います。「建築」を「家」に置き換えればすべての建築を考えることができます。「家」を「建」てて「築」くのが「建築家」ですから、そもそも誰もがもともと建築家なのです。建築の分野ではよく引用されるのですが、ドイツの哲学者 M. ハイデガーがいうように、住むこと whonen、生きること leben、建てること bauen は同じことなのです。そして、考えること denken も……と続くのですが、考えることを担うのが「建築学」です。

　始原に帰って考えれば、人類は最初にどのように家を建てたのでしょうか。

　おそらく自然にできた洞窟のようなところに雨露を凌ぐために住んだのでしょう。あるいは、動物が巣をつくるように、簡易な小屋を建てたのではないでしょうか。世界中にはさまざまな住居の伝統をみることができるわけですが、すべて元を質せば、最初の始原の家に行きつくのではないでしょうか。身近に利用できる材料を使い、自分の身体を保護するシェルター（覆い）を建てるのが建築の始まりなのです。

　建築を学ぶためには、したがって、まず世界中の始原に遡る伝統的な家について学ぶ必要があります。伝統的に建てられてきた家には、人類のさまざまな知恵が込められているからです。この知恵を体系化することが建築学の大きな役割となります。具体的には、世界中の伝統的な家の多様な形態を決定している要因を明らかにすることになります。

　家の形態を決める大きな要因となるのは自然です。雨の多いところ、風の強いところ、湿度が低いところ、暑いところなど気候条件によって、庇を長くしたり、壁を厚くしたり、さまざまな対処が必要とされることから家の形態は異なります。また、家を建てる場所が平坦な土地か、斜面かなど地形によって家の形態は変わります。場合によっては、地下や樹上、海の上に家を建てる場合もあります。自然条件によって、利用可能な建築材料は異なり、木・草・石・土など材料の違いによって、構法が異なり、家の規模が違ってきます。

　しかし、家の形態は、以上のような自然条件や環境条件によってのみ決定され

るわけではありません。農業、漁業、遊牧など生業のかたち、すなわちどういう生活形態をとるか、またそれによってどういう集団社会が形成されるかによっても異なります。

さらに、家をどう飾るかは大きな関心事になります。その形やディテール（部分詳細）に自分（たち）のアイデンティティを表現することになります。要するに、人間生活のあり方と密接に関わるのが建築です。誰もが建築とは無縁ではない、建築は、それぞれの地域の政治的・経済的・文化的・社会的あり方の総合的表現なのです。

本書は、自ら家を建てることを原点とします。そうすると、本来、入門というのは要らないのかもしれません。また、「学」というのも要らないのかもしれません。実際、独「学」で世界的建築家になった存在をわれわれは身近に知っています。

さて、本題です。現代において、家を建てるためにどうすればいいのでしょう。建築の始原の段階とは状況が大きく変わっています。家は自分で建てるものではなく、住宅展示場や住宅メーカーのカタログから選んで買うものになりつつあります。建築技術のあり方は、この100年余りの間に大きく変化しました。鉄筋コンクリート造や鉄骨造の出現によって、それ以前には考えられないような大規模で高層の建築が実現するようになり、立体的に都市に住むのが一般的になりつつあります。自動車や飛行機などの交通手段の発達で、また、IT（情報技術）の革新によって、われわれの生活は20世紀までの人類が経験してきた世界とはすっかり変わってきています。建築のあり方が変わるのは当然です。実は、建築学が必要とされるようになったのは、新たな建築技術が出現してきたからだともいえます。

しかしだからといって、繰り返しますが、建築が難しくなったわけではありません。基本は、家を建てるときに考えることと同じです。どんな建築家でも、世界的に高名な建築家でも、ほとんどすべての建築家のデビュー作品は住宅作品です。誰であれ、住宅に住むのですから、住宅の設計とは無縁ではありません。机の配置を変えたり、カーテンの柄を選んだり、部屋を設えるのは、すでに立派な建築行為です。日曜大工で何かをつくったりすれば、建築家としての第一歩を踏

み出しているといっていいでしょう。

　責任逃れをするわけではありませんが、すぐれた建築家になる第一の方法は、とにかく建築を見て歩くことだと思います。とくに、自分がいいと感じる空間、居心地のいい空間を無数に体験することです。建築学にはありとあらゆる分野が関わります。人間の生活するすべての場に関わるわけですから当然です。病院や学校を設計するためには医療や教育のことを知る必要があります。部屋のなかにあるものが、どのようにつくられるかを考えてみてください。建築に使われる材料だけを考えても、鉄・ガラス・コンクリートのみならず、さまざまな材料を使用することが可能です。工学系の分野のすべてが関わるといっていいでしょう。したがって、上述のように、何にでも好奇心を持つことが大切です。

　そして、建築が何よりも好きになることです。好きということは、居心地のいい空間にいるかどうか、自分で判断できることを意味します。建築が好きになってもらえればという思いで本書は企画されています。

　第二に、すぐれた「建築家」になるためには、建築の歴史に学ぶことです。建築史という、工学系の他の分野にはない歴史の科目があるのが建築学の特性ですが、人類が歴史的に積み重ねてきた建築の知恵に学ぶのが建築家になる一番の近道だからです。

　第三、第四は後回しにしましょう。あんまり多すぎると入門になりません。

　建てることが出発点ですから、建築学には基本的に学ぶべきことがあります。建築学の基本的分野を簡単に示しておきましょう。その際、建築を人間の体に例えるとわかりやすいと思います。人間の身体を大きく骨格や筋肉、内臓器官、皮膚で覆われたその他の組織に分けるとすると、建築の構造、設備、意匠・空間の3つに対応します。建築構造、建築設備、建築計画という3つの分野が相互に関連しながら建築学を構成します。

　建築構造学は、空間を覆う方法を考えます。木・石・土など自然材料を用いた伝統的建築においても実にさまざまな方法があるのですが、近代では、鉄・ガラス・コンクリートを用いた方法が主流となっています。人間の身体は動くわけですが、建築学も地震に対応するための免震構造を開発するなど、動くことを前提にした方法が追及されています。自動車や飛行機、宇宙ステーションなども建築

と考えれば、さらにさまざまな展開が考えられます。

建築設備（環境）工学は、主として音・熱・光・空気について建築の環境状態を制御する方法を考えます。建築設備のシステムは人間の呼吸器や血管など循環器系に対応します。人類が家を建てるのは、衣服を身に着けるのもそうですが、暑さや寒さ、雨や雪、湿気、風や日射など自然の変化に対して身体を一定の環境に保つためであったと思われます。現代では、地球環境問題が深刻に意識されるなかで、自然環境と人工環境の関係をどう調和させるかが問われつつあります。

建築計画学は、建築の空間構成を考えます。空間（部屋）と空間（部屋）の関係を考えてひとつの建築にまとめあげるわけですが、わかりやすくいえば、家の間取りを考えるわけです。平面計画（プラン）といいますが、空間は立体ですから立体的に考える必要があります。大工棟梁は法隆寺の昔から、板図といいますが、板に一本線（シングルライン）で間取りを書くだけで建築することができました。木造の柱梁の組み合わせを平面図だけで理解し、イメージできたわけです。

建築を立体的にイメージできるかどうかが最初の難関になります。恐れることはありません。模型であれば、たとえば粘土でつくれます。それに最近ではコンピュータの助けによって立体を扱うのはずいぶん楽になりました。もちろん、間取りができれば建築ができるということではありません。先ほど空間は、人間の身体に例えると皮膚で覆われたその他の組織と書いたのですが、皮膚すなわち建築の表情やプロポーションを考える必要があります。人間の身体の大半は水だといわれますが、建築にとってそれは空間ということになります。水は自由に形を変えますが、空間も構造システムや設備システムにしたがって自由に形が変わります。逆にいえば、自由に形を考えることができるのが建築なのです。想像力と創造力が問われますが、自由に形をつくる楽しみが直観できるかどうかが鍵になります。

そこで、どのように建築全体をまとめるのか、これが建築学の課題になります。あらかじめ言い切っておいた方がいいのは、唯一の方法はないということです。建築は実に無数といっていい要素から成り立つのですが、どの要素とどの要素を重視するかでその最終的な形は異なるのです。それぞれが自分の方法を見つける必要があります。そのためにはトレーニングが必要になります。建築学では、設

計演習という形で、模擬的な課題に対してそれぞれが解答を試みることを繰り返します。そこに唯一の正解はなく、さまざまな視点から評価が行われます。本書では、それぞれの筆者が自分の評価する視点を示しているわけです。

　誤解を恐れずにいいますと、建築を学ぶ手っ取り早い方法は真似をすることです。これが、すぐれた「建築家」になるための第三の方法になります。入門段階ではよく行われるのですが、著名な建築、評価の高い建築、あるいは自分の好きな建築の図面をトレースし、模型をつくってみることです。多くの建築を見て、実際に図面を書き、模型をつくる、その上で、その理由（理論的背景）を理解すればいいわけです。

　最後にもうひとついっておきたいのは、建築にとって最も大切なのはスケール感覚だということです。ものの長さ、幅、奥行き、高さ、広さなどが人間の身体や活動に合わなければ、建築そのものが成り立ちません。大きすぎたり小さすぎたりすることをスケール・アウトといいます。スケール感覚を身に着けるためには、まず、指幅、歩幅、肘の長さ、両手を広げた長さ（尋）など、自分の身体寸法によって空間を測る癖をつけることです。あるいは物差し（最近はレーザー距離計）を持って歩くことです。

　以上を念頭に本書を紐解いていただければと思います。

　　　　　　　　　　　　　　　　　　　　　　　文責　布野修司

目　次

建築学のすすめ　序 …………………………………………布野修司 ……i

第1章　すべては建築である ……………………………………竹山　聖 ……1

　　1-1　「もの」でなく「こと」　1
　　1-2　なぜ建築を選んだのか　2
　　1-3　名詞と動詞　6
　　1-4　つくることとみること　8
　　1-5　物質と観念　11
　　1-6　建築のディスクール　12
　　1-7　造家と建築　15
　　1-8　ウィトルウィウス　19
　　1-9　すべては建築である　22

　　【column】旅と暮らしに宿るかけがえのない瞬間の経験…竹山　聖　25

第2章　建築は凍れる音楽である──建築論の世界 ……竹山　聖 … 27

　　2-1　イデア　27
　　2-2　霊と魂　29
　　2-3　数学と魔術と　32
　　2-4　ゴシックのカテドラル　34
　　2-5　ナポレオン　36
　　2-6　ユーパリノス　37
　　2-7　存在の響き　39
　　2-8　流動する時間と結晶する空間　42

　　【column】「つくる」ことと「なる」こと──構築と生成が織りなす
　　　　　　　私たちの環境という「難問」…青井哲人　45

第3章　建築家なしの世界——原初の建築　　　　　　布野修司 … 49

3-1　都市に寄生せよ——セルフビルドの世界　50

3-2　ヴァナキュラー建築の世界　52

3-3　ウィトルウィウスの『建築十書』——建築論の原典　56

3-4　インドの建築書——マーナサーラ　59

3-5　『営造法式』と『匠明』——木割書の世界　63

3-6　パターン・ランゲージ　65

【column】身体寸法、スケール…田中麻里…69

第4章　建物は壊してはならない——歴史のなかの建築
　　　　　　　　　　　　　　　　　　　　　　山岸常人…71

4-1　大報恩寺本堂　72

4-2　本堂の形態　73

4-3　改造の痕跡　77

4-4　礼堂内部の改造　78

4-5　内陣の改造　82

4-6　後戸の改造　84

4-7　脇陣の改造　86

4-8　そのほかの改造　87

4-9　本堂の変遷　89

4-10　改造の要因　89

4-11　改造を読み取ることの意味　92

【column】建物の見方・調べ方…山岸常人　96

第5章　さまざまな構造形式——構造設計の夢　　　　　大崎　純 … 99

5-1　工学としての建築　99

5-2　構造設計とは　100

5-3　さまざまな形式の建築構造　101

5-4　耐震設計と免震・制振　106

5-5　最適設計　109

5-6　構造設計者の職能　112

【column】構造設計の醍醐味…竹内　徹　113

第6章　模型を通じて力学原理を学ぶ……………諸岡繁洋　…117

6-1　模型をつくってみよう　117

6-2　線材の力学　118

6-3　面材の力学　129

6-4　いろいろな材料でつくってみよう　132

【column】素材とかたち＝構造…今川憲英　133

第7章　建築と環境──環境制御装置としての建築……小玉祐一郎　…137

7-1　気候風土と建築の地域性　137

7-2　ヴァナキュラー建築と環境制御　140

7-3　建築設備による環境調節　144

7-4　計画原論の再考とパッシブデザインの誕生　147

7-5　熱の流れのデザイン　149

7-6　事例──高知・本山町の家　154

【column】ローエネルギーという発想
　　　　──パッシブタウン黒部モデル…小玉祐一郎　159

第8章　文化財の保存修復と活用……………西澤英和　…161

8-1　文化財とはどんなもの？　161

8-2　文化財建物の修復　164

8-3　歴史的建造物　174

8-4　歴史資産の保存活用が目指すもの　177

【column】文化的景観…布野修司　181

第9章　作品としての都市──都市組織と建築　………………布野修司……187

 9-1　生きている作品　187

 9-2　都市という言葉　190

 9-3　都市の起源　193

 9-4　都市の世界史　197

 9-5　都市のかたち──都市計画の系譜　201

 9-6　都市組織と建築　210

 9-7　都市計画と諸科学　214

 【column】まちを歩き、まちに学ぶ…脇田祥尚　217

 【column】建築・都市と災害…牧　紀男　219

 【column】建築と法律──空間の調停…竹内　泰　222

第10章　建築生産の話　……………………………………古阪秀三…225

 10-1　建築生産とは？　225

 10-2　建築プロジェクトの特徴　226

 10-3　建築生産プロセス　228

 10-4　建築チーム──プロジェクト組織　230

 10-5　設計チーム　232

 10-6　施工チーム　234

 10-7　多様なプロジェクト実施方式　236

 10-8　多様なコンサルの顕在化による
   プロジェクト実施方式の変化　239

 10-9　建物をつくることの原則　241

 【column】変質する重層下請構造と労働災害死…古阪秀三　243

 【column】タワークレーンはどのように立ち上がっていくのか、
   そして消えていくのか…金多　隆　245

 【column】設計と施工の連携…西野佐弥香　247

あとがき ··· 249
索　引 ··· 252

第1章 すべては建築である

建築という言葉の意味を考えると、それが単なる「もの」でなく「こと」であり、「つくる」ことに潜む思考であり方法であり観念であることがわかる。想像力を解放する契機——論理・現象・行為・欲望としての建築。

竹山 聖

> すべては建築である。
> 　　　　　　ハンス・ホライン

1-1 「もの」でなく「こと」

　建築を学び始めたころ、多くの先輩たちが特殊な仲間内の符牒よろしく、建築、建築と唱えていた。それを聞いて、いわくいいがたい気分に襲われる経験はなかっただろうか。建築なんて建物じゃないか、何をそんなに難しく考える、と反発を覚えることはなかったろうか。ぼく自身がそうだった。建築とは何か、などと思わせぶりに問う。そのこと自体が、ありもしない神秘のベールをかぶせて、建築を神様の領域に幽閉しているのではないか、と訝ったものだ。

　新入生歓迎会のとき、当時の京都大学の意匠（明治以来デザインの表現的な面をこういいならわしている）の教授だった増田友也先生[*1]が、みごとな純白の長い髪をなびかせながら一言こう語った。

　「建築を考えるということはどういうことか、を考えてほしい」

　窓からこぼれる春の日差しをいっぱいに受けた増田先生の印象とともに、いまもこの言葉が記憶の底からよみ

[*1] ますだともや。1914～1981。建築を現象として、さらには行為として論じたプロフェッサー・アーキテクト。この視点からの論をとくに「建築論」と呼称して京都大学に流れる独特の哲学的建築思潮を育んだ。とりわけハイデガーから示唆を受けた「存在論的建築論」を提唱した。

がえる。これから建築を学ぶのだという、どこか高揚した気分とともに。

　建築がどのようにつくられるのかなど、何も知らないころである。まったく予備知識がなかったから、増田先生の言葉の意味がわかるはずもない。いや問いの意味すらわかりはしなかった。ただその問いかけのスタイルや、そのように問いかけうる主題になるのだという軽い驚きから、「建築」という言葉は「天丼」とか「洗濯機」というより「思想」とか「世界」という領域に近いのかな、とぼんやり感じたのだった。もちろん「天丼」や「洗濯機」に「思想」や「世界」がないと言っているわけではない。ないけれど、たぶん比較の問題だ。「天丼」や「洗濯機」より抽象度とでもいったものが高い、そんな気がしたわけだ。そのときはあくまでも、ただ単に気がしただけ、だったのだけれど。

　少し先回りして言ってしまえば、建築は単なる「もの」じゃない。何かその「もの」にまつわる、あるいはそれをとりまく、さまざまな「こと」が渦巻いている場なのだ、といった、そんな予感だったのかもしれない。そしてその「もの」を見ることによって広がる世界もさることながら、「もの」をつくることの寄る辺なさ、途方に暮れた感じ、うきうきした気分、そうした感覚も漠然と抱いたのだった。

　そして設計演習が始まり、設計を志す建築の学生の例にもれず、だんだんとその面白さにはまっていった。なぜそんなに面白いのだろう、このことをあらためて考えるためにも、この文章は書き始められている。

1-2　なぜ建築を選んだのか

　なぜ建築学科を選んだのか、と聞かれることがある。大学の同級生同士でも、同窓会でそんな話題が出る。来

し方を振り返る年ごろになってきたのかもしれない。

　ぼくらの世代は高校1年のときに大阪万博[*2]があって、建築に目覚めたのだ、という時代的な必然性をあげる友人もいる。著名な建築作品を見て啓示を受けたという、しあわせな個人的体験を持っている人も多いだろう。少なくとも多くの人間は、ある種の夢と憧れのようなものを持って入ってきたと言っていいのではないだろうか。

　ぼくの場合はどうだったろう。絵を描くのが好きだったし、大学の学部学科を選ぶときに見た建築学科のカリキュラムに「絵画実習」「彫塑実習」それに「日本・東洋・西洋建築史」があって、少なくともその文化的な潤いに惹かれたことははっきり覚えている。ほかに行きたい学部学科が見当たらなかったのも確かだ。しかし建築学科に行くだけの必然的な理由を当時持っていたかというと自信がない。夢と憧れはあった。ただ、強いていえば偶然の選択だったようにも思う。

　人生の決断について、こんなことを考えることがある。現在から未来を見ると偶然の重なりに見える。でも過去を振り返ると、決まって必然の積み重ねのように見えてくるものではないか、と。ぼくにとって、建築を選んだのは、そのときはそれなりに慎重に検討を重ねた結果の決断だったにせよ、偶然の選択であった。でも入学し、とりわけ設計という世界を知るようになって、偶然の選択に責任をとるだけの覚悟、つまり必然性が見つかったように思った。ここに、何かとてつもない宝物が埋まっている。一生飽きないでやっていける魅力的な世界がある、という直観とともに。

　時間つぶし、そう、あえて世をすねたような言い方をしてしまえば、人生はしょせん時間つぶしなのかもしれない。それでも人それぞれが暗黙のうちに、より充実した時間つぶしと、やれやれまいったね、という不毛な時間つぶしとを、区別しているのではないだろうか。人は

*2　1970年に開催された日本万国博覧会。整備の進んだ千里ニュータウンの東側に隣接する千里丘陵に計画された「都市開発の起爆剤」(万博は常にこの性格を併せ持つ)としての万博であった。北大阪の交通網はこれを機に整備され、いまなお大阪の成功体験として語り継がれている。都市計画、会場計画をはじめとする全体の計画に関しては、京都大学と東京大学の綱引きをはじめとする紆余曲折の果てに、土木は京大、建築は東大、という棲み分けがなされ、丹下健三が全体の会場計画を担当した。日本を代表する建築家の多くが参加し、40代にさしかかろうとする磯崎新、川崎清、黒川紀章など、新進の世代が日本建築界の中心に躍り出る機会となった。当時丹下の提唱していた都市軸としての「お祭り広場の大屋根」は、スペースフレームによって大空間を覆う斬新な試みであったが、維持管理費の問題でやがて解体の憂き目に遭う。恒久施設として計画された前川國男設計の鉄鋼館も会期終了後は一度も使われることなく過去の遺物となり、菊竹清訓のエキスポタワーも2002年から2003年にかけて解体が終了した。川崎清の万博美術館も国立国際美術館として充実した企画と収蔵品を誇りながらも、交通の便の悪さで客足が伸びず中之島に移転し、結局解体の運命となったのは残念でならない。今後おおいに現代建築の保存が議論されるべきであろう。最終的に残ったのは岡本太郎の「太陽の塔」だけであり、建築は機能があるので機能を喪失したときに解体されるが、アートはそもそも機能を持たないから存続する、というアイロニカルな事実を証明した。会場には「未来都市」と称しておもちゃ箱をひっくり返したようなカラフルなパビリオン群が出現し、のべ6500万人近くが訪れた大阪万博は、日本の60年代高度成長期の最後を飾る華々

しいイベントであった。1964年の東京オリンピックが日本の戦後復興を世界にアピールしたとするなら、1970年の万博（日本で「バンパク」といえば、普通、この70年の大阪万博を指す）は日本の国際舞台への船出をアピールするものであったといえよう。1973年のオイル・ショックを経て日本経済は停滞期に入り、オリンピック、万博をリードした日本のモダニズムの申し子、丹下健三は、その活躍の舞台を中東に移してしまった。しかしながら、日本の経済界が全面的にバックアップし、文化の側面でも多くの人材を育てる契機となり、国民の多くが熱狂した（もちろん強い反対もあった）こととも相俟って、戦後の歴史に大きな足跡を残したイベントといっていいだろう。

人生に何かしらの意味を見つけたいと思って生きている。充実した時間つぶしは人生における意味に出会うための扉なのかもしれない。建築は、とくに建築の設計は、ぼくにとって、出会いのはじめから充実した時間つぶしに思えた。

　20m×20mの敷地に、「意味ある場所」をつくれ。これが京都大学の最初の設計課題だった。いま考えてもぞくぞくするような課題だ。「意味ある」とは何か、「場所」とは何か。思えば建築とは禅問答のようなものだ。「言葉」は超えられるものとしてある。難しい言い方をすれば、「つくる」という行為的直観に、介在する侠雑物としてある。言葉を捨てよ。そうとでも思わなければ、言葉の陥穽に足をすくわれて、にっちもさっちも行かなくなる。いや、それをわからせるために言葉が用いられる。そんな感じかもしれない。ともかく器用であったり不器用であったり鮮やかであったり惨めであったりするのだが、みんなともかくスケッチを描き始める。

　真っ白な紙に線を一本描くときの決意を、何に喩えたらいいのだろうか。タブラ・ラサ tabula rasa 白紙の状態。気楽に描くこともできるし、鉛筆が下ろせないと思いつめることもある。そこにエイヤッと線を引く。この思い切りの緊張感。そして快感。空間を構想するという、誰

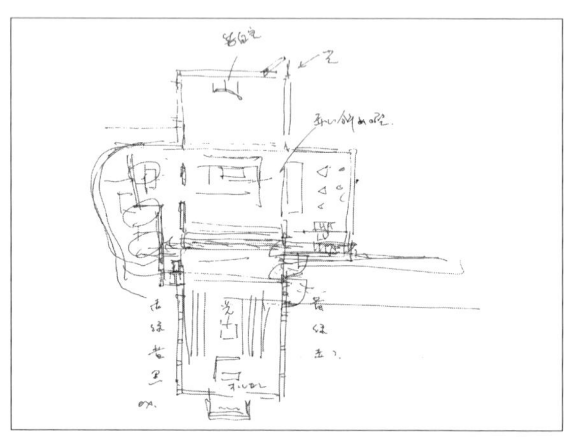

図1-1　泊まりがけで訪れたル・コルビュジエ設計ラ・トゥーレット修道院のチャペル部分の平面図スケッチ（1999年11月）

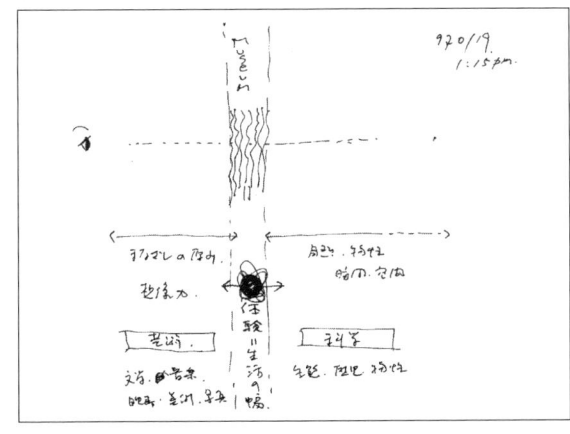

図1-2　砂丘博物館のコンセプト

に頼まれもしない、何の役にも立たないゲームに、ぼくはのめりこんでいった。

　たとえば電車を待っているとき。本を開いて没入するほどの時間もなかったりそんな気にもならなかったりするプラットフォームで何をするか。空間を構想するのである。与えられた設計課題に適切な解決を見出す。空間は頭のなかで加工されて、ああでもないこうでもない不可思議なイメージと化し、洗濯機のなかの洗濯物のようにくるくるくるくる回りつづける。これには本を開く必要もなければ、紙も鉛筆も何も要らない。ただアタマだけがあればいい。格好の時間つぶしだ。しかもだんだんと空間加工のイメージづくりが上達するのが自分でわかる。複雑な空間を思い描けるようになる。

　「自分が磨かれていく」気がする。これは充実した時間つぶしの条件だ。不毛な感じというのは自分が堕落していく感じ。一言付け加えておくと、決して堕落が悪いわけじゃない、とぼくは思っている。当時（ちなみに、ぼくは1973年から77年まで在学していた）の京都大学の学生で堕落を実感しなかった人物がいれば、ぜひお目にかかりたいくらいだ。堕落は精神を鍛える。朝起きて、まったく何もすることがない、そんな状態を経験して初めて、人間というのは自立するものだ。人生の座標軸は

自分で築く。スケジュールは人から与えられるものではない。

いってみれば、堕落は自由への畏怖を植え付けてくれる。カラダを壊さずなお自分が元気になっていくぶんには、自堕落さは自由を実感する反面教師としてとてもいい。自堕落も自分を磨く修行の一種なのである。ただちょっと行きすぎて、いや慣れが襲ってきて、不毛な感じがその感覚のままにカラダとアタマに染みわたっていくと、体調を崩す。意欲が減退する。磨かれる感じから遠ざかる。自分が磨かれていく感じの時間は、少なくとも元気に向かってカラダとアタマが運動している。

思えば当時の京都大学にはそんな自堕落な香りの漂う自由がいっぱいあった。自分が磨かれる感じ、充実した時間つぶしの予感、建築はそんな香りとともに、ぼくの前に姿を見せ始めたのだった。

1-3　名詞と動詞

さきほど「もの」ではなくて、それをとりまくさまざまな「こと」が渦巻く場があるのではないかという予感について触れた。建築の定義にも絡むので、このことに

写真 1-1　ル・コルビュジエ設計ロンシャンの教会。タワーと雨落とし。建築は、そこを訪れる他者（光や風や水など）と応答する装置である

ついてもう少し考えてみよう。

　建築という言葉には大きく分けて名詞と動詞がある。たとえば広辞苑を引くと、こんなふうに書いてある。
　「家屋、橋梁などの建造物を造ること。」
　なるほど、ここでは動詞的用法のみが掲げられている。つまり「建築」というのは「造ること」だと書いてある。「造られたもの」でなく、「造ること」だというのである。どうだろうか。意外な感じがしないだろうか。
　いまは一般に「建築」というときには、「建築物」、つまり「建築したもの」を指してこの言葉を使うことが多いだろう。つまり名詞として使うことが、だ。しかし広辞苑は「建築」と「建築物」とをきちんと使い分けている。「建築」は「造ること」であり、「建築したもの」のことは「建築物」と呼ぶ、と定義しているのである。わかるだろうか。つまり、「建築」は「建築物」という「もの」でなく「造ること」という「こと」なのだ。
　ぼくらは「建築」という言葉を建築物、つまり「もの」を指す言葉として日常的には使っているけれども、本来は「もの」というより「行為」なのだ。「建築」とは、つまり動詞なのである。「建築」とは「建築物」ではなくて「建築すること」をいう。「建物」ではなくて「建物をつくること」をいう。還元していってしまおう。この「つくること（広辞苑にならうなら「造る」こと）」というのが「建築」の一番シンプルな定義だ。
　重ねて念押ししておこう。「建築」とは「つくること」だ。ということでいえば、「建築物」というのが「つくられたもの」だ。「建築」と「建築物」とは分けて使わなければならない。「タバコ屋はあの建築の一階にある」、というべきではなくて、正確には「タバコ屋はあの建築物（建物）の一階にある」、というべきなのである。「ぼくは建築を愛している」、というのは「ぼくは彼女を愛している」というのと同じだが、「建築物を愛している」

というのは「彼女の体を愛している」というのと同じだ。「建築」は「こと」であって「もの」ではない。「もの」のまわりに渦巻き、奥底に潜み、あるいは「もの」の向こうにあると想像されるさまざまな出来事だといってもいいのかもしれない。春の日差しを浴びてほろ酔いアタマをよぎった直観は正しかった。

1-4　つくることとみること

　「建築」という言葉の基底に「つくること」があって、働きかけ、つまり動詞として建築が捉えられる。名詞、主語としてではなくて動詞として、述語として。こういった「行為としての建築」を考えるとき、「つくる」というだけでなく「みる」という面からのアプローチを考えることもできるだろう。さらにいうなら「よむ」という面からのアプローチもできる。

　「建築する」という動詞が「みる」や「よむ」にどうつながるか。建築する、つくる、立ち上げる、こういった見方で実際の建築物を見る、読む。すると「建築である」こと、つまり建築の成り立ち、建ち上がり方が見え、読めてくる。建築物が建ち上がる姿として現れてくる。力の関係として、風景を呼吸する存在として、人々と交感する空間として。

　こう考えると、「建築」とは、つくる眼で世界を見渡すことであり、そこにおいて「建築」は、つくる、見る、読むが交錯する出来事のなかにその姿を現してくる。建築と人間の深い関わりは、人類がこの建築的な瞬間に気づいたことに始まる。だから人類はえんえんと飽きもせずに建築という行為に付き合っているのである。それが人類の出会った最も壮大で複雑で面白い、そしてチャレンジングな時間つぶしだったからだ。人類はつねに充実した時間つぶしとともに歩んできた。だから今日がある。

写真1-2 沖縄の城（グスク）。海を望む高台にランドスケープをきわだたせるように築かれている

　それでもあえて建築を「みる」立場、分析研究する立場と、これを「つくる」立場に分けてみようか。たとえば建築史家は「みる」あるいは「よむ」側のプロフェッショナルだといっていいだろう。それに対して「つくる」側の代表は設計の分野と施工の分野だ。とはいえ設計は観念の領域に、施工は物質の領域に軸足を置いている。ここまでの定義にしたがっていえば、設計の対象は「建築」であり、施工の対象は「建築物」である。念のためにいうなら、歴史の対象もまた「建築」である。歴史家は「建築物」を通して「建築」を見ている。

　このように建築を出来事のアマルガムと考えるなら、「つくる」ことと「みる」ことは分離できない、つまり「つくる」立場から「みる」ことができるし、あるいは「つくる」ことと「みる」ことは同じだ、という言い方もできる。言い方を換えるなら、現象する空間をよく「みる」ことができないと「つくる」こともできない。音が取れないと歌えない、ということだ。当然である。よき「つくり手」はよき「み手」である。ただそれでも「みる」ことと「つくる」ことの間には大きなギャップがあって、逆は怪しい。そこには「もの」を横断する決定的な瞬間を持ちうるかどうかという違いがある。補い合う関

写真 1-3　エジンバラの広大な芝生の河川敷広場で思い思いにくつろぐ人々。「場」が「出来事」を導く。無為の時間の空間化

係にあるとはいうものの、「みる」だけで「つくる」ことはできない。果たして歌をよく味わうことのできる人間がみな歌がうまいかどうか。鑑賞と実践は別問題なのである。映画を、演劇を、文学を、写真を、味わいうる批評家と作家の関係を確認してみるといい。「みる」ことは「つくる」ことの必要条件だが、逆は必ずしも真ではない。

　「つくる」ことの向こうには物質が立ち現れるが、「みる」ことの向こうには原則として観念のみ。「つくる」という行為を通して観念が物質に出会う。「私」と「世界」の往還、観念と物質のせめぎあいが、そしてその強さと深さと速さが、「もの」を横断する建築的瞬間を支え、言葉を超えた刹那の訪れの有無を決定する。建築は物質でなく観念だと言った。ただ、言った端から建築は観念を裏切っていく。物質の運動に沿って走るイメージが観念と物質を交通させる場面に出くわしてしまうのだ。

　とはいえ、ここでは、シンプルに、動詞として、「建築＝つくること」と定義でき、しかも日本語としてそれがまず第一の、素直な解釈だということがわかっただけでも大きな収穫だとしておこう。

　建築の動詞的な面をまず抽出した。この問題についてはあとでまたゆっくり考えてみたい。

1-5　物質と観念

　ここまで「つくる」という視点から建築の動詞的な側面に注目してきた。残った名詞的な側面、今度はこちらを考えてみよう。これがまた「もの」と「こと」に分かれるのである。こちらはとてもわかりやすい。具体的な物質を指す場合と観念的な世界を指す場合である。つまり、建築物という物質そのものであるという定義と、建築物にまつわるさまざまな観念の集合であるという定義だ。

　まず建築が建物という物質を指すというだけなら、それ以上何の議論も要らない。お疲れ様。下がって結構。水浴びでもしといてちょうだい。

　ところが水が水にとどまらずに、観念になったり動力になったりメタファーになったりするように、建築も面白いのはここからで、建築物という物質の向こうに、そして手前に、建築という観念の世界が立ち上がっていく。建築はあくまで「もの」の世界に発する。なるほど、結構。しかしそれがさまざまに現象して、人間の想像力を解放してくれるからこそ、歴史の夜明けから此の方、こんなに建築は人を魅了してきた。あるときは幻想であっ

写真1-4　パリ、セーヌ川沿いにあるジャン・ヌーベル設計のケ・ブランリー美術館。セーヌ川に沿った道に面して巨大なガラススクリーンが立つ。風景を映し出し、記号と映像と現実が重ね合わされる

たり魔術であったり、宗教であったり予言であったり、快適であったり防御であったり、追悼であったり権力であったり、科学であったり芸術であったり、論理であったりまなざしであったり、ゲームであったり修業であったり。そして建築を学ぶというのは、人間のそうした感覚や思考や想像力が原理化したり抽象化したり体系化したり法則化したり象徴化したり理念化したり情念化したりする、その総体としての観念の森に分け入ることなのである。ああ、建築には本当に息継ぎも許されない。

　建築は「もの」である。しかし「もの」ではない、「こと」だ。こういう言い方をした場合、前の命題は建築を物質と見ていて、後の命題は観念と見ている。こうもいえるだろう。つまり建築という知＝技術＝概念をとおして、人類は単なる物質の向こうに世界を観想するようになった。これが人類に進化というものをもたらした技であった。そしてまた技が進化をもたらす。時間つぶしが頭脳の進化をもたらし、物質の彼方のフィクションが人類を磨くのである。自分を磨く感じ、というのも、たぶんフィクションのきらめく強度に比例しているのではないだろうか。

1-6　建築のディスクール

　建築の名詞的な側面には2つの用法がある。「もの」か「こと」か。もちろん言葉は時代によって使われ方が変わっていくのだから、絶対こう用いられなくてはならないということはない。慣用には幅があっていい。建築という言葉もどう使おうと、ある意味では個人の自由だ。ただ一般論として知っておいた方がいいのは、建築を論じるときに使う「建築」という言葉は単に「もの」を指しているのではない。「もの」に即して「もの」から出発しながら、「もの」を超えてゆく「こと」の世界を指

している、ということだ。

「建築」は「もの」ではない。これはとても重要なポイントだ。これであらかたの難解な建築書は読み解ける。建築を建築物と混同するところから、建築の世界のディスクール*3に対するえもいわれぬ反感が起こってきたり、理解するのが難しくなってきたりするのである。それこそ、なかにはわざと混同する書き方をして、世を惑わす書き手もいるし、区別がつかずに書いて自ら混乱してしまっている書き手もいる。

たとえば、ぼくが学生のころ磯崎新*4の『建築の解体*5』が出版された。1975年のことだ。これはそれまでギーディオン*6の『空間・時間・建築*7』を後生大事に読み継いできた建築の学生にとっては、まるで宗教改革の書だった。『空間・時間・建築』がモダニズムのバイブルだったとしたら、『建築の解体』はポストモダンの時代のバイブルとなった。あくまでも喩え話なのだが、『空間・時間・建築』が旧約聖書だとしたら、『建築の解体』は新約聖書であるといってもいい。旧約は認めるが新約を認めない、などという人々がいる点も同じだ。もちろん、そのころまだポストモダンという言葉はこの本のどこにも使われていないのだけれども。

ところでここで言おうとしているのは『建築の解体』の位置づけなのではない。当時、この『建築の解体』の「建築」を、「建築物」だと勘違いして驚いたり恐れおののいたり快哉を叫んだりする、笑えぬ反応が巷に巻き起こったということだ。つまり「建築の解体」をそのまま「建築物の解体」だと思ってしまった人たちがいたのである。

磯崎新は当然「建築」と「建築物」の混同などしない。磯崎にとって「建築」とはあくまで「建築という概念」なのである。だから親切に本の名前を『建築概念の解体』とでもしてやれば、笑えぬ反応は起こらなかっただろう。

*3 一般に「言説」と訳されるフランス語、discours。いわゆる「話し方」。建築界のディスクールといえば、建築界独特の語り口のこと。1970～80年代に流行ったフランス現代思想の影響を受けて一般に流布した言葉。

*4 いそざきあらた。1931年大分県生まれの建築家。丹下健三の率いた1970年大阪万博で中心的な役割を果たしたあと、70年代初頭の本人曰く「回心」を経て「もう何もつくれなくなった」と語りつつ自身は次々と問題作を世に問い、その鮮やかなディスクールとともに70年代以降の日本の建築思想をリードした。80年代初頭の香港ピークとパリ・ラヴィレットのコンペでザハ・ハディド、レム・コールハース、バーナード・チュミを選び出し、プロデューサーとしても卓越した眼力を示した。

*5 当時勃興しつつあった建築思潮の新興勢力図を磯崎なりに素描した『美術手帖』への連載がベースとなった本（美術出版社刊。1997年に鹿島出版会より復刊）。あとに振り返ってみるならば、さしずめポストモダン建築家列伝の様相を呈して、時代を見抜く磯崎の眼力がここでも遺憾なく発揮されている。

*6 ジークフリート・ギーディオン。1893～1968。スイス生まれの建築史家。ル・コルビュジエらの主導したCIAM（近代建築国際会議）において、その10回すべてに書記長として関与し、近代建築運動のスポークスマン的存在となった。

*7 Space, Time and Architecture: The growth of a new tradition. 原著は1941年に初版。日本語版は1955年に刊行（太田實訳、丸善）。以来、近代建築を学ぶ者にとって聖典の位置を占めた。2009年に丸善より復刻版。

写真 1-5　ポンピドーセンターからサクレクール寺院を望む。建築は風景を切り取り、新しい世界を切り開く装置でもある

ただ磯崎はそんなに親切でもなかったし、言葉に対する神経が鈍感でもなかった。それだけのこと。

つまり、建築という言葉は日常用語では建築物を指して用いられたりするが、建築を論ずる場合には、物質からは切り離して使われる。「建築」はあくまでも観念であり概念であり、建築をめぐる思考であったり形式であったりイメージであったりするのである。決して物質そのものを指したりしない。くどいようだが、これだけはよく覚えておいてほしい。

物質のことは建築物、あるいは単に建物、という。英語でいえば、ビルディングである。ちなみに観念の領域はアーキテクチャーという。そして、建築を学ぶというのは、主としてアーキテクチャーを学ぶことを指している。世界中で建築学校の名称にはスクール・オブ・アーキテクチャーというふうに、アーキテクチャーとその仲間の言葉が使われているのはこのためだ。

建築を学ぶ君たちに呼びかけるこの本のなかで使われる「建築」という言葉も、したがって単に物質としての建築物を指すのではない、ということを肝に銘じておいてほしい。

1-7　造家と建築

　ちょっとばかり衒学的な話をするなら、日本でも明治時代に建築学校を創るとき、アーキテクチャーの訳語に頭を絞った。そして採用されたのが、「造家」という言葉だった。この場合の「家」というのはおそらくは美的な構築物を指すことを想定して選ばれた言葉で、いわゆる「いえ」のことではなかった。ドイツ語でも「ハウス」というのは単なる家を指す言葉ではない。そういえば「バウハウス」という、20世紀初頭のモダニズムの運動に重要な役割を果たした学校もある。考えてみれば、これはそのまま「造家」だ。

　建築学会も最初は造家学会といった。それがしばらくして「建築」に変わる。このあたりの事情についてはいろいろなエピソードが伝わっている。建築はもともと、ものを建造すること全般を指すから、当然土木構築物も含まれている。土木学会に対して造家学会だといかにも領域が狭い感じが否めない。建築なら広いじゃないか、じゃあ建築としよう、となって、建築学会として土木学会の向こうを張った、などという説もある。ところが正確には、土木学会ははるかにあとになって正式に設立されるから、これは建築という言葉を先取りしとこうという魂胆だったということなのかもしれない。土木学会の結成が遅れたのは、工学が土木とほぼ同義であったからである。わざわざ土木学会などという名前で立ち上げる必要を、土木の分野では感じなかった。

　かくして、「建て築く」というこの広がりを持った建築という言葉をアーキテクチャーの訳語に選んで、日本の建築界は築かれてきた。意味の広がりは時代によって変わっていく。もとの造家のままだと、いまの建築のイメージもずいぶん変わっていたかもしれないし、「建築

*8　日本の建築教育の始まりは1879（明治12）年に第1回の卒業生を送り出した工部大学校造家学科であった。

*9　1919年にドイツ、ワイマールで産声を上げた応用芸術のための学校であり、ワークショップ中心のデザイン教育による総合芸術をめざし、なかでも建築を20世紀応用美術の集大成と位置づけてワルター・グロピウスが初代の校長となる。1925年にデッサウへ移転、1926年にはグロピウスのデザインによる校舎が完成したが、ナチスが台頭し、1933年に閉鎖された。

*10　1886（明治19）年創立。1887（明治20）年には造家学会機関誌として『建築雑誌』が創刊されたように、「造家」と「建築」はせめぎあっていた。1894（明治27）年に伊東忠太（1867〜1954）が発表した論文『「アーキテクチュール」の本義を論じ其訳字を選定し我が造家学会の改名を望む』において「造家学」でなく「建築術」であると論じたのを受け、1897（明治30）年に建築学会に改称された。以後「建築」が定着する。

*11　日本においては土木こそが国家であり、事業規模の点からも樹木でいうなら幹や枝が土木、建築はそれに付くあだ花にすぎない。そんな自負が土木にはあった。だから土木と名のついた土木学会はようやく1914（大正3）年に創立されたが、前身の工学会はすでに1879（明治12）年にできている。

家」も「造家家」になってしまうな。どうでもいいけれど。

　さて土木はシビル・エンジニアリング[*12]の訳語として採用された。ちなみにエンジニアリングにはミリタリーとシビルがあって、さしずめ土木の原義は軍事以外の、さしあたり市民工学、一般工学とでもいうべきところだろうか。ちなみに京都大学では最近は地球工学[*13]などともいっている。概念を乗せる船を見つけるのは難しい。建築という言葉は土木よりイメージがいいのだという。新しい世代には土木の語感が嫌われているのだろう。そうだとするなら、建築という言葉をアーキテクチャーに取りこんだ明治の先達の語感の勝利、先見の明だ。

　とはいえ建築はその後、行政の用語としては、意味を狭められて使われるようになってしまった。たとえば日本では、土木と建築の棲み分けというものがあって、これが西欧の行き方とはちょっと違っている。西欧の考え方に従えば、土木（シビル・エンジニアリング）は技術、建築（アーキテクチャー）は文化、とこう棲み分ける。ところが日本では対象とする建造物によって分かれる、ということになってしまった。

　土木の領域は、主として道路とか橋梁とか鉄道とか、公共性の高い建造物である。つまり、いわゆる公共事業と呼ばれるもののほとんどが土木に属する。建築は、といえば土木が造成したあとにくっついてちょぼちょぼと建ち並ぶ「うわもの」といった位置づけである。「はこもの」などという見下げ果てた命名もなされているのを聞いたこともあるだろう。官の官による官のための国家日本においては、個人の創意は社会に必要とされない。少なくともこれまではそうだった。これからはきっと大きく変わっていかざるをえないと思うのだが。ともあれ土木は国家なり、このスローガンが日本の明治以来の国家の発展を支えてきたのだった。

---

*12　Civil engineering. Military engineering 以外の工学分野すべてを指す。人類が国家を生み出したとき、その機能はほとんどシビル・エンジニアリングとミリタリー・エンジニアリングであったといってもよい。つまり治山、治水、道路造り、そして軍事である。

*13　京都大学では1996年の改組によって、土木工学、交通土木工学、衛生工学、資源工学の各学科が統合されて、地球工学科という名称となった。ちなみに大学院に進むと、地球工学という名称は消えてしまう。総称からは土木も消え、社会基盤工学、都市社会工学、都市環境工学、などと改称されている。

個人の創意を前提とする建築などは、西欧のシステムの、日本にとって理解不能な鬼っ子だったのだろう。実際「建築家」などという言葉は、日本の法律や行政のシステムのなかに、ついこの前までは影も形もなかったのである。個人の存在、個人の創意などを社会のシステムとして認めない社会的風土が、ずっとありつづけてきたのであって、これはちょっとやそっとでは改められそうにない。建築という言葉の人気のわりに建築家という存在の肩身が狭いのも、そんな風土に根ざしているからでもあった。

　ところで「建築」という概念はもともとがヨーロッパ起源である。この「建築」概念のカバーする範囲は、通常日本の社会で用いられているそれよりも、もっと広い。あらゆる建造物は建築の対象なのであり、建造物の立ち上がる技術や背景、そして社会的な影響までをも含んでいる。そして今しがた触れたように、建築という言葉には、むしろ建造物の文化的な面に責任を果たすというニュアンスが込められている。技術的な面はシビル・エンジニアリング、つまり土木が担当する。日本の構造技術者は建築と土木に分かれたりしているが、西欧社会では、構造技術者は建築も土木も区別なく手がけるオールマイティーな技術者である。建築家も、建造物の技術的

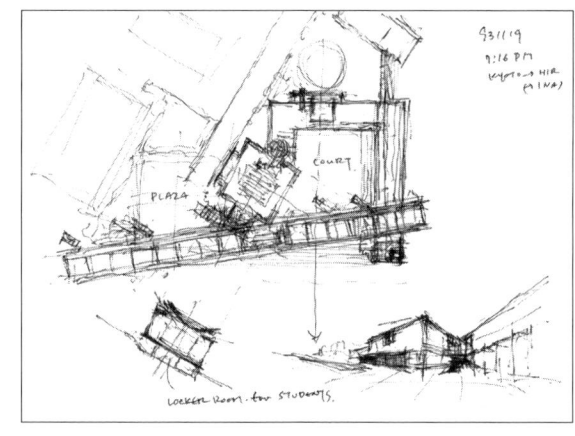

図1-3　大阪府立北野高校のファーストスケッチ。既存のプールと体育館の軸と敷地の形に即した軸のズレを生かして、空間を活気づける

のみならず文化的な観点からのアプローチを含む仕事ならすべて守備範囲だ。

　もともとその語源からして、建築は技術の上に立って技術を統べる、いわば人類の文化遺産創出の系譜に連なっている思想原理だった。「建築＝アーキテクチャー」とは、たとえていうなら「大技術」とでもいおうか、すべてのものづくり、建造技術を統べる原理、思想を意味する言葉だったのである。これが「建築術」とも呼び習わされ、カントの『純粋理性批判』にも一節を設けて説明されている、西欧思想の一体系なのであった。現代の建築の思潮のなかでは、もちろんこうした建築概念への批判的視点も、多く提起されている。ただ建築という言葉が本来どこからきたのかは知っておいた方がいいと思う。

　翻って考えてみるに、じつは建てるということにおいて土木も建築も本来区別はない。アーキテクチャーという概念は、もともと意図を持って制作されるすべての建造物を含んでいる。とりわけ現代社会の必要に応えるためには、この原点に戻ってみるのもいい。もともと技術的な面を外して「建築」を考えることはできないし、いまや文化的な面を外して「土木」を考えることもできない。それらは広く人類にとって、制作するという行為の場なのである。

　テオドール・アドルノ[*14]はその著『否定弁証法[*15]』のなかで、「内向的な思考の建築家が時代後れになり、外に向かった技術屋がそれに取って替わる」と語っている。なるほど、わかりやすい対比だ。しかし、くどいようだがアーキテクチャーという言葉自体がもともと技術の集大成を意味していたのだし、ものづくりの世界では技術的な解決が要求されるのはあたりまえだ。技術と建築は対立しえない。パクストン[*16]がクリスタルパレス[*17]を建てた1851年、そしてエッフェル[*18]がエッフェル塔[*19]を建てた

*14　ドイツの哲学者、社会学者。1903〜1969。ユダヤ系でナチスに追われアメリカに亡命。戦後同僚のホルクハイマーらとともにフランクフルト学派と呼ばれる社会研究グループの代表的存在となった。アルバン・ベルクに師事した作曲家でもあり、その思想は音楽と哲学を往還した。優れた思想家は音楽を愛する。

*15　Negative Dialektik. 木田元他訳、作品社、1996。9頁より引用。アドルノ後期を代表する著作。「純粋な同一性は死である」（440頁）、「およそ克服などというものは、克服されたものよりいっそうたちが悪い」（466頁）などという魅力的言辞を通してアドルノは、「首尾一貫した非同一性の意識である」（11頁）ところの弁証法を、「異質なものを統一的な思考によって計る」（11頁）、「そういう肯定的な本質から解放しようとする」（3頁）のである。

*16　ジョーセフ・パクストン。1801〜1865。もともと造園技術者であり、温室を設計していたため、鉄とガラスの扱いに慣れていたとはいえ、クリスタルパレスの基本設計をたった8日で完了し、4ヶ月で施工したのは、当時大きな驚きをもって迎えられた。

*17　ロンドンで開かれた第1回万国博覧会の目玉となる建物。1851年にちなんで長さが1851フィートあった巨大な鉄とガラスの建物。

*18　ギュスタフ・エッフェル。19世紀で最も著名なフランスのエンジニア。1832〜1923。ポルトガルやフランスに美しい橋梁をいくつも設計し、1989年のパリ万国博覧会のシンボル、エッフェル塔の設計者となる。

*19　エッフェルが長年橋梁で

1889年以来100年以上たって、またモダニストたちが工学に根ざした建築をめざして様式主義者と戦った20世紀初頭をはるかに過ぎて、もはや技術者と建築家という項目を立てて双方が反目しても不毛なだけだ。技術か文化か、あるいは芸術か、こんなことはもはや対立項として議論されることもない。むしろその共存の先に新たな表現がある、そんな了解があたりまえの時代になった。むしろ日本の問題は建築教育が技術偏重で文化の側面がほとんど忘れ去られていることにすらある、といっていいほどだ。

　専門分化が進むのは技術学術の世界の宿命だが、分かれたあと組みなおすことがいつの時代も次の計画のアジェンダをもたらしてくれる。新しい出会い。これが新しい知性の泉でもあり、じつはものをつくる現場で最も待たれる価値であり論理でもある。建築と土木は、建造される物を扱うという点ではもともと分けられるものではなかった。国家の性急な近代化が生んだ日本独特の土木と建築のねじれた関係も、そしてそれらに流れる公共のお金の流れ方も、そろそろ組みなおす時代になってきたといっていいだろう。

1-8　ウィトルウィウス

　建築と土木が分けられないという話についてもうひとつ。2000年前のローマの建築家ウィトルウィウス[20]が書き残した『建築書』[21]は現存する最古の建築書だ。この本のなかで、「建築術の部門は3つある」と彼は述べている。それは何かといえば、なんと「建物を建てること、日時計を作ること、器械を作ること」の3つなのだ。何という区分だろうか。まるで、ミシェル・フーコーの[22]『言葉と物』[23]の冒頭に引かれている、ボルヘスの「シナの百科事典」みたいじゃないか。ともあれ、ありとあらゆる

培った技術によって建てた高さ300mの塔。当時ようやく一般化されてきた鋼鉄が用いられた。計算された施工および仮設計画により1887年に着工して見事1889年の開幕に間に合った。4機の斜行エレベーターが高さ200フィートの基部まで上り、2機のエレベーターが370フィートのターミナルに達し、一対のシャトルが頂上までいたるシステム。昇降機は工事中の仮設レールをそのまま用いている。1時間に2350人を頂上まで運んだと記録されている。

[20]　ローマ帝国初期の建築家であり建築理論家。紀元前80/70～紀元前25。現存する最古の建築書の著作者としてのみ知られている。

[21]　*De architectura libri decem.*（『建築に関する十巻の書』）。ほぼ紀元前27年ごろの作と推定されている。アウグストゥス帝に捧げられた建築書であるだけに、自身の宣伝臭が強い。強・用・美の3点を建築の基本とした。ルネサンス期に注目され、新古典主義建築の時代まで古典建築の規範を示すとされた。日本では京都大学建築論の礎を築いた森田慶一により詳細な研究がなされた。『ウィトルーウィウス建築書』(東海大学出版会、1969)に直接あたるのがよいが、『建築論』(東海大学出版会、1978)の172頁、「ウィトルウィウスの建築論」の項にコンパクトなまとめがある。

[22]　フランスの哲学者。1926～1984。他の代表的な著作に『狂気の歴史』(田村俶訳、新潮社、1975)、『監獄の誕生』(田村俶訳、新潮社、1977)などがある。

[23]　ミシェル・フーコーの主著。原題は *Les mots et les choses.* 1966。日本語版は1974年に刊

行された(渡辺一民・佐々木明訳、新潮社)。古典主義時代から近代になってエピステーメー(認識の布置)が大きく変貌を遂げ、語と存在と必要の領域で、一般文法、博物学、富の分析の3つが果たしてきた役割を、言語、生命、労働(経済)へのまなざしが代替し、「人間」はそのあわいに消え去る、と述べたことから、本人は否定するが、いわゆる「構造主義」を代表する著作のひとつと目され、議論を巻き起こした。いわばフーコーによってサルトルの「主体」は「波打ちぎわの砂の表情のように消滅するであろう」(『言葉と物』の最後のセンテンス)と予言されたのだった。

構築物、工作物について、ウィトルウィウスは執拗に論じていく。家屋、神殿、劇場のみならず、城壁、港から兵器、器械まで、アーキテクチャーの対象はおよそ人間が築き上げるものなら何でも、といった勢いで、森羅万象の多岐にわたる。しかもこの本は、建築の文化的価値をもたらす倫理や思想を説くだけでなく、きわめて技術的な指南書でもあるのである。

ウィトルウィウスによれば、建築家が持つべき素養は以下のようになる。文章の学、絵画、幾何学、光学、算術、歴史、哲学、音楽、医術、法律、天文学。なるほど、建築家の仕事は分析にあるというより総合にある。古典復興のルネサンスに現れた万能の人のイメージが建築家に結びついたのも無理はない。

もともとアーキテクチャーという言葉自体、アルケーとテクトンの組み合わせで、技術の統合や原理を表している。すべての技術の上にたつ技術、これがアーキテクチャーすなわち建築術だ、ということに、語源的になっているのである。

だから建築が土木を包含する、などといっているのではない。その逆も無用だ。およそものをつくるということ、制作するという行為のただなかで、その対象を分類にかけようなどとは誰も思わないものなのだ。ごくごく小さなものから非常に大きなものまで、つくるという行為の持つ神聖さは変わらない。神聖さというのは、神を畏れつつしかし神をも畏れぬ面を持つからである。人類はその昔、物質への圧倒的な好奇心と世界を改変する欲望を抱いてしまった。良くも悪くもこの好奇心と欲望に導かれて、人類は今日の繁栄を見ているのである。

建築には巨大であるという印象がつきまとうものかもしれない。しかし大規模な構成を持つものだけでなく、小さな機構を持つものも、建築と呼ばれた。いってみれば、知的な構成、美的な組み立て、こういったものをひっ

くるめて建築といっていた。知的という言葉については とくにここで補足することもないだろう。美的、これは 難しい。感覚に属するからだ。だがここでは漠然と、美 的な構成、組み立て、とこう理解しておいて差し支えな かろう。崇高というものもある。単に心地よい美のみで ない、ということをここではほのめかしておくくらいに しておこう。それとも、さらに意図を持つ構成、意志の 漲る構成という言葉も付け加えておこうか。

　これまで述べてきたように、日本でアーキテクチャー に建築という訳語が与えられて、原語の持つ意味はかな り狭まったといえるだろう。広くものを組み立てるとい うことを支える原理であり思想であるという意味が抜け 落ちてしまいがちだからだ。とはいえ、もとの言葉、アー キテクチャーになかった意味の広がりも、建築という訳 語のおかげで、日本語という言語は持ってしまった。そ れが先にも触れた「建築する」という動詞的な側面だ。 アーキテクチャーにはそれはない。これは結果的にきわ めて大切な概念の展開であったといっていいだろう。翻 訳は意味の重なりとずれによって新しい概念を生み出し たりもする。

　『口紅から機関車まで』[*24]というレイモンド・ローウィ[*25] のデザインの広がりを語るタイトルがあったが、およそ そこに何らかの知的、美的、意図的、意志的な構成、組 み立てがあるとき、そしてそれをつくるという視点から 見るまなざしを通したとき、どんなに小さくても、また どんなに大きくても、それはアーキテクチャーと呼ばれ うるのである。イタリアのファッションデザイナーの多 くが建築を学んでいるように。

　すべては建築である。ウィトルウィウスの時代には、 わざわざ発せられる必要もない言葉だっただろう。

[*24] レイモンド・ローウィの著書。*The Locomotive: Its Aesthetics*. 1937。日本語版は1957年に刊行された（藤山愛一郎訳、鹿島出版会。1981年に復刊）。

[*25] アメリカのインダストリアルデザイナー。1893〜1986。タバコのラッキーストライクやピースのデザインで、日本ではよく知られていよう。ステュードベイカー、ヒルマン・ミンクスなどの車のデザインでも一時代を画した。インダストリアルデザインの父と呼ばれる。

1-9　すべては建築である

　すべては建築である。これは20世紀のウィーンの建築家、ハンス・ホラインが掲げたテーゼだ。ぼくが建築を学び始めて出会ったなかで、最も魅力的な、そして危険な誘惑に満ちた言葉だ。人為的なものは人間による、自然は神による建築だと考えれば、確かに造られたものはすべて建築である。異存はない。

　ただホラインはそんなことをいったのではなかった。1960年代後半の雑誌『バウBau』の編集を通して、すなわちメディアを通して、かれは建築という概念をほとんどメディア、環境と同義である、というふうに拡大していったばかりでなく、あらゆる行為のなかに建築的行為を見ようとした。建築的現われを見ようとした。メディア自体が建築でありうること。すべてのものに建築を見るまなざしがありうるということを、かれは語り、表現しようとしたのだった。この場合、建築という言葉を「建築する意志」といいかえてもいい。意志あるところに建築はある。逆にいうなら、意志のないところに建築はない。

　とくに、かれはもはや機能しなくなった物体に建築の意志を見た。死せる物質に宿る建築への意志。壊れた物体に寄り添う建築の痕跡。スケールも機能も無化してしまって、ただそこに宿る造物主の意志を見る。建築とは死の形式である。すべてのものは流れ移り変わっていくが、それに抗いながら存在する何らかの形式がある。意志がある。それをかれは建築と呼んだ。それが生み出されたばかりの裸の姿に、あるいは逆の視点から見れば、死という凝結した姿に、かれは建築を還元しようとしたのだった。

　建築をその発生と消滅の地点で同時に捉える。組み立

＊26　1934年オーストリア、ウィーン生まれの建築家。モダニズムが抽象化により切り捨てた観念的な世界、すなわち幻想や物語、官能すらをも建築に込めうることを示した。そうした思想の系譜はもともとウィーンに流れており、ホラインはこれを一身に体現して、いわゆるモダニズムを超越する世界を開いた。

てられた物体の底に潜む意志を、人間が最も深いところで抱く秩序の感覚を、かれは掴もうとした。

「建築は、組み立てることによって具体化されるひとつの精神的な秩序である」[*27]と、ホラインは語っている。この精神的な秩序を、建築の意志と呼んでさしつかえない。

すべては建築である Alles ist Architektur。「建築」を、でなくて、「建築である」と述べることができる現象を、かれは収集した。建築という主語でなく述語的な建築現象を。あらゆるもののなかに。コカコーラのビンは建築である。電気プラグは建築である。航空母艦は建築である。ピルは建築である。かれはそれらをたとえば「非建築」などと名づけながら「建築である」ことを示そうとしたのだった。

わかるだろうか。周囲を見わたしてみよう。我々を取り巻くメディアのなかに現れるもののすべてに建築を見ることができる。建築は、まずはとりもなおさず我々を取り巻く環境であり空間にほかならないからだ。ホラインは軽やかにメディアを横切りながら、しかしそのまなざしは深くその底に潜む建築の意志を、秩序の感覚を、見据えていた。建築概念は拡散され、消滅するかに見え

*27 ウルリヒ・コンラーツ編『世界建築宣言文集』阿部公正訳、彰国社、1970、245頁。

写真1-6 バリ島ブルガリ・ホテルのプール。透明な水がそのまま海に続いて、つかると身体が溶けていくような錯覚に襲われる。溶け残ったかのようなユーモラスな石のオブジェが沈んで、世界の拠りどころとなっている

て、じつは還元されるべく横たわっている。そう、かれは建築を捉えたのであった。すべては建築である。身の回りのすべてのものにまなざしを注ぎながら、ホラインはそこに建築的現象を見出し、ぎりぎりに還元された建築の意志を発見していった。

　そのようなまなざしを持って、我々もまた、ひとつのワイングラスに、一缶のビールに、一冊の書物に、一個の携帯電話に、一幕の舞台に、ギターの弦の響きに、F1のエンジンに、コンピュータ・システムに、一筆の書に、一服の茶に、水面に映る月に、泡の立ち上る水槽を透したキスシーンに、建築を見出すことができる。なぜならそれは、人類のものを組み立てる意志、すなわち論理、現象、行為、欲望と同義だから。

さらに学びたい人は……
① あらゆるものに「建築＝知的な構成／ものを組み立てる意志」を見出してみよう。
② 線を引くときに、その線のもつ意味、根拠、可能性をつねに問い正してみよう。
③ 20×20mの敷地に「意味ある場所」をつくってみよう。

【column】

旅と暮らしに宿るかけがえのない瞬間の経験

竹山 聖

　建築は人類の知的営みのうちで最も大がかりなものだから、大胆な決断と繊細な神経の両方が要求される。もし間違えば多くの人が死ぬわけであるし、といってあまりに杓子定規だと退屈で死んでしまう。どちらにしても人間、死んでしまうわけだが、なるべくそれまでの間、生のかけがえのなさを味わい、しかもいきいきと生きられる空間を考えるのが建築家の使命だ。

　生きることはすばらしい。ぼくらはこれを山に登って朝日の昇ってくるのを見たり、朝霧のなかに静かにたたずむ神秘の湖に出くわしたり、空を真っ赤に染めて夕日が沈む海の輝きを感じ、風にほほを打たれたりするときに、心の底からそう思う。理屈ではなく、実感として。そしてそうした感動を、経験を、夢を、人間は言葉に託し、音楽に託し、芸術に託し、そして建築に託してきた。

　これらを総称して「作品」と仮に呼ぶとするなら、「作品」に人間はこの不安定で危険に満ちた物質世界から抽出された、もうひとつの「世界」を築き上げてきたのだ。そうした「作品」を通して人間は物質世界に自らが生きることの「意味」を読み取ろうとしてきたといってもいい。

　物質世界に意味などない。なるほど、その通りである。地球が生まれたのもたまたまであるし、生命が生まれたのも、人類へと進化したのも、たまたまである。我々が生まれたのも、父や母やそのまた父や母が出会ったからであって、そこに必然を読み取ることはできないし、絡み合う染色体の選別もたまたまだ。我々は淘汰から生まれた。

　しかし、生きている生身の我々はそうは思わない。そうは思いたくない、といった方がいいのかもしれない。我々は自らの決断でもって人生を生きており、それぞれの人生に意味があると信ずる。そのような存在なのである。死に向かいながら、死に抗って生きる。誰も死んだ経験はないのに、誰もが死亡率100%だと知っている。そして死を語ることができる。これは言葉のおかげである。そのために死を選ぶ人間も出てくるほどだ。

　死をめぐる想像力こそが、生のかけがえのなさを認識させてくれる。そして愛や喜びや悲しみをもたらしもしてくれる。

　じつは建築とは、そうした死をめぐる思考の産物ではないかとぼくは密かに考えている。我々が投げ出されているこの不確実きわまりない物質世界のなかに、死をめぐる想像力という鏡に映し出された愛や喜びや憧れや、そしてときに怒りや悲しみをすら盛ることができる、そんな器であり、そうした世界への門である、と。

　これは実際の旅を通した経験から得た仮説だ。パルテノンが夕日を浴びて輝くアクロポリスに登り、パンテオンの天窓から差し込む一筋の光を仰ぎ見、壁と天蓋の隙間から滲み出す光の染みがハギア・ソフィアの天蓋を浮き上がらせるのを感じ、吸い込まれそうなブルーの光がステンドグラスから降り注いで空間を至福の色で満たすシャルトルの大聖堂に身を置き、ラ・トゥーレットの修道院のチャペルでオルガンの響きを光と競演させ、ソーク・インスティテュートの中庭を太平洋に向けて走る一条の水路を跨ぎ越し、白霧のなかに浮かぶロンシャンの教会の静

かな官能に浸りつつ内部に満ちる光に込められた敬虔な祈りにわが身のはかなさと永遠をかいま見たりするときに。

　直接建築物と関わることでなくとも、あるいは日々の暮らしのなかに愛おしい風景のかけらが潜んでいて、それが建築の構想と密接につながっていることにあとになって気づくこともある。経験は無意識のなかに堆積するものでもあるからだ。

　幼いころからの記憶に残る思い出をたどってみよう。たとえばぼくは幼いころ、それがどこであったか、いまとなっては定かでないのだけれども、静かな海辺の街の家々のシルエットの向こうに、ボウッという汽笛とともに夕日が落ちていったとき、寂しさと懐かしさと、そしてそのなかで自分が生きてゆくことのしみじみとした覚悟のようなものを受け止めた。輪になって囲むキャンプファイアーの火とともに、つかのまの宴と笑いと光を、だからこそ訪れる星降る夜の永遠の安らぎを覚えた。なごりはつきねど、まどいははてぬ。家並み、寺の鐘、車座、囲炉裏、かまど、庭、屋根裏、大きく重い門戸、風の通る窓、誰かが、大切な誰かが入ってくるかもしれない扉。

　このように考えてみれば、ぼくらの記憶はいつも建築と関わっていることがわかる。人間が出会い、場を持てばそこに建築は、ある。天空があり大地があり人がいて生活があれば、建築は自ずとそこに立ち現れる。建築はもともと出会いの場であり、共同の場であるからだ。

　人間は自然を加工して建築を生み出してきた。一人でいるときも、誰かといるときも、皆でいるときも、そのときのありようにふさわしい空間的装置として。つまり、椅子であったりテーブルであったりベッドであったりバスケットボールコートであったり、庭であったり回廊であったり円形劇場であったり広場であったり。語り合うために、歌うために、踊るために、交わるために、食べるために、身を清めるために、眠るために、演ずるために、殴り合うために、抱き合うために、走るために、たたずむために、そして一人瞑想するために。

　建築はそんな人間のさまざまな振る舞いに、歓喜に、悲哀に、生きることの充実に、死にゆく覚悟に、場を提供する。

　建築は、思い通りにはならない自然の造化の妙を人為の技によって象徴化し、抽象化し、圧縮し、転送しつつ、生きる喜びを与える場とする行為だ。

　そのために何をなすべきか。それは自ずと答えが出ているのではないだろうか。経験を積むことだ。これにつきる。しかもみずみずしい感受性と驚きとを持って。経験はすべてに勝る。これは実際に30年以上建築設計の現場に身を置いてみて、つくづく感じることだ。何事もやってみなければわからない。スポーツも、音楽も、語学も。実践こそが技術を磨き、経験が想像力を育てる。

　旅に出よう。身体を移動し、意識を解き放って。

　旅だけではないだろう。暮らしのなかから、かけがえのない瞬間を抽出して磨き上げることだ。本を読み、映画を観、演劇を観、コンサートを聴き、歌を歌い、楽器を奏で、想いを語り、身体の運動能力を鍛える。およそ表現と呼ばれるジャンルは皆、底の方でつながっている。頭脳の運動神経を鍛えること。

　人間がただ食事をして排泄をして睡眠を取る生き物ではなく、死をすら想像しうる非合理きわまりない存在なのだということをちゃんとわかっていないと、人間が生きることの意味を問いかける建築を構想することはできないだろう。ぼくらは寄る辺ない自然のなかで、かけがえのない意味を紡ぎながら生きる存在であって、建築はそのような人間たちを応援する場所を築くことでもあるからだ。でもそうした構想のきっかけはといえば、たぶんごくごくさりげない経験のなかに宿っているのだ。

第2章　建築は凍れる音楽である──建築論の世界

建築も音楽も人間の身体全体を包み込む空間を現象させる。建築と音楽の関係を考察した言説を歴史からいくつか拾い出しつつ、建築空間がどのような思想を導き、そして人間の思考の可能性を開いていったかに思いを馳せてみる。

竹山　聖

2-1　イデア

　プラトン[*1]は芸術にあまり理解がなかった哲学者だが、そのなかで少なくとも建築と音楽には特別な地位を与えている。どちらも現実を模倣する芸術ではないからだ。

　プラトンはぼくらが感じ取っている世界、つまり感覚が捉える世界を低く見ていた。かれが本質的だと考えたのは、感覚を超えた普遍的な世界、かれの言葉でいうならイデアの世界だ。だから感覚によって捉えられるだけの現実世界を写す模倣芸術など、かれにとってはあまり価値あるものではなかった。

*1　古代ギリシアの哲学者。紀元前 427 ～ 347。ソクラテスの弟子で、アカデメイアという学校を開いた。その著作においては、師のソクラテスを主な語り手とした対話篇という形式を通して自身の思想を展開した。

図 2-1　l'abri du pauvre「貧者のあずまや」。フランス革命期の建築家、クロード・ニコラ・ルドゥーのドローイング。一本の木の下（場所）に休息する旅人が、天上の別世界（空間）を空想している。人間は身体と想像力をあわせもつ存在である。場所が身体を包み、空間を思い描く想像力を触発する

＊2　アテネを盟主とするデロス同盟とスパルタを盟主とするペロポネソス同盟の戦い。紀元前431〜404。アテネ側の敗北に終わったものの、ギリシア世界は衰退し、やがて紀元前4世紀後半になると、かつては辺境と目されており、ペロポネソス戦争にも参加しなかったマケドニアの支配下に置かれることとなる。

＊3　古代ギリシアの数学者、哲学者。紀元前582（571/570）〜496/460。事物の根源は「数」であると考え、神秘思想家でもあった。サモス島からマグナ・グレキアと呼ばれた南イタリアのクロトンに渡り活躍したので、「サモスの賢人」「クロトンの哲学者」とも称された。プラトンに大きな影響を与えたといわれる。

＊4　フリードリヒ・ヴィルヘルム・ヨーゼフ・シェリング。ドイツの哲学者。1775〜1854。早熟な天才で15歳で神学校へ入学、5歳年長のヘーゲル、ヘルダーリンと寮で同室となる。1799年にはイェーナ大学でフィヒテのあとの哲学の正教授となった。初期の親友、後期の論敵ヘーゲルとは、シェリングの重視する直観をめぐって意見が割れた。つまり哲学は直観ではなく概念の展開であり、弁証法である、とヘーゲルは批判したのだった。ヘーゲルの名声に比してシェリングの再評価は100年を待たねばならなかった。ハイデガーに見事なシェリング論（『シェリング講義』木田元・迫田健一訳、新書館、1999。1936年の講義より）がある。

＊5　アウグスト・ヴィルヘルム・シュレーゲル（1767〜1845）とフリードリヒ・シュレーゲル（1772〜1829）の兄弟。文学者であり哲学者。ロマン派の文学雑誌『アテネーウム』を主宰した。

　ところが建築と音楽、この2つは、ただ現実を写す芸術ではない。現実の向こうにあるイデアを写すものだ、とかれは考えた。そこでこの2つに特別の評価を与えたのだった。

　ではそのイデアとは何か。それは変わらぬかたちである。移ろう物の向こうの秩序である。建築と音楽は物の向こうの秩序を映し出す芸術だ、とプラトンは位置づけたのである。建築と音楽のなかには、イデアの反映があり反響がある、と。

　いってみれば、それは観念の鋳型のようなものだ。観念の鋳型に合わせてこの世のなかのさまざまな物は作られている。そうしてみると、建築と音楽は、あらゆる芸術のなかで、最も純粋な観念の領域に近い、ということになる。少なくともプラトンはそう考えた。

　ところで建築と音楽に同じような美的な構成の意図を見る考え方は、ギリシア古典古代以前のはるか昔から連綿と引き継がれてきたのではなかったろうか。

　たとえばエジプトのピラミッドは天体の運行と関係づけて、その意味が探られている。プラトンは紀元前427年から347年、ペロポネソス戦争[*2]を経てアテネの凋落期を生きた人だったが、このプラトンに先立つことほぼ150年、ギリシア文化が花開いた南イタリアの地で魔術的な教団を率いたピタゴラス[*3]は、かつてエジプトに学んで天体の音楽を構想した。プラトンも若いときにエジプトに学んだろうと考えられている。かれらにとって、天体の秩序は、地上の混沌とはまったく正反対の純粋な世界に見えたはず。地上の混沌から離れて、天体の秩序を写すもの、それがピタゴラスやプラトンにとって、音楽であり、建築なのだった。

　天体の秩序、その本質は、一言でいうなら比例である。比例こそが建築と音楽を結びつける原理であった。比例こそが、人間の身体感覚、つまり目で見たり耳で聴いた

りすることを、調和に向けて編成する力であった。比例による調和の向こうに、感覚を越えて普遍の美、プラトンのいうイデアの世界が開けている。建築と音楽は、混沌とした現実のなかに秩序を求める気持ちに応えてくれる。かれらはそんなふうに考えた。

比例については、先に触れた古代ローマの建築家ウィトルウィウスも、建築の本質はシュムメトリアだと述べている。これは今日のシンメトリーよりもっと広く、比例を意味する言葉なのである。比例こそがこの世に調和をもたらし、イデアの響きを伝えてくれる。だから建築と音楽はいつも互いの比喩と考えられてきた。建築が凍れる音楽だ、というのはこのような文化的背景のなかからごく自然に生まれてきたテーゼだった。

2-2 霊と魂

建築が凍れる音楽だ、と言ったのは、シェリング[*4]だとかシュレーゲル兄弟[*5]だとかいわれている。どちらも18世紀から19世紀初頭のドイツ・ロマン派[*6]の気風のなかに生きた人物だ。シェリングはシュレーゲルの兄貴の奥さんを奪って逃げたくらいだから、互いに深い交友があり、時代の気分としてはごく近くにいたといっていいだろう。かたや哲学者であり、かたや詩人である。時代の気分を共有する哲学者には他にフィヒテ[*7]やヘーゲル[*8]がおり、詩人にはノヴァーリス[*9]やヘルダーリン[*10]がいた。

同時代のドイツ文化圏にベートーベン[*11]も生きた。ヘーゲルと同い年である。まさしく精神が躍動する時代だった。音楽が初めて精神の表現手段となったのもこの時代だ。いやむしろ音楽が精神を表現するという考え方は、こうした時代精神の動きの真っ只中で生まれ出てきた。哲学と詩と音楽が同じ時代の精神を呼吸していた。

シェリングはヘーゲルと同級生で、ヘーゲルより年が

*6 ロマン主義は古典主義の対立概念。とりわけ18世紀から19世紀にかけてのドイツに吹き荒れた精神運動がその後のヨーロッパに与えたものは大きく、ドイツ・ロマン派と称される。古典派とロマン派の対立は音楽においても建築においてもある批評の軸を提供しており、建築の19世紀でいうならネオクラシズムとゴシックリバイバルにその対立の様相を見ることができる。ドイツ・ロマン派は当然ゴシック派であった。

*7 ヨハン・ゴトリープ・フィヒテ。1762〜1814。1807年から1808年にかけての冬、ナポレオン占領下のベルリンにあって、『ドイツ国民に告ぐ』と題して、ドイツ国家の独立とドイツ語による国民教育を説き、言語と精神世界の重要性を肉声で語りかけた。カントの系譜を引くドイツ観念論の哲学者。

*8 ゲオルグ・ウィルヘルム・フリードリッヒ・ヘーゲル。1870〜1931。ドイツの哲学者でありドイツ観念論の完成者ともいわれる。自由へ向かう精神史として歴史を捉え、理性の国家としての近代国家の思想的な礎を築いた。マルクスがヘーゲルの精神についての弁証法を唯物論へと転換して自身の思想を完成させたように、ヘーゲル思想のその体系性は、それへの批評も含め、後の哲学者に多大な影響を与えた。

*9 ドイツ・ロマン主義の詩人、文学者。1772〜1801。シュレーゲル兄弟の主宰する『アンテーヌム』に参加。15歳で死んだ婚約者ゾフィーの体験から、失われたものへの憧れと神秘を生涯の主題とした。『青い花』が日本では有名。28歳で夭逝した。

*10 ヨハン・クリスティアン・フリードリヒ・ヘルダーリン。ド

イツの詩人、思想家。1770〜1843。ディオティーマと呼ぶ女性への憧れが主題となった。これはプラトンの『饗宴』でソクラテスが引用する愛の教えの主の名でもある。そのモデルとなった彼女の死を契機に精神に失調をきたし、37歳から73歳までをチュービンゲンの塔に幽閉されて過ごした。異教と異境への憧れ。

*11　ルードヴィヒ・ヴァン・ベートーベン。ドイツの作曲家。1770〜1827。その強い形式性から、古典派の完成者と目されるが、その表現の点ではロマン派への橋渡しの役割も果たした。歴史上初めて音楽を思想として捉え、これを表現しえた人間である。

*12　長谷川宏訳、作品社、中巻、1995、262頁。

若く、しかもヘーゲルより早熟だったから、早く世に出てヘーゲルを引っ張りあげた。やがてヘーゲルはシェリングを批判してドイツ哲学のチャンピオンの地位を占めてしまう。ちなみにヘーゲルは、建築を「凍れる音楽」と名づけたのはフリードリヒ・フォン・シュレーゲルだと『美学講義*12』のなかで語っている。

シェリングは天才だったから、一気に内面にさかのぼって直観的に本質を掴もうとした。そこでは世界と魂は一瞬に交感する。それに対してヘーゲルは人間と世界との関係を順を追って徐々に展開するプロセスとして捉えたのだった。精神は直観せずに順を追って展開する。それが歴史だ。シェリングは性急だが、ヘーゲルは先を急がないのである。

シェリングは音楽が好きだったに違いない。だから建築を音楽の現実化と見た。音楽家は性急である。時間のなかに思想を込める。対するに建築の場合、つくるのに時間はかかるし、その場所から逃げない。いわばヘーゲル的だ。そういえばヘーゲルの図式でも、建築は始まりの位置を占めている。建築から始まって、彫刻、絵画、音楽、ときて最後に詩（文学）がくる。重いものから軽いものに、という順番だ。ものの惰性から解放される順番といいかえてもよい。さらには物質から精神へ、つまりヘーゲルの説く「自由」への階段といってもよい。音楽は最も軽やかなものに近いところにいる。自由に近いところにいる。建築は、最も遠い。物質の非物質化がヘーゲルにとって自由への道なのである。

シュレーゲルは兄弟ともに詩人で劇作家だ。神秘的な出来事を、つまり人間の心の問題を、その時代なりに論理的に考えようとした。自然科学が勃興する時代に、その精神をもって、いわば人間の魂と自然の霊とがいかにして交感するかを思考したのだった。内と外の境目を、言葉で捉えようとした、といっていいだろう。外に広が

る不可思議な霊の世界と内に広がる捉えようのない魂の世界をつなぐ通路を、言葉によって構築しようとした。

　かれらはいってみれば、霊的コミュニケーションの媒体を求めたのである。哲学に、詩に、そしてよりおおがかりで説得的な、そして確たる形式を持つように見える、つまり言葉でなく目や耳で直接に感じとられる表現形態の芸術、つまり音楽と建築に。

　かれらにとって芸術は超感覚的な世界を感覚で捉えるわざにほかならなかった。そしてその超感覚的な世界とは、憧れのような、到達しえない、かそけきものたちであるべきだったから、建築もまた非物質的であればあるほどよかった。音楽は文句なし。もともと非物質的であるからだ。それはまさしく純粋な霊的世界の響きであり、かなたの世界が感覚世界にもたらされた姿であるように思われた。

　そうしたかれらの試みのなかから、「建築は凍れる音楽である」という言葉は出てきたのだ、と、こう考えていいだろう。かれらは建築という不動のものに、この度し難く感覚世界にのさばる存在に、かそけき霊的世界を投影しようとしたのだった。つまり建築に音楽を見ようとした。それはかれらの共通する思いであり、こうした視点に立って初めて音楽と建築はかれらの世界の体現者たりえたのである。

　流動した生成でありディオニソス*13の傘下にある音楽と、固定した存在でありアポロン*14の傘下にある建築。ロマン的、詩的、音楽的世界と、古典的、造形的、建築的世界。この対極的な世界をロマンの側に回収する。それがかれらの意図だった。だから「建築は凍れる音楽である」とは、「凍れる」というその言葉と裏腹に、建築を流動化しよう、溶かそう、非物質化しようという試みを内に秘めたシュプレヒコールだったといっていいだろう。「音楽である」ことが重要なのだ。凍った建築を溶かしてみ

*13　ニーチェがその処女作『悲劇の誕生』（1872。日本語版は秋山英夫訳、岩波書店、1966）において提示したディオニソス的なるものとアポロン的なるものは、ロマン主義と古典主義の対比になぞらえられないでもない。むろんキリスト教の射程を超えてギリシア世界へと思想の飛翔を試みる当時のドイツの風潮は、なべてロマン主義と称してもいいのかもしれない。異教的なるものへの畏怖と憧れ。ディオニソスはぱっくり割れた合理の底に鳴り響く哄笑そのものだ。ギリシア世界が封じめようとした禍々しきものの発現である。

*14　前註の対比において、理性的なるものを表象するのがアポロンである。ちなみに、モダニズムの主流となった合理主義の流れは、ディオニソスでなくアポロンを標榜し、たとえばこの流れを切り開いた建築家ワルター・グロピウスの晩年の講演、評論をまとめた本は『デモクラシーのアポロン』（桐敷真次郎訳、彰国社、1972）と題されており、その表題自体、近代建築運動のめざした方向をよく捉えている。むろん建築にもディオニソス的建築はあり、音楽にもアポロン的音楽はある。

せる。霊の世界に還元してみせる。建築は内的な世界と外的な世界が出会い、交錯する、いわば魂と霊の運動を導く「魔術」の領域に属しているはずだ。建築は音楽を透して初めて浄化される。そうかれらは考えたのだった。

2-3　数学と魔術と

　具体的に凍れる音楽としてイメージされたのはどのような建築だったのだろう。建築が比例をその本質としている限り、和音が波の長さの比に基づく音楽とは、空間的なメタファーが成立する。音楽も建築も比の芸術であり、それは数学に基づいている。だから美しい。

　そう、古来、美しいとは数学的な根拠を持つと考えられてもきたのだった。建築も音楽も数学に基づいている。プラトンもピタゴラスも、数学こそがイデアの存在の証拠だと考えていたし理想の世界を映す鏡だと思っていた。数は万物の根源である。そしてイデアの世界は美に満ちている。

　　　「設計は物体的なものではなくて建築家のあたまの
　　　なかに存在するもので、数学と比例についての抽象
　　　的思考の土台の上にすえられるものだ」。

　記憶術の系譜を通してルネサンスの神秘思想を問いつづけたフランセス・イエイツ[*15]も、その著『世界劇場』[*16]のなかで、アルベルティ[*17]を引きつつ建築行為を指してこのように書き記している。

　まさにこの意味でも建築は凍れる音楽だ。どちらも比例という数学的な美をたたえている。

　ただシェリングやシュレーゲルの音楽や建築に対する思いは、そんなところで足踏みするものではなかった。かれらはまさしく霊そのものにいたる手段として、ある

*15　ワールブルク研究所を拠点としたルネサンス精神史研究家。1899〜1981。『薔薇十字の覚醒』（山下和男訳、工作社、1986）、『記憶術』（青木信義他訳、水声社、1993）、『世界劇場』（藤田実訳、晶文社、1978）など、それまで見過ごされていた思想的潮流として、ルネサンス期のヘルメス・カバラ的神秘思想を明るみに出した。

*16　Theatre of the World. 前掲、43頁。フランセス・イエイツは、『世界劇場』では、古代円形劇場とシェイクスピアのグローブ座などの比較をしながら、そこに脈打つ思想的潮流を見定めようとしている。ユークリッドの『原論』英訳の序文を認めたジョン・ディーの書架にはウィトルウィウスの『建築十書』があり、その比例的世界観が数学と魔術を架橋するという考え方をもたらしたのだったが、世界劇場には数的比例と記憶術が埋蔵された。このウィトルウィウス的世界はアルベルティらによってルネサンス期イタリアにはもたらされていたが、イギリスにはようやくエリザベス朝にもたらされたものだった。ウィトルウィウスについては第1章の1-8を参照。

*17　レオン・バティスタ・アルベルティ。イタリア・ルネサンス期の建築家。1404〜1472。建築家であるばかりでなく画家であり彫刻家であり、それらの芸術理論家であり、法学、古典学、数学を修め、劇作、詩作もよくし、音楽にも秀で、スポーツにもたけた万能人。なお容姿もすぐれ、親切で礼儀正しく誰にも尊敬されたという。ウィトルウィウスの『建築十書』とローマ建築遺構の調査を通して、その比例的世界観を自身の『建築論』にまとめあげた。実作はしかし自身の理論を裏切って、多彩かつ自由闊達な解釈を施しており、古代建築の模倣でなく、むしろ彫りの浅い、新たなグラ

いはより正確にいえば、魂と霊を交感させる媒介者として、音楽を、そして建築を見ていたのだった。それは極論すれば、魔術の世界に近い。官能と陶酔をもたらすもの。音楽と建築にそのような働きがあるとするなら、それは魂と霊の交感装置なのだろう。音楽は、そして建築は、かれらにとって中世を、そしてルネサンスをすら支配した魔術を代行するものとして再発見、定義されたのだった。そういえばルネサンスを魔術の時代と見なすという点は、フランセス・イエイツの分析においてもまさしく中心をなす指摘だった。

　ここでまた紀元前1世紀のウィトルウィウスに話が飛ぶが、かれもまたディオニソス建築師団に属していたというエピソードが伝わっている。[*18]理性のアポロンに対比されるディオニソスは、陶酔の神であり、怪しげな秘儀を通して崇拝される神であった。もしウィトルウィウスが本当にディオニソス建築師団などという怪しげな団体と関わりを持っていたとするなら、建築が一見理性的なその装いの下に、限りない魔術的思考の核を持っていたことになる。

　いや、一般の人々によってそのように伝えられていること自体が、建築家がどのように思われていたかを如実に物語っているのだといえるだろう。古来、建築の技というのは魔術に近いものだ、と捉えられていたのではなかっただろうか。あんなに重たい石を宙空高く持ち上げる。それは人知を超える神の技ではないか。建築家は神の技に通じている。フリーメーソンのメーソンの原義は石工である。[*19]石工は秘伝を伝える。建築家は石工の親玉のようなものだ。6世紀にハギア・ソフィアを造営して[*20]「ああ我れソロモンを凌駕したり」と叫んだという皇帝ユスティニアヌスも、[*21]建築の技の魔術性を感じていなかっただろうか？

　建築は魔性を孕んでいる。音楽も同じだ。ついでにい

フィカルパターンとしてのファサードを生み出した。

*18　マンリ・P・ホール『カバラと薔薇十字団』（大沼忠弘・山田耕士・吉村正和訳、人文書院、259頁）より「最も有名な団員のひとりは、『建築十書』の著者として名高い、偉大なる建築家ウィトルウィウスだった」。

*19　世界中の著名な文化人や経済人、政治家などを網羅するともいわれる男性のみの会員による秘密結社的な親睦団体。英語ではFreemasonry。このmasonryが石工、あるいは石やレンガなどの組積造建築を意味している。「友愛」を標榜する点で、「薔薇十字」とも共通する。モーツァルトやベートーベンもそうであったと噂されており、「魔笛」など、魔術的なインスピレーションの由来をそこに求める説もある。音楽も建築も創造的な領野においてはその芸術的源泉を魔術的な世界に求める傾向が、人類にはあるようである。あるいは常人には到達しがたく見えるそうした世界を指して、魔術というのかもしれない。

*20　イスタンブールの寺院ビザンティン帝国正教会の大聖堂として建設され、オスマン帝国の支配下でもモスクに改装され敬われた。偉大な空間は宗教を超えて称えられる良き事例である。537年、ユスティニアヌスを迎えて竣工。このとき、ソロモンを凌駕した、との発言が出たと伝えられる。558年に天蓋が崩壊し、562年、さらに高いドームを再建してあらためてユスティニアヌスに献堂された。

*21　ユスティニアヌス1世。483～565（在位527～565）。『ローマ法大全』編纂で知られる。異教を弾圧したことによって「大帝」と称される。「大帝」とはキ

えば女の人も同じ、かもしれない。ちょっと筆が滑ったかな。いずれも純粋な観念の退屈さを超えるいきいきした感覚の充実を有しているから、なのだけれど。

2-4　ゴシックのカテドラル

　精神が世界に向かって上昇していって、単なる自然の理想化を超え出し、精神の持っている自由そのものを造形する。そんな芸術をヘーゲルはロマン的芸術と名づけて、古典的芸術のあとにやってくる段階だと見た。そのロマン的建築の代表がゴシック建築だと、これも『美学講義』のなかで語っている。同時代を呼吸したシェリングやシュレーゲルが霊と魂の交信の場と見た建築。かれらもまた、その典型を、ゴシックのカテドラルに見ていたと考えていいだろう。

　ゴシックは、パリのすぐ北にあるサン・ドニの修道院長シュジェの構想が強く反映された様式だといわれている。12世紀のことだ。もちろんこうした様式がある日突然に生み出されたものではないのだろうが、シュジェが残した記録には、物質的なものを非物質的なものに転化する内的な瞑想についての考察が語られていて、このことを見てもかれが「物質的な物体を非物質的な現象に変える」という明快な意図と強い意志を持って、新しい聖堂建設にあたったことがうかがわれる。ゴシックは物体を現象に変える建築様式である。これが自然より精神を重視するロマン的な風潮に合致し、霊と魂の交歓にふさわしい建築として再発見され、称揚される結果を生んだのではないだろうか。

　ゴシックの画期的発明は、重力に対して抵抗するやり方だ。それまでのロマネスクの教会では石でとてもぶ厚い壁をつくって高い壁を安定させようとした。そうすると、どうしても窓は小さい穴のように穿つしかやりよう

リスト教の守護者に捧げられる称号だからである。戦乱で焼失したハギア・ソフィア大聖堂を再建した。

*22　Gothicとは「ゴート族の」という意味であり、当時の先進地域イタリアでは「野蛮な」とほぼ同義であった。つまりイタリアからすれば北の方に起こった野蛮なムーヴメントであり、古典の均衡や比例とは異質の、いわばやや不気味な様式ですらあったことだろう。とはいえそれは新しい技術的な考案に満ちており、石造でありながらそれまでのロマネスクと違って、広い開口を可能とする工学的な工夫がなされた。しかも、天に向かって無限に伸びゆく垂直方向の上昇運動感覚をもたらす装飾が施されて、あたかも深い森のなかにいるような感覚を空間の体験者に与える。ポインティッド・アーチ、フライング・バットレス、リブ・ヴォールトなどがその特徴であり、いずれもてっぺんが尖っていたり、鉛直方向に伸びてなお壁面を減らし、光を多量に導き入れたり、線材のデザインを強調した。この美意識は結局南へ向けて進行して、ミラノの大聖堂のように、やがてイタリアでも「野蛮な」はずの様式が求められるようになるのである。

*23　ゴシックの始まりを、パリの北、サン・ドニ修道院の聖堂の改築に見るのが一般的である。1130年代のことだ。大きな開口をとり、ポインティッド・アーチによるリブ・ヴォールトという線的デザインが採用された。1144年には内陣まで、ステンドグラスによる神秘的な光に満ちた、当時としては革新的な空間様式で改築は進められていった。これは修道院長シュジェの確信を持った計画であって、その分節された光に満ちた空間は、天国への旅と死と生の荘厳を暗示している。「これは

がない。大きく開けると壁が崩れてしまうからだ。ところがゴシックは力を壁面に垂直方向に出っ張る控え壁（バットレス）に分け持たせて、しかもこれを大きく空中を飛ばすフライング・バットレス[*26]としたから、窓が大きく開けられるようになった。ここにステンドグラスを嵌め込めば、神秘の光で満たされる空間の実現が可能となるのである。

　ロマネスクの教会は、なかなかそれなりに神秘的だ。個人的にはぼくは非常に好んでいる。その小さな開口部から注ぎ込む一条の光は、かけがえのない神の世界へ通じる道筋を予感させる。ただ確かに神の世界とは固く大きな壁に隔てられて、我々の住むこの世界は存在する。我々はここにいて、神はあちらにいる。とてもスタティックな世界だ。

　ところがゴシックのカテドラルでは、その空間自体が光で満たされ、神の世界が鮮やかに顕現する。柱をはじめさまざまな建築的エレメントに細かいアーティキュレーションが施されて、石が軽くされ、空間がダイナミックに躍動を始める。我々の世界が神の世界に近づく。我々の身体が神の世界に包み込まれる。ゴシック建築はその空間自体が神の世界の象徴的な縮図なのである。

　そしてそれはとりもなおさず、精神の現れ、単なる物質を超えた理念の空間化なのであって、だからこそ「凍れる音楽」と呼ばれるにふさわしい。空間化された理念が身体を包み込む。ここでも音楽と建築が交差する。この点については、あとでもっとくわしく『ユーパリノス』[*27]のなかのソクラテス[*28]に語ってもらおう。

　ヘーゲルも、そしてシェリングもシュレーゲルも、ゴシック建築にかれらの考える超越性、精神性、非物質性を投影して見ていたと考えていいだろう。それは神の世界の、すなわち憧れの具現化だった。

盛期スコラ学の思考体系のひとつの要請、『十分な分節化』、に正確に対応する」と森田慶一はその著『建築論』（東海大学出版会、1978、194頁）で述べている。ただしトマス・アクィナスは1225頃〜1274であるから、シュジェの建築構想が先んじていたわけである。空間が思想を、そして音楽を、生むこともある。

*24　シュジェ・ド・サン＝ドニ（Sugerius, Suger de Saint-Denis）。サン・ドニの修道院長。1081〜1151（在位1122〜1151）。国王ルイ6世とルイ7世の顧問であった。

*25　ゴシック以前の中世建築様式。5世紀ごろの古代社会の崩壊以降、1200年ごろまで。とくに8世紀から10世紀以前をプレ・ロマネスクとし、ロマネスクと分けることもある。「ローマ風の」という原義とはかかわらず、むしろ古代ローマの影響から離れた場所に、修道院活動の発展と並行して展開された。厚い石の壁、丸いヴォールト屋根、そこに穿たれた窓、といったモチーフがロマネスクの建築精神を体現している。

*26　ゴシック建築では、聖堂を囲む壁面に直行する方向に控え壁を出し、開口を大きくとれるようにして、ステンドグラスを嵌める。その控え壁と一体となった柱の上に交差ヴォールトを架けるわけだが、そのヴォールトのスラスト力（外側に推し出す力）を抑えるために、つっかえ棒として、のばしていった控え壁の上に宙空を飛び走る梁を載せ架けた。これをフライング・バットレス、空飛ぶ控え壁、という。

*27　ポール・ヴァレリー作、佐藤昭夫訳、審美文庫、1973。また「エウパリノスまたは建築家」（森田慶一訳、前掲『建築論』

所収）もある。プラトンの対話篇の形式を借りて、ヴァレリーが自身の建築論を語った作品。

*28　古代ギリシアの哲学者。紀元前469頃〜399。本人はいっさい著作を残さなかったが、弟子のプラトンなどの著作を通してその思想や言行が知られる。ヴァレリーはこのソクラテスの口を通して自身の建築観を語らせる。すでに冥界にいるソクラテス、身体を失ったソクラテス、そうした設定の彼を通して、物質を超えた空間としての建築の可能性を、ヴァレリーは語るのである。

*29　フランスの軍人、政治家。1769〜1821。フランス第一帝政のナポレオン1世（在位1804〜14、15）でもある。フランス革命の混乱を武力で収拾し、諸外国の干渉を逆手にとってヨーロッパ中をほぼ手中に収めた。ロシア遠征で冬将軍に敗北し、宿敵イギリスにとうとう勝てなかった。ただし、たしかに軍事の天才であり、国民軍の創設によって国民国家としての近代国家を確立し、ナポレオン法典を通して近代法の礎を築いた。その流刑先で口述した『セント・ヘレナ覚書』によって、革命精神を広めることが自らの使命であったという伝説を確立し、いまもフランスでは絶大な人気を誇る。フランス人は冗談めかして「フランスはナポレオン以来一回も戦争に勝ったことがありません」と自嘲気味に語るほどだ。

*30　名目だけの存在と化していた神聖ローマ帝国を離れ、ナポレオン側についてフランスと同盟したドイツ諸国連合。ほとんど属国であった。1813年ライプツィヒの戦いの敗北で解体。

2-5　ナポレオン

　さらに時代背景を辿れば、この時代、ドイツはナポレオン*29に制圧されていた。1806年にドイツの16諸侯がライン同盟*30を結成してナポレオンの支配下に入り、ドイツ皇帝は退位。エルベ川以西ではフランス語が公用語と定められ、ドイツ文化は危機に陥っていた。プロイセンが抵抗しているとはいうものの、ドイツは領土を大きく失ったから、文化を守るものは強い精神しかなかった。言葉しかなかった。もはや物質的な財産に頼れないのだから。

　にもかかわらず、かれらの言語が政治的に奪われようとする。言葉が、つまり哲学が、詩が、危機的な状況をつきつけられていたのだった。言葉が侵略されていく。言葉を失うわけにはいかない。言葉は何をおいても守られるべき防衛線だ。だから哲学が、詩が、危機的な状況を受けて燃え上がった。しかし言葉に頼るだけでなく、いま少し確かな存在をもかれらは求めたいと思っていた。そういえば言葉に浄化される前に、言葉を、精神を体現する確たる存在があるではないか。かれらはそこに気づいた。それが音楽と建築だった。ここに危機に瀕したドイツ精神の担い手として、音楽と建築が希望の星となったのだった。かりに言葉を失うようなことがあっても残る精神の乗り物として。

　この時代のドイツの哲学、詩、音楽は、危機的な状況によって磨かれて、それぞれ人類文化の高みを築いた。そして建築は、と眺め渡してみて、かれらが見出した精神の体現者が、ゴシック建築だったのである。

　ヘーゲルは、ゴシック建築と名づけられているとはいえ、それはゴート人の精神ではなく、まさしくドイツ人の精神を顕わすものだ、と述べている。ドイツのゴシッ

クはフランスのそれに比べると、天に向かって屹立する尖塔が特徴的だ。ゲルマンの深い森の記憶をたたえているとも語られてきた。ゴシックはゲルマンのものである。あえてそう言い張るしかない。それほどに、かれらは時代精神に、さらには霊的コミュニケーションの媒体に対応する建築を求めようとしたのだった。そこでコミュニケートされんとするのはドイツの魂であり、時代を導くのはドイツの精神であった。ヘーゲル哲学はドイツの応援歌だ。国民国家の形成が遅れたドイツの、思想の側からの、それは起死回生の戦略なのだった。

他者の存在がみずからの姿を顕わにする鏡となる。侵略を受けて己れの姿に気づく。ドイツはこの時代状況のなかで、必然的に、観念の運動を、そしてその内面の輝きを体現する音楽と建築のあり方を求めたのだった。時代の精神の、そしてそれと響きあう内面の魂の表現としての音楽と建築。物質の蹂躙におかされない魂の高貴。「建築は凍れる音楽である」という言葉には、このような悲痛な嘆きと覚悟もまた込められていたはずだ。

2-6　ユーパリノス

ポール・ヴァレリー[*31]が『ユーパリノス──あるいは建築家』[*32]という作品を書いている。これは建築を志すものにとって必読の書のひとつとされていて、ここでも音楽と建築の密接なつながりがテーマのひとつになっている。詩と音楽、そして詩と建築は、言葉に自律的な美を見ようとする近代の意識が見出した新しい関係だ。国民国家が拮抗する関係を持って対立し、それぞれの国家で「国語」が磨かれた。たとえばフランスでは、マラルメ[*33]が音楽に詩の木霊を聴いたとするなら、ヴァレリーは建築に詩の反映を見た。音楽も建築も、言葉を磨き上げるときに決まって呼び起こされるメタファーだ。

*31　フランスの詩人、作家、評論家。1871〜1945。フランス第三共和政（1871〜1940）を代表する知性といわれた。

*32　Paul Valéry, *Eupalinos ou l'avchitect*. ここでの訳文は『ユーパリノス──あるいは建築家』（佐藤昭夫訳、前掲）からのものを用いている。他に森田慶一訳「エウパリノスまたは建築家」（前掲『建築論』所収）、清水徹訳『エウパリノス・魂と舞踏・樹についての対話』（岩波文庫、2008）がある。

*33　ステファヌ・マラルメ。フランスの詩人。1842〜1898。書くことを徹底して思索し、一冊の書物への希望とその不可能性を問い続けた。『骰子一擲』（秋山澄夫訳、思潮社、改訂新装縮刷版、1991）はその斬新な記法にも驚かされる。経済的には恵まれなかったが、豊かな交遊関係は多くの芸術家、作家らに創造的インスピレーションを与えた。20世紀の思想に最も影響を与えた19世紀の詩人。いまもなお、その詩的源泉は汲み尽くせぬままにある。

したがって、建築の非物質化、さらにいうなら詩化とすら呼びたくなるような思索が肉体を失った死者たちの会話を通して語られるこの作品には、建築についての宝石のようにきらめく輝きを持った考察がいっぱいにちりばめられている。ここでは、そのなかの音楽との関わりについてのみ、取り出してみることにしよう。

　話はユーパリノスの回想に端を発する。かれの建てたヘルメスの神殿[*34]が「ぼくの生涯のある明るい一日の思い出」であって、「かつてぼくが嬉しい恋をした、あるコリントの娘の数学的な形象だ[*35]」と、ユーパリノスは語り始める。なんと建築が恋の思い出の表現になっているというのである。数学的な形象。これが建築と音楽と、そして詩を結ぶ秘密だろうか。ここでもまた、数的比例が調和の美をもたらすという、あの美学をトレースしているのだろうか。では娘は何だ。スリーサイズか八頭身か。それとも思い出そのものが数的比例だというのだろうか。

　その神殿を称えてパイドロス[*36]がこんなふうに答える、「なにか笛の音を伴った祝婚歌[*37]」のようだと。ユーパリノスは思わずわが意を得たりとばかりに語り出す。それがかれのいう「歌う建築」である。ユーパリノスによれば、建築には口を聞かないものと語りかけるものと歌うものがある。そして無口の建築に対しては、こう吐き捨てるようにいうのである、「語りかけも歌いもしない建築は軽蔑に価するだけさ[*38]」。

　ユーパリノスはパイドロスが指摘した建築と音楽の関わりに強く共感しながら、「これほどたがいに異なった物同士の偶然とも思えるこの結合は、あるすばらしい必然によるものだ」と言葉を続け、「目に見える形態と、あいついで発せられる音のつかのまの集合とのあいだの奇妙な暗号」について思いをめぐらせる。もちろん「建築と音楽」のことだ。「娘」も入れておこうか。そしてそれが「万人に共通な始原」だとすらほのめかし、「そ

*34　オリンポス12神のひとり。商業の神、旅人の神、神々のメッセンジャーでもある。ヘルメス・トリスメギストスによる神秘思想の文書も連想される。ネオプラトニズムやグノーシス主義など、本来キリスト教の草創期を育んだ思想的土壌が、いつしか異教的と見なされるようになる。ヘルメスの神殿とは、ここではいわばそうした異教的なるものを象徴していると考えられよう。

*35　ヴァレリー、前掲書、25頁。

*36　パイドロスは良き聞き手であり、迷えるハンサム・ガイである。『饗宴』と並ぶエロース論の展開される『パイドロス』の表題ともなっており、この2つに登場する。ヴァレリーの『ユーパリノス』(前掲)では師ソクラテスの言葉を受け止める良き聞き手として、対話者として、そして時にぼけ役として、ソクラテスの思索をうまく導いている。たとえば、そのソクラテスの発言を受けた最初の受け答えは「すばらしいソクラテス、私は口をつぐみます」である。パイドロスの謙虚な人柄が偲ばれる。

*37　ヴァレリー、前掲書、25頁。

*38　ヴァレリー、前掲書、26頁。

の尊くも優美な姿は直接に楽音の純粋さに通じ、また汲めども尽きせぬ和音の感動を魂に伝えずにはおかないような建物」の喜びを想像する。[*39]

その創造の現場はユーパリノスによればこのような状態だ。

> 「そんなとき、ぼくの脳裏におこなわれる組合せは、ぼくの光明の中でおこなわれ、またその光明の中に保たれる。ぼくの美に対する欲求がぼくの未知なる力と等しいものとなり、その欲求を満たすさまざまな形象を独力で生み出してゆくのが感じられる。ぼくはぼくの全存在でもって願いのぞむ……」[*40]。

そして最後の瞬間に、「ぼくは分割しえないものを分割しようとのぞむ。《観念》の生起そのものを緩和させ、中断しようとのぞむ」[*41] のだという。これはまさしく「建築的瞬間」にほかならない。そして同時に「切断された音楽的瞬間」でもある。熱きもの、燃えさかるものの冷やされる刹那。コントラストの強度、そのさなかの緊張と弛緩。至福のエクスタシーの持続。「まさにあろうとする未来に、その新しさの力強さはすこしもそこなわないようにしながら、かつてあった過去の妥当な要求を満たさせる」こと。「おなじ瞬間に熱いとともに冷たく、液体でありながら固体であり、自由であってまた束縛されていなければならない」[*42]。このときかれは「自由になる」という。

2-7 存在の響き

パイドロスがこのユーパリノスとの対話をソクラテスに伝えると、ソクラテスは「歌う」建築という言葉が気になって脳裏から離れなくなってしまう。そこからソク

*39 ヴァレリー、前掲書、29-30頁。

*40 ヴァレリー、前掲書、31頁。

*41 ヴァレリー、前掲書、31頁。

*42 ヴァレリー、前掲書、33頁。

ラテスの芸術論が語り始められるのである。かれはまずこうはじめる。

「私は列柱の奏でる歌を聞いてみたいと思うし、また澄み渡った蒼空に、あるメロディーの一大建築が浮かびあがるのを心に描いてみたいとも思う」[*43]と。ここでソクラテスはパイドロスの語っている諸々の感覚が、存在の響き、すなわち「空間」だという直観に達したのだった。

ソクラテスによる建築の定義は、「我々にたいして、我々がそのなかで生きる、一種の完全な空間を形成する」というものだ。「我々はそのとき、人間の作品の内部に存在し、行動し、生きる」のであって、「我々はいわばある人物の意志と選択を呼吸する。彼が採択したプロポーションのなかに我々はとらえられ、制御される。我々は彼から逃れることができない」[*44]。かれはまさに「空間」のことを語っている。

そしてこれと同じことが、音楽において起きるのである。我々を包む空間性。ソクラテスの考える音楽と建築の類似はまずこのことだ。「ちょうど魚が水中に棲むように、人間の作品のなかに囲まれ、それにすっかり浸りきり、そこで生き、またそれに従属するというような」[*45]状態。これが音楽と建築に共通する点なのである。

「人間を人間のなかにとじこめる芸術が２つある」。音楽と建築である。それは「存在をそれ自体の作品のなかにとじこめ、魂を魂自体の行為のなかに、またその行為の生産物のなかにとじこめ」、また「２つとも感覚の総体を独占してしまう。その一方から逃れるためには我々は心の切断によるしかないし、もう一方から逃れるためには肉体の移動によるほかしかたがない」[*46]、そのようなものなのだ、とソクラテスは断定する。

この２つの芸術は、「なんの仲介もなく、いかにも直截に我々に働きかける」種類のもので、「数値と、各数値間の関係によって」、「あらゆる寓話をつくりだす隠れ

*43 ヴァレリー、前掲書、38頁。

*44 ヴァレリー、前掲書、38頁。

*45 ヴァレリー、前掲書、39頁。

*46 ヴァレリー、前掲書、40-41頁。

た能力を我々のうちに生みだす[*47]」のである。「なんの仲介もなく」というのは非模倣性を、「数値」云々というのは比例を指している。

　ところがソクラテスの思考はもはやその場所にもとどまらない。音楽と建築の最も際立った点は、それらがどこか別の場所へと我々をいざなうことだ、というのである。そのもの、その場所でなく、別の世界へ、と。ソクラテスはこう語る。「《音楽》と《建築》の場合には、当の音楽なり建築なりとまったく違ったものを我々に考えさせる。この2つの芸術はこの世界のただなかで、いわば他の世界の記念碑なのだ」と。そして「一方は宇宙の生成を、他方はその秩序と安定を我々に直接に思いださせる[*48]」のだという。むろん前者が音楽、後者が建築である。

　ついに宇宙にまでいたってしまった。宇宙の生成を喚起する音楽、宇宙の秩序と安定を想起させる建築、それが精神の自由そのものの表象だ。音楽と建築は「自由」へのパスポートなのだ。「精神の自由とはこのような秩序を探求し、数かぎりもない方法でその再建をするものにほかならない[*49]」からである。

　ソクラテスの考察はもう止まらない。感覚のなかに潜む形について、存在について。

　音楽と建築とは、ともに感覚的な手段を用いながらも、「あらゆる法則に形象を与えること。あるいはあらゆる法則それ自体からそれぞれの形象を引き出すこと」においても、共通している。それらは「なかば具象的、なかば抽象的な存在」によってつくられており、その存在とは「正真正銘の人間による創造物であり、視覚に触覚、——あるいはまた聴覚、——さらにまた理性、数値、および言葉などの性質をいくらかずつ帯びるもの[*50]」なのだ。感覚そのものに潜む理念的な秩序。感性は理性を内蔵している。その具体的な現われが音楽であり建築なのである。

[*47] ヴァレリー、前掲書、41-42頁。

[*48] ヴァレリー、前掲書、43頁。

[*49] ヴァレリー、前掲書、43頁。

[*50] ヴァレリー、前掲書、44-45頁。

2-8　流動する時間と結晶する空間

　ユーパリノスの話に触発されてソクラテスが語る音楽と建築の比較論は、このあと音楽を離れて走っていくので、ここで追いかけるのを止めよう。

　振り返ってみよう。ソクラテスが比例の議論を越えて展開するのは、すべてを包み込むものである、ということ。つまり「空間」であるということ。しかも人間が人間の創造物によって包み込まれる。それもある個人の作品によって。たしかに音楽と建築は包み込む芸術だ。我々の身体全体を「空間」によって包み込む。

　そしてその「空間」はただ包み込むだけでなく、その場所を超えて他の場所に人を誘う力を持つ。その「空間」には精神の自由をもたらす秩序が込められている。我々はそこに身をおいて自由に向けた想像力解放のひきがねを引き、自由の響きを聞く。音楽は世界の生成に触れる「空間」を提供し、建築は世界の存在に触れる「空間」を提供する。

　ソクラテスはユーパリノスの「娘」を、そして「歌う建築」を、「空間」であると洞察した。ソクラテスは「みる」まなざしであり、ユーパリノスは「つくる」行為者であった。もちろんその交歓の場を与えたのがヴァレリーであるから、ヴァレリーこそが「つくる」ことと「みる」ことの往還の場に立って創作にあたったのであり、それを記したのだった。

　ところでヴァレリーは決して建築が凍れる音楽とはいわなかった。ただソクラテスに託してこう語らせている。

　　「君はこの流動性が、さらにもっと流動的な君の思想に比較すれば、まるで不動のもののように感じなかったかい？」[51]

*51　ヴァレリー、前掲書、40頁。

音楽の流動性をパイドロスの生命の美、死すべき美の思想に寄り添わせ、比較して、そしてこう結論づける。

「だからこの流動性全体がひとつの固体を形づくっているのさ。この流動性はそれ自体として存在しているように思える。あたかも君の魂の周囲に建てられた殿堂のように」。[*52]

*52 ヴァレリー、前掲書、40頁。

音楽は流動する時間を結晶させた空間的存在となり、建築となる。

音楽は音が消えて音楽になったときにその姿を現す。建築もまた物質が消えたとき、その姿を現す。それはある種の秩序であり調和であり戯れであり自由の感覚であり、そして麗しい青春の思い出ですらある。

肉体の消えた冥界で、物質の消えた芸術についての対話が交わされる。ただ消えるための物質への限りない愛惜の念とともに。ただし消えるためにも、肉体と音と石材は必要であって、これが青春と音楽と建築を支えている。ユーパリノスの記憶は消え残る物質の記憶でもあった。

ドイツ・ロマン派の哲学者、詩人たちは、「建築は凍

写真 2-1 山代温泉「べにや無何有」の「方林」は、無為の時間を空間化した「どこにも属さず、目的をもたない」スペース。この日はキキョウを700鉢並べて花茶会が開かれた

れる音楽である」という言葉を通して、じつは非物質化の方へ、「音楽である」方へと思考を導いた。「凍れる」は「溶ける」ことを含意していた。それに対してヴァレリーは、「凍れる音楽」のような物質を、そこから迸る想像力を愛したように思える。建築そのもの、音楽そのもの、そして娘そのものを。そしてそれらの「凍れる」瞬間を求めようとしたように思える。抽出される精神ではなく、生身の肉体に感覚されるものこそが殿堂のような不動のものであって、愛しくも懐かしい、麗しい青春そのものなのである。思い出は美しい。ロマン派は思い出に流されようとしたが、ヴァレリーは思い出を溯って泳ごうとした。そこにヴァレリーの苦難と知性があった。

　音楽を愛するものは建築を愛する。ほとんどの場合、逆もまた真である。

さらに学びたい人は……
① 音楽と建築の類似点をあげてみよう。
② 秩序とは何か、秩序と美はどのように関係するかを考えてみよう。
③ 「存在の響き」というポエティックな言葉を通して「空間」を考えてみよう。

【column】

「つくる」ことと「なる」こと
構築と生成が織りなす私たちの環境という「難問」

青井哲人

　台湾の街を歩くと大小の廟に出くわす。廟前の広場にはひっきりなしにお供え物や線香を手にした老若男女が出入りし、広場を取り巻く木陰では老人たちが顔を突き合わせて将棋に興じている。カンボジアの田舎町の市場は、既製品のパラソルがいくつもくっついて境目もわからなくなった薄っぺらな屋根の下に、ありとあらゆる品が並べられ、あらゆる色と匂いに満ち、人々でごったがえしている。目に見えるモノと見えないコトとが渾然となって、そうした「状態」がある。不定形で流動的ではあるが、きっと明日も同じだろうと私たちは暗黙に予想する。つまり何らかの安定した「系」がそこに成り立っているのを感じ取る。

　別の見方をしてみよう。台湾の廟前広場、カンボジアの市場、それに東京の盛り場でも、あるいは学生たちが居着いた製図室でもいい、そうした生き生きとした、あるまとまりをもった場の「状態」は、意図的につくられた部分だけでなく、「成る」とか「起きる」とかいった言葉で捉えるべき部分を含む。つまり、「構築」と「生成」とが微妙な関係をとってそこにある。C.アレグザンダーは、そうした環境の本質を、「無名の質[*1]」と呼んだ。

　近年の建築学生はよく、そんな自然な「状態」をつくりたい、という。卒業設計ともなれば気負い込んで、正面からその課題に取り組んでみようと思い立つ人も多いが、なかなかうまくいかない。まあ、こうだったらいいなと思う「状態」の絵は描けるかもしれない。でも、それは根本的な矛盾じゃないか——とあなたは自問しはじめる。誰がつくったか分からないから「無名の質」というのに、それを描いているこの自分は何者だ。その作為性に目をつぶるなんて欺瞞じゃないか。何をデザインし、何を構築したら、どういう「状態」が生成するのか、そこをつなぐ法則はあるのか。これは正解があるのかどうか分からない「難問」だ。

　そもそもヨーロッパで育った「建築 architecture」とは、第1章と2章で説かれているように、人間集団が構想し夢想する世界のロジックを、揺るぎない形式によって具現化する術だ。古代ギリシアの神殿も、中世のゴシック大聖堂もそうだった。「建築家」はそれを担う特異な工匠だったのである。

　対して、「生成」は、作為がないのに自然にそう「成る」ことをいうのだから、「建築」概念とは本質的に相容れそうにない。ところが、近代以降の「建築家」は、今日の建築学生と似た問いを、避け難く背負い込んできたらしい。というより、あなたの悩みは脈々とつづく知的営みの延長上にあるのだ。この際、あなたの悩みを先人たちの悩みと接続し、彼らの成果を最大限に活用しながら、同時に、歴史という厚みのなかで自分自身を検証してみるべきだ。

＊

　G.E.オスマンは中世以来の有機的なパリの市街地を切り裂き、統治者の一望的な視線そのもののような直線道路のネットワークを埋め込

んだ。同様の都市改造は 19 世紀後半から 20 世紀初頭にかけて世界中で行われたが（シカゴや東京の改造もほぼ同時代)、これに対して中世以来の都市の豊かな質を取り戻したいという欲求が起こるのも当然。建築家 C. ジッテが『広場の造形』を書いたのは、形式性や効率性を重視した都市改造を批判し、都市を有機体として見る立場からだ。[*2] 生物学的な観点から社会を考えた P. ゲデスは、地域固有の生活文化を育む街の有機的組成を殺さない「保存的外科手術」を唱えた。[*3] J. ラスキンや W. モリスの中世主義の影響を受けた R. アンウィンは、長い月日をかけて無名の人々がつくりあげた集落のような風景を田園都市レッチワースに実現しようとした。

人々の営みという、決してデザインしきれないものを含み込んで生成・変転する複雑さを、ひとつの形式に強引に押し込めようとする意志と、それに抵抗して、一見取るに足らない固有のものたちの相互関係から生起する環境の質を見ようとする思潮とは、いつも並行している。次章でとりあげられる「建築家なし」[*4]のヴァナキュラーな世界の魅力も、19 世紀末までにはすでに、ある種の憧憬をもって学ぶべき対象になっていたのである。

1920 〜 30 年代にはいわゆる「近代建築」が確立するが、それを支えた機能主義の厳格な教義では、機能の単位と空間の単位を一対一に対応づけることが要求される。それに対してミース・ファン・デル・ローエは「ユニヴァーサルスペース」を打ち出した。あらゆる「状態」を許容するには、壁をやめ、空間の質を限定せず、純粋に透明なひろがりだけを用意すればよい、というわけだ。しかし、何にでも使える空間は何にもフィットしない、というのもまた事実。いずれにせよ、ある意味で究極の強度をもった建築形式の発明であった。こうして近代建築の公式ができあがっていく横で、やはり、それに対抗する伝統主義や地域主義の潮流も育っていく。その両方において、「構築」と「生成」の機微がそれなりの緊張をもって探求されていた。これらを基盤として、1950 〜 70 年代には、一方でビジネス街やニュータウンや郊外住宅地がつくられ、他方では伝統も現代も区別なく人間活動が環境とのあいだに立ち上げる関係性の豊かさを捉えるためのあらゆる探求が噴出する。

たとえば 1960 年発足のメタボリズム・グループは、現状を不断に書き換えていく経済成長という人間活動のダイナミズムに注目し、近代建築を乗り越えようとした。ミースのユニヴァーサルな床を無数の「カプセル」に置き換えて交換可能とするアイディアだ。しかし都市の複雑な営みを単純な建築形式に押し込めるのはやはり無理。

注目すべき動向はむしろ、「無名の質」そのものを、いわば"生け捕り"にする試みの数々だ。たとえば J. ジェイコブスは人々の緊密な相互作用による「創発＝生成」だけが豊かな全体性をつくるのだと訴え、再開発反対運動を戦った。[*5] ほとんど同じことを、アレグザンダーは「セミラティス」という概念で数学的にモデル化し、[*6] ついで人々が自分たちで環境をつくるための具体的なツールとしての「パタン・ランゲージ」の開発と実験に挑んだ。[*7] L. クロールの「参加と複合」[*8]、J. ターナーの「セルフ・エイド」[*9] なども関連する試みとして重要だ。歴史的な市街地の複雑さを「都市組織」と「建物類型」、そして人々の介入の「積層」といった概念で歴史的に読み解く方法も、1950 年代にはイタリアで確立し、日本を含む各国に波及した。R. ヴェンチューリは歴史都市も現代都市もその「多義性」の相で読み解き、私たちが尊重すべき環境の質を「困難な全体 difficult whole」と名づけた。[*11] いずれも、いまだに私たちを捉えている「難問」を、人間－環境の小さな系が連接的・階層的に集まって複雑な全体が織り成される、と捉えることによって、理解できるもの、介入でき

るものにしようとする努力だったといえるだろう。同様の努力は、社会学などの他領域やアートの世界にも見出せる。

　　　　　　　　＊

　磯崎新・原広司以降と、とりあえず区切ることができそうな現代日本の建築家たちもまた、同様の「難問」に取り組んできた。そうした試みの数々は、熱気に満ちた数々の建築雑誌のバックナンバーに異様な密度で記録されている。図書館の書庫に潜り込みさえすれば、あなたもそれらに出会える。

　それにしても、なぜこの「問題」は繰り返し問われるのか。なぜあなたはそれが大事だと思ったのか。

　「無名の質」「困難な全体」をつかまえようとする努力の背景には、人工的に環境をつくる試みへの反省があり、あるいは市場主義的な開発とか環境管理型の権力とかいったものへの対抗の意志があった。住民の参加や主体性といった主題も、環境の創出にかかわる意思決定権の問題だ。つまり、このコラムで考えてきたのは実は「政治」的な問題でもある。「政治」とは、立場や考え方の異なる人々が、どうやってひとつの答えを導けるのか、というこれまた困難だが避けがたい「難問」であって、どんな「政治」を組み立てるか、ということと、建築や都市をどう捉えるのか、建築家とは何か、ということとは別々のことがらではない。

　R. コールハースは、「非人間的」と非難されることの多かった現代都市の摩天楼群を、「建築家なし」の「メガ・ヴィレッジ」として読解し、肯定した。[*12] 市場主義的な欲望がつくりだす風景もまた無名的で生成的なのだ。コールハースの戦略はともかく、ここから学ぶべきことは、無名的で生成的なものならすべて肯定してよいというわけではない、ということだ。結局、わたしもあなたも当事者として、何らかの世界の「構築」を目指すほかない。

参考文献

＊1　C. アレグザンダー『時を超えた建設の道』平田翰那訳、鹿島出版会、1993（Christopher Alexander, *The Timeless Way of Building*, 1979）。

＊2　C. ジッテ『広場の造形』大石敏雄訳、鹿島出版会、1983（Camillo Sitte, *City Planning According to Artistic Principles*, 1889）。

＊3　P. ゲデス『進化する都市』西村一朗訳、鹿島出版会、1982（Patrick Geddes, *Cities in Evolution: An Introduction to the Town Planning Movement and to the Study of Civics*, 1915）。

＊4　B. ルドフスキー『建築家なしの建築』渡辺武信訳、鹿島出版会、1984（Bernard Rudofsky, *Architecture without Architects*, 1964）。

＊5　J. ジェイコブズ『アメリカ大都市の死と生』新版、山形浩生訳、鹿島出版会、2010（Jane Jacobs, *The Death and Life of Great American Cities*, 1961）。

＊6　C. アレグザンダー「都市はツリーではない」『形の合成に関するノート／都市はツリーではない』所収、押野見邦英訳、鹿島出版会、2013（C. Alexander, *City is Not a Tree*, 1965）。

＊7　C. アレグザンダー『パタン・ランゲージ』平田翰那訳、鹿島出版会、1984（C. Alezander, *A Pattern Language*, 1977）。

＊8　L. クロール『参加と複合』重村力訳、住まいの図書館出版局、1990（Lucien Kroll, *Composants: faut il industrialiser l'architecture?*, 1972）。

＊9　John F. C. Turner, *Housing by People*, 1976.

＊10　陣内秀信『都市を読む・イタリア』（法政大学出版局、1981）、同『東京の空間人類学』（筑摩書房、1985）ほか。

＊11　R. ヴェンチューリ『建築と多様性と対立性』伊藤公文訳、鹿島出版会、1982（Robert Venturi, *Complexity and Contradiction in Architecture*, 1966）、同『ラスベガス』石井和紘・伊藤公文訳、鹿島出版会、1978（R. Venturi, *Learning from Las Vegas*, 1972）。

＊12　R. コールハース『錯乱のニューヨーク』鈴木圭介訳、筑摩書房、1999（Rem Koolhaas, *Delirious New York*, 1978）。

第3章　建築家なしの世界——原初の建築

原初の建築、建築のはじまりについて考えてみたい。そのために古来伝わってきた「建築書」のいくつかを紹介しよう。何も難しい話ではない。古来書かれてきた「建築書」は、建築をつくるためのマニュアル（手引書）のようなものである。とにかく建てるというのがはじまりである。

布野修司

「『建築』とは何か」をめぐっては、古来さまざまな論考があり、「建築論」と呼ばれる数多くの書物がある。そして、「建築論」というと、往々にして、難解で高尚な「哲学的」「思想」を展開するものと考えられている。事実、多くの哲学者が考察してきた。前章でみてきたように、それは決して難解なわけではない。

しかし、ここでは「『建築』とは何か」と真正面から問うことはやめよう。「建築」とは、哲学的考察以前に（とともに）もう少し簡単で身近なものである。「建築」と「建物（建造物）」はどう違うのか、「芸術としての建築」と「非芸術としての建築」はどう区別されるのか、等々の区別（差別）、「建築」という概念の特権化は、近代において成立したにすぎない。ここでのテーマは、「建築」とは何か、ではなくて、「建築」をどう「つくる」か、である。大切なのは、「建築に何が可能か」（原広司[*2]）である。

第1章でいうように、「すべては建築である」（H.ホライン）。そして「誰もが建築家でありうる」というところから出発しよう。

[*1] そもそも「建築」という言葉は、欧米語の Architecture の訳語で、日本語にはなかった。中国語にもなくて、むしろ、明治の文明開化の時代に日本語による翻訳語が中国語としても用いられるようになった例のひとつである。

伊東忠太（1867～1952）という稀代の建築家、建築史家が「アルシテクチュールの本義を論じて造家学会の改名を論ず」（『建築雑誌』1894）という論文を書いて、「建築」「建築家」「建築学」「建築学科」という言葉が定着することになるが、伊東の論文のタイトルからわかるように、直前は「造家」という言葉が使われていた。「造船」「造家」……というのは、わかりやすいが、「建築」は「造家」ではない、「建造物 Building」と「建築 Architecture」は違うと、伊東は先の論文で主張したのである。

それまでは、土木建築工事一般を「普請（ふしん）」、建物に関する工事を「作事（さくじ）」と呼んでいた。

しかし、伊東忠太は「建築は芸術であって、単なる工学技術ではない」というのである。この「芸術としての建築」という観念は、「芸術」という観念の成立に関わっている。

そもそも「芸術」とは、と語源を遡ると、西欧語ではアート、アー

3-1　都市に寄生せよ
——セルフビルドの世界

　まず、課題を出そう。A3一枚の紙にどのような表現でもいいから描いてみてほしい。

　「都市に寄生せよ———ある日あなたは突然家族も家も失った。身よりも何もない。あなたは誰にも頼らずたった独りで生きていくことを決意する。いわゆるフーテンである。家を建てたり借りたりする気はもはやなく、またその余裕もない。都市そのものに住もうと考える。しかし、そのためにも生活上最低限の装置は必要である。ときには地下鉄の入口で、あるいは橋の下で、あるいは路上で寝なければならない。都市に寄生して生きていく。以下の条件を最低限満足させる装置をデザインせよ。①寝られること、②食事ができること、③人を招待できること、④ひとりで持ち運びができること。」

　決してふざけているわけではない。山本理顕さんと2人で考えて、いろいろな大学の「設計演習」の課題として実際に出してきた「定評ある」課題である。「フーテン」というと「フーテンの寅さん」という山田洋次監督・渥美清主演の映画シリーズが思い浮かぶけれど、知らない人も多いかもしれない。日本語の辞書（広辞苑、大辞林）を引いてもないが、なぜか、和英辞書（研究社）を引くとbumと出てきて、「a《口》浮浪者、なまけ者、飲んだくれ、フーテン、金持ちのなまけ者。b《口》のらくらした生活；《口》飲み騒ぎ、放蕩……」などとある。まあ、「ホームレス」といった方がわかりやすいかもしれない。

　「ホームレス」が、「ホーム」を設計するのは矛盾のようであるが、「建築」の原点がここにある。ホームレスといえども、雨露をしのぐ覆い（シェルター）がなけれ

ル art（英語、フランス語）、アルテ arte（イタリア語、スペイン語）、さらにアルス ars（ラテン語）にいたる。一方、ドイツ語ではクンスト Kunst といい、技術的能力に関わる動詞 können（できる）に発し、art や arte の由来するアルス ars は、テクネー techné（ギリシア語）の訳語として用いられる。すなわち語源から見れば、芸術は技術と類縁であり、最広義には技術に含まれる。

*2　原広司『建築に何が可能か』学芸書林、1968。

*3　山本理顕（やまもとりけん。本名は「みちあき」）。1945〜。建築家。工学院大学教授。中国・北京生まれ。日本大学理工学部建築学科卒業、東京藝術大学大学院美術研究科建築専攻修了。東京大学原広司研究室出身。山本理顕設計工場主宰。

ば生きてはいけない。身に何かを纏う、覆いをつくる、道具をつくってテーブルや椅子をつくる、……というのは、最初の建築行為なのである（すべてが建築である）。

　この課題は、「理想の住まいを設計せよ」という課題より、よほど想像力を刺激するらしい。まず、場所を想定しなければならない。また、材料を手に入れなければならない。さらに、材料を組み立てて空間をつくらなければならない。さまざまの発想が生まれ、楽しい創意工夫が生まれる。この創意工夫が「建築」の原点である（図3-1）。

　発展途上国のみならず先進諸国にも、現在、数多くのホームレスが存在している。この課題は、したがって、思考実験どころか、じつに現実的な課題である。日本で

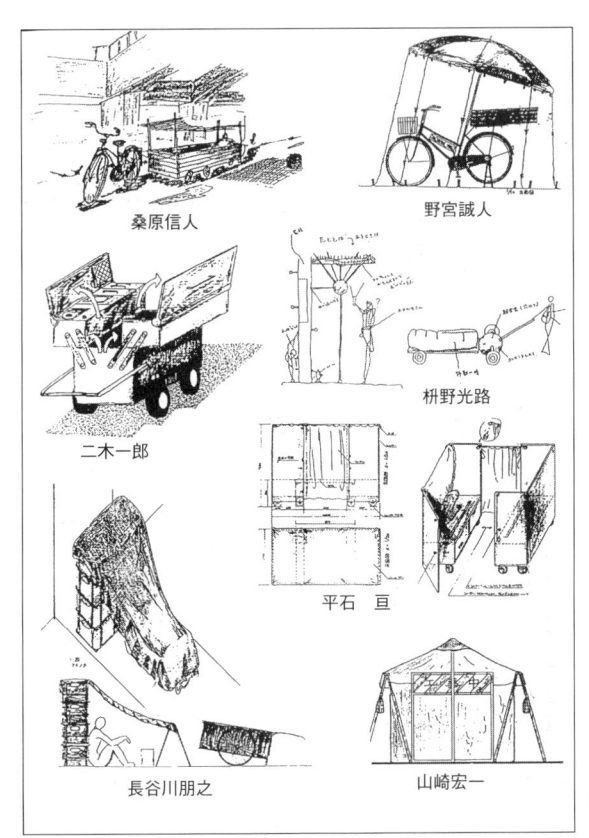

図 3-1　設計課題「都市に寄生せよ」
（布野修司『住宅戦争』彰国社、1989）

も、第二次世界大戦後まもなく、廃墟を前にして、人々は、自らバラックを建てて住まざるをえなかった。柱と梁が足りないので壁を省いた「三角住宅」、空き缶を潰して屋根を葺いた「ブリキ住宅」、防空壕や埋設管を利用した「豪舎住宅」「鉄管住宅」、さらには「バス住宅」「汽車住宅」もあった。無我夢中の、やむにやまれぬ必死の建築行為であるが、今日振り返れば、じつにさまざまな建築のアイディアにあふれている。

「建築」は、こうした身近な「住居」の問題と無縁ではない。誰だって、自分の部屋のレイアウト（家具や機器、さまざまなお気に入りのものの配置）を考え、カーテンの色や柄を選んでいる。そして、自分の住宅の間取りを描いたりする。基本的に「誰もが建築家」なのである。

しかし、自らが建てる（セルフビルド（自力建設））という経験は、日本ではますます少なくなりつつある。家は買うものであって、建てるものではない。しかし、建築の原点は、自らが自らの身体を使って建てるという行為にある。M.ハイデガー[*4]に「建てることと、住むこと、そして生きること」という論考がある。我々が、セルフビルドの世界に魅かれるのは、「建てること」が「生きること」とまったく同一でありえた位相を想い起こさせてくれるからである。

『住まいの夢と夢の住まい──アジア住居論』[*5]でも紹介したけれど、J.ワンプラーの『すべて彼ら自身のもの』[*6]という小さな本には、自分の住宅を自分で建てたさまざまな人々がいきいきと描かれている。

3-2　ヴァナキュラー建築の世界

ヴァナキュラーvernacularとは、「その土地固有の」「土着の」あるいは「風土的」という意味である。ラテン語のヴァナクルムvarnaculumが語源で、「自家製」「家で

[*4] ドイツの哲学者。1889～1976。主著『存在と時間』1927。

[*5] 布野修司『住まいの夢と夢の住まい──アジア住居論』朝日選書、1997。

[*6] Wampler, J., *All Their Own: Towards Autonomy in Building Environment*, New York: Oxford University Press, 1977.

育てた」という意味から、「根づくこと」あるいは「居住すること」をいう。ヴァナキュラー・アーキテクチャーというと、住宅に限らないけれど、日本語でいう「民家」というニュアンスで一般的に使われる。

　B. ルドフスキーが『建築家なしの建築 Architecture without Architect』[*7]を書いて、ヴァナキュラー建築の世界の魅力を喚起したのは 1960 年代初頭のことである（図 3-2）。世界を見渡せば、実際、いわゆる「建築家」が関与しない「建築」の方がはるかに多い。ごく最近まで、住居は、大工さんや職人さんによって建てられるのが普通で当たり前であった。すなわち、セルフビルドの世界が普通であって、できあいの「建売住宅」や「プレファブ住宅」あるいは「マンション」を買うのは近代以降のシステムである。

　建築生産の工業化、建築の工場生産化（プレファブリケーション Pre-fabrication（前もってつくる））という「建築」のつくられ方の変化が決定的である。かつては、それぞれの地域で採れる材料（地域産材）を使い、その土地の気候に合った建築がつくられてきた。だから、ヴァナキュラー建築と呼ばれる。しかし、今日では、建築の材料、部品などはあらかじめ工場でつくられ、敷地には

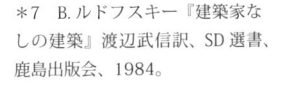

*7　B. ルドフスキー『建築家なしの建築』渡辺武信訳、SD 選書、鹿島出版会、1984。

図 3-2　アフリカ、マリにおけるドゴン族の集落（ルドフスキー、前掲書）

運ばれていって据え付けられるだけである。この方法だと、世界中同じように建物を建てることができる。

　世界中の大都市が似たような景観となるのは、鉄とガラスとコンクリートのような工業材料を用い、同じような建設方法で建てられるからである。ヴァナキュラー建築の世界が注目されたのは、近代建築の理念や方法に対する疑問、反省、批判からであったとみていい。

　ところで、このヴァナキュラー建築の世界には、一般に「建築書」はない。しかし、建築をつくるための方法やルール、知恵の体系のようなものは必ずある。そうでなければ、それぞれの地域で同じような形態の建築が建てられ、美しい結晶のような集落を生み出すことはできないはずである。

　セルフビルドの世界が現場の即興的な創意工夫、ブリコラージュの技法に支えられているとすれば、ヴァナキュラー建築の世界は、人類が長年それを繰り返し、地域の伝統的知恵として蓄積されてきた地域技術、ローカル・ナレッジに支えられている。「建築書」と呼ばれるものは、この地域の現場の知恵と技能を、応用可能な知識、技術の体系としてまとめたものと考えていい。「建築書」によって、建築の知識、技術は伝播可能なものとなるのである。

　したがって、建築を学ぶためにはまずヴァナキュラー建築の世界に学ぶ必要がある。また、自分で建ててみる必要がある。各地で行われている「木匠塾」や集落調査は、建築の原点に触れる最初の機会である。住居や集落の構成原理を研究することで、地域の生態系に基づいてつくられてきた建築のあり方を明らかにすることができる。「地球環境」問題がクローズ・アップされるなかで、それは今日的課題ともなっている。

　まず、学ぶべきは建築の構造原理、架構方法である。テント構造、柱梁構造、井籠（校倉）構造、アーチ、ヴォー

*8　Bricolage　その場で組み合わせること。現場の知恵。C.レヴィ＝ストロース『野生の思考』大橋保夫訳、みすず書房、1976。

*9　C.ギアーツ『ローカル・ノレッジ』梶原景昭他訳、岩波書店、1999。

*10　1991年設立。岐阜県高根村で出発、加子母村（中津川市）に拠点を移して、今日にいたる。樹木、木材、木造構築物を総合的に学ぶ場。加子母木匠塾のほか、多賀木匠塾（滋賀県）、川上村木匠塾（奈良県）など全国に木匠塾が活動展開している。

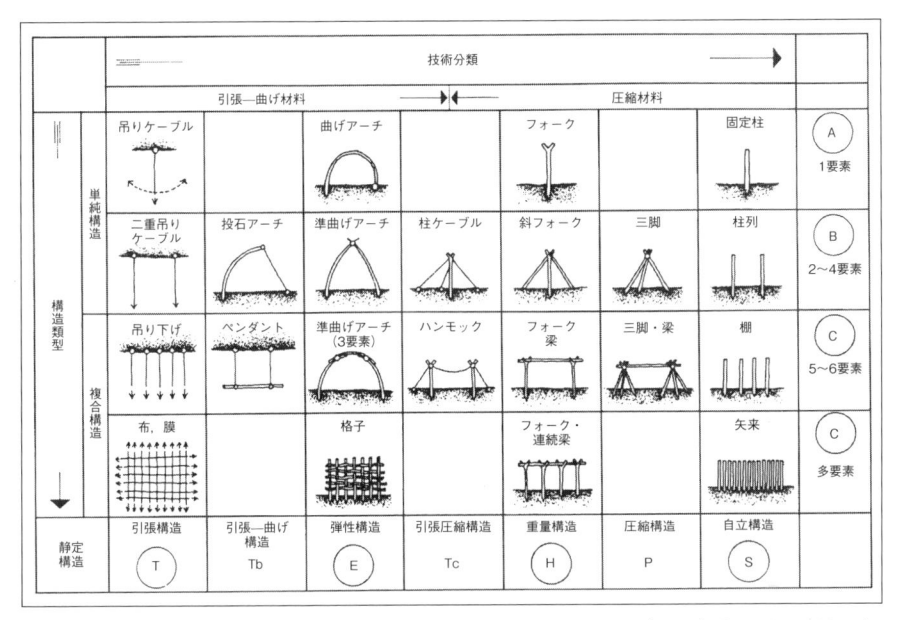

技術分類							
引張—曲げ材料				圧縮材料			
吊りケーブル	曲げアーチ		フォーク		固定柱		A 1要素
二重吊りケーブル	投石アーチ	準曲げアーチ	柱ケーブル	斜フォーク	三脚	柱列	B 2〜4要素
吊り下げ	ペンダント	準曲げアーチ(3要素)	ハンモック	フォーク梁	三脚・梁	棚	C 5〜6要素
布、膜		格子		フォーク・連続梁		矢来	C 多要素
引張構造 T	引張—曲げ構造 Tb	弾性構造 E	引張圧縮構造 Tc	重量構造 H	圧縮構造 P	自立構造 S	

図3-3 建築構造の原型（Oliver, P., *Encyclopedia of Vernacular Architecture* (*EVCA*). Cambridge University Press, 1997）

ルトなどヴァナキュラー建築はすでに多様な架構方法を教えてくれる。柱や梁の太さや壁の厚さなど、自然や歴史の経過に耐えてきた適切なプロポーションを身体で感じることができる（図3-3）。

建築の架構方法は建築構造原理的に限定されるが、それだけで建築ができあがるわけではない。建築のかたちを規定する要因にはさらにさまざまなものがある。通常、住居のかたちを規定すると考えられる要因としてあげられるのは、①気候と地形（微地形と微気候）、②建築材料、③生業形態、④家族や社会組織、⑤世界（社会）観や宇宙観、信仰体系などである。地域が社会文化生態力学によって形成されるとすれば、その基礎単位である住居も自然・社会・文化生態の複合体として捉えることができるであろう。世界中の住居を総覧する『世界住居誌』[*12]は、以上のようなヴァナキュラー建築の構成原理を考える手がかりとして編まれた。ぜひ参照してほしい。

建築のためのさまざまな知恵は、当初は口伝によって、

*11 立本成文『地域研究の問題と方法——社会文化生態力学の試み』京都大学学術出版会、1996。

*12 布野修司編『世界住居誌』昭和堂、2005。

また経験そのものの伝授によって世代から世代へ伝えられたと考えられるが、やがて書物の形としてまとめられるようになる。一般に生活の全体に関わる知恵がまとめられ、その部分として建築に関わる事項が記される。日本の「家相書」、さらにそのもとになった中国の「風水書」がその例である。「家相」*13も「風水」*14も近代科学技術理論からは「迷信」とみなされてきた。しかし本来、以上のように、土地に蓄積されてきた知恵の体系である。中国、朝鮮半島、日本、台湾は風水文化圏といっていいが、各地に同様の「建築書」が成立してきたと考えられる。フィリピンには「パマヒイン」、ジャワには「プリンボン」、バリには「アスタ・コサラ・コサラ」「アスタ・ブミ」などが知られる*15。それぞれの相互関係については、今後明らかにすべき建築研究のテーマである。

3-3　ウィトルウィウスの『建築十書』
　　　——建築論の原典

　世界中の建築を学ぶほとんどすべての人が最初に教えられるのが、前章でも触れられているウィトルウィウス Marcus Vitruvius Pollio という名前である。前1世紀の古代ローマの建築家で、カエサルと知己であり、オクタウィアヌス（アウグストゥス帝）のもとで建設関係を統括し、ファヌムのバシリカ*16の設計を行ったことが知られている。しかし、そのほか生没年も経歴もほとんど知られないその名が建築の世界で最大の有名人であるのは、彼が現存最古の「建築書」とされる10巻からなる『建築十書 De architectura libridecem』を書き、世界の建築史に多大な影響を及ぼしてきたからである（図3-4）。
　『建築十書』は、古代ギリシャ・ローマの建築の状況、建築家の教育、建築材料、構法、各種建築の計画法などを知る上で欠くことのできない史料であるが、建築や都

*13　家屋の地勢、構造、方角、間取りなどについて、吉凶を判断する。家相説は陰陽五行思想に基づいて考案され、中国から伝来して平安京や城などの築造に影響を与えた。家の北東隅は鬼門といって悪い方角とされ、台所、便所、出入口、窓などをつくるのを忌んだり、欠込みを設けて災難除けとした。

*14　中国で秦・漢時代から伝承されてきた術数の一派。堪輿、地理、青烏などの別称がある。その原理は、人間に及ぼす地気の作用を信じ、山脈、丘陵、水流などの地勢を観察して、さらに陰陽五行や方位（青竜＝東、朱雀＝南、白虎＝西、玄武＝北）をも考え合わせ、その最も吉相と見られる地を選んで、これに都城、住居、墳墓をつくらせる地相学、宅相学、墓相学で、生人の住居の場合を陽宅、墓地の場合を陰宅と呼ぶ。

*15　布野、前掲『住まいの夢と夢の住まい』。

*16　ギリシア語で列柱廊を意味するバシリケーに由来するとされるが、中央の身廊とその両辺の側廊からなる矩形の平面形式をいう。裁判所や取引所に用いられ、キリスト教会の教会堂の形式に取り入れられていった。

市計画のみならず天文、気象、土木、軍事技術、絵画、音楽、演劇などの記述を含んでおり、総合的な技術の書、まさにアルケー（始源）のテクネー（技術、制作）に関わる書である。

いまでは読まれることは、ほとんどないかもしれないが、およその構成は以下のようである。

ウィトルウィウスは、第一書の第1章において、まず、建築家の素養について書いている。建築家は制作（実技）と理論の両方に精通しなければならないとした上で、願わくは、「文章の学を解し、描画に熟達し、幾何学に精通し、多くの歴史を知り、努めて哲学者に聞き、音楽を理解し、医術に無知でなく、法律家の所論を知り、星学あるいは天空理論の知識を持ちたいものである」という。建築家に必要とされる素養は古来じつに幅広い。今日でもきわめて多くの複雑な要素をひとつにまとめあげるのが建築家の役割であり、そのために幅広い素養が必要とされるのは同じである。

さまざまの要素のうち、どういう要素に着目し、何を重視するかは建築家によって異なる。ウィトルウィウスは、用 utilitas、美 venustas、強 firmitas の理が保たれるべきだという（第一書第3章2）。用の理は計画理論、美の理は造形理論あるいは美学理論、強の理は構造理論ということになろう。その三位一体の上に建築理論が成り立つと考えるのである。

ウィトルウィウスは、建築を構成する基本原理として、オルディナーティオー ordinatio（量的秩序に関する一般原理）、ディスポシティオー dispositio（質的秩序に関する一般原理）、ディストリブーティオー distributio（配分・経理を内容とする実践的原理）をあげ、基本概念として、エウリュトミア eurythmia（質的秩序に基づく美的構成）、シュムメトリア symmetria（量的秩序に基づく格にかなった構成）、デコル decor（建築構成の基本原理として要請さ

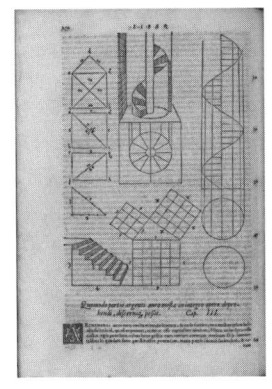

図3-4　ウィトルウィウス『建築十書』(Daniele Barbaro, 1567)

第3章　建築家なしの世界

57

れるふさわしさ）を主張する。こう書くと、『建築十書』は難解な理論書と思われるかもしれないが、以下の各書はきわめて具体的である。

　第二書は、ほとんど建築材料に関する記述である。砂、石灰、石材、木材などについて、その製法、施工法が書かれている。また、第七書には、仕上げや塗装の方法がまとめられている。さらに、第八書は、水脈探査法、雨水の利用方法、水道・井戸などについて書かれ、第九書は、天文学、占星術、日時計の作り方について、第十書は、水車や各種器械の作り方について書かれている。すなわち、建築のために必要な事項が書かれた「マニュアル書」なのである。

　第三書、第四書は、神殿について、第五書は、劇場、浴場など公共建築について、第六書は、住居について書かれている。

　住居について書かれた第六書では、まず、住居の向きと太陽との関係が問題とされている（第1章）。そしてつづいて、先述のシュムメトリアが問題にされる。シュムメトリアは、シンメトリー（左右対称）の語源であるが、住居の各部分の比例関係、割付のことである（第2章）。さらに、主要な部屋の構成（第3章）、各部屋の向き（第4章）、デコル（第5章）というように順次説明がなされる。デコルとは、装飾、仕上げ方である。

　この『建築十書』は、しかし、ウィトルウィウスの独創によるものではない。ウィトルウィウスが、古典期・ヘレニズム期のギリシア建築に心酔し、執筆にあたっては現在には伝わっていない多くのギリシアの建築書を下敷きとしていたとされる。第六書の第7章にはギリシアの住宅について書かれている。また、メソポタミア文明に遡る建築技術の流れがさらにその基になっていることは容易に想定できる。長い歴史の流れのなかで人類が蓄積してきた建築の技術を集大成する「建築書」の代表

が『建築十書』である。

　ルネサンス期になって、この『建築十書』は大々的に再発見されることになる。すでにローマ時代にもたびたび引用され、中世には修道院を中心として研究が行われていた。とくに、カール大帝の時代には、ローマ帝国再建のための技術的手引きとして熱心に読まれたことが知られている。しかし、ルネサンスの文芸復興の大きなうねりのなかで、L. B. アルベルティの建築書をはじめとする多くの注釈書、訳書があらわれることによって、それは確たるものとなり、西欧における建築学の基礎とみなされるようになるのである。[17]

3-4　インドの建築書
　──マーナサーラ

　建築という概念が西欧起源であることが示すように、建築論の伝統は西欧のものといっていいほど、西欧的価値形態に根ざしている。しかし、建築をつくるためのマニュアルとしての「建築書」は、どこでも必要であり、どこにでも存在してきたと考えられる。

　たとえば、インドには古来「シルパ・シャーストラ Silpa Sāstra（諸技芸の書）」と呼ばれる、都市計画・建築・彫刻・絵画などを扱ったサンスクリット語の文書群がある。「シルパ Silpa」とは「規範」、「シャーストラ Sāstra」とは「科学」を意味する。最も有名なのは、マウリヤ朝のチャンドラグプタに仕えたカウティリヤが書いたとされる『アルタ・シャーストラ（実利論）』[18]である。これは統治に関わるさまざまな領域を扱い、理想的な都市計画について記述することで知られる。[19]

　「シルパ・シャーストラ」のなかで、ヴァストゥー Vastu・シャーストラと呼ばれるものが建築に関わる。ヴァストゥーというのは、「建造物」あるいは「居住」

*17　Leon Batista Alberti, 1404〜1472. 古典学、文法・修辞、詩学、倫理、教育論、美術・音楽理論、および古代の遺構の研究に裏づけられた建築論を残した。その『建築論』（執筆1443〜45、47〜52）は、ルネサンス最初の建築書であり、ウィトルウィウスの建築書にならって10書からなる。記述は、環境、材料、石工事、都市設備、建築各論、建築美と装飾、治水、修復など広い範囲に及ぶ。著作には、ほかに視覚芸術の客観的表現方法である透視画法の理論を説く『絵画論』、家庭教育、人間形成、家庭経済などを論じる『家族論』、教皇ニコラウス5世によるローマの都市整備計画の基礎資料として市内の記念建造物、市壁、テベレ川の位置を測定した『ローマの記録』などがある。

*18　カウティリヤ『実利論』上下、上村勝彦訳、岩波文庫、1984。Shamasastry, R., *Arthasastra of Kautilya*, University of Mysore, Oriental Library Publications, 1915.

*19　布野修司『曼荼羅都市』京都大学学術出版会、2006。

を意味する。最も完全なものは『マーナサーラ Mānasāra』であり、他に『マヤマタ Mayamata』『カサヤパ Casyapa』『ヴァユガナサ Vayghanasa』『スチャラディカラ Scaladhicara』『ヴィスバカラミヤ Viswacaramiya』『サナテゥチュマラ Sanatucumara』『サラスバトゥヤム Saraswatyam』『パンチャラトゥラム Pancharatram』などがある。

「マーナ mana」は「寸法」また「―サラ sara」は「基準」を意味し、「マーナサーラ」とは「寸法の基準」の意味である[20]。『マーナサーラ』はサンスクリット語で書かれているが、その内容はアチャルヤの英訳（1934年）によって広く知られる[21]。

全体は70章からなる。まず1章で創造者ブラフマーに対する祈りが捧げられ全体の内容が簡単に触れられ、建築家の資格と寸法体系（2章）、建築の分類（3章）、敷地の選定（4章）、土壌検査（5章）、方位棒の建立（6章）、敷地計画（7章）、供犠供物（8章）と続く。9章は村、10章は都市と城塞、11章から17章は建築各部、18章から30章までは1階建てから12階建ての建築が順次扱われる。31章は宮廷、以下建築類型別の記述が42章まで続く。43章は車でさらに、家具、神像の寸法にまで記述は及んでいる。きわめて総合的、体系的である。成立年代は諸説あるが、アチャルヤによると6世紀から7世紀にかけて南インドで書かれたものである。

第2章では、建築家の資格、階層（建築家、設計製図師、画家、大工指物師）を述べた上で、寸法の体系を明らかにしている。八進法が用いられ、知覚可能な最小の単位はパラマーヌ paramānu（原子）、その8倍がラタドゥーリ ratha-dhūli（車塵、分子）、その8倍がヴァーラーグラ vālāgra（髪の毛）、さらにシラミの卵、シラミ、ヤバ yaba（大麦の粒）となって指の幅アングラ angura となる。このアングラには大中小があり、8ヤバ、7ヤバ、6ヤ

---

[20] 「マーナサーラ」とは作者の名前であるという説もある。

[21] Acharya, P. K., *Architecture of Manasara* Vol.I-V, New Delhi: Munshiram Manoharlal Publishers, 1984（First edition 1934）．

バの 3 種がある。

　建築にはこのアングラが単位として用いられるが、その 12 倍をヴィタスティ vitasti（スパン：親指と小指の間）とする。さらにその 2 倍をキシュク kishku、それに 1 アングラを足したものをパラージャパチャ parājāpatya として肘尺（キュービット）として用いる。すなわち、24 アングラもしくは 25 アングラが肘尺とされるが、26、27 アングラのものもあって複雑である。26 アングラをダヌール・ムシュティ dhanur-mushti というが、その 4 倍がダンダ danda で、さらにその 8 倍がラジュ rajju となる。キシュクは広く一般的に用いられるが主として車、パラージャパチャは住居、ダヌール・ムシュティは寺院などの建造物に用いられる。距離に用いられるのがダンダである。

　配置計画については 9 章（村）、10 章（都市と城塞）、32 章（寺院伽藍）、36 章（住宅）、40 章（王宮）に記述されているが、マンダラの配置を用いるのが共通である。そのマンダラのパターンを記述するのが 7 章である。正方形を順次分割していくパターンがそこで名づけられている。すなわちサカラ Sakala（1 × 1 = 1）、ペチャカ

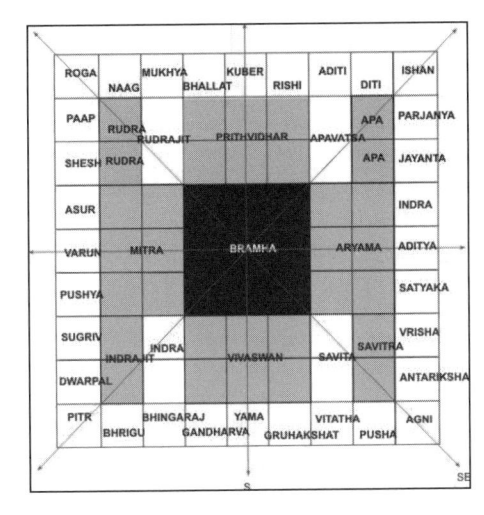

図 3-5　『マーナサーラ』Mānasāra の配置パターン
(Acharya, P. K., *op. cit.*)

Pechaka（2 × 2 ＝ 4 分割）、……チャンラカンタ Chanrakanta（32 × 32 ＝ 1024 分割）の 32 種類である。円、正三角形の分割も同様である。

　そしてこの分割パターンにミクロコスモスとしての人体、そして神々の布置としての宇宙が重ね合わせられるが、原人プルシャを当てはめたものをヴァストゥ・プルシャ・マンダラ（図3-5）という。最も一般的に用いられるのはパラマシャーイカ Parama-s'a-yika（9 × 9 ＝ 81 分割）もしくはチャンディタ Chandita（8 × 8 ＝ 64 分割）である。

　村落計画、都市計画については、それぞれ 8 つのタイプが区別されている。村落についてあげるとダンダカ Dandaka、サルバトバドラ Sarvatobhadra、ナンディヤバルタ Nandya-varta、パドマカ Padmaka、スバスティカ Svastika、プラスタラ Purastara、カルムカ Ka-rmuka、チャトゥールムカ Chaturmukha の 8 種である。都市および城砦についてはここでは省かざるをえない。『曼荼羅都市』を参照されたい。

　建築の設計については、まず全体の規模、形式を決定し、それをもとに細部の比例関係を決定する方法が述べられている。一般の建築物については 1 階建てから 12 階建てまで、それぞれ大、中、小、全部で 36 の類型が分けられている。そして、幅に対して高さをどうするかに関しては 1：1、1：1・1/4、1：1・1/2、1：1・3/4、1：2 という 5 種類のプロポーションが用意されている。

　興味深いのは、内容は別にして、全体構成が、ウィトルウィウスの『建築十書』の構成にきわめてよく似ていることである。誰か、しっかり調べてみてほしい。

3-5 『営造法式』と『匠明』
── 木割書の世界

　中国にも、もちろん、建築、都市計画に関わる書物がある。中国都城の理念を記す『周礼』「考工記」はしばしば引かれるところである。この『周礼』「考工記」をめぐる中国都城に関わる議論はここではおこう。[23]

　現存する「建築書」となるとかなり時代は下る。中国最古の建築書とされるのは、北宋の徽宗の宮廷で、国家の営造を司る将作監の職にあった李誡（李明仲）がまとめた『営造方式』（1100年）である。[24]

　『営造法式』は、全34巻からなり、巻1〜2は建築の名称と述語の考証、労働日数の算出法、巻3〜15は建築の各部分の施工技法、巻16〜28は各工事の積算規定を示し、巻29〜34には付図を掲載する。

　その基本は、栱（肘木）の断面寸法を基準とした8等級の「材」を定め、これをモジュールとした建築の架構を示し、さらに積算方法や労働時間などを詳細に規定するものである（図3-6）。建築の主要な架構を扱う「大木作」のなかの「椽」（日本でいう垂木）の項を見ると、「架」（母屋桁間の水平距離、スパン）を6尺以内とし、椽の長さは傾斜に沿って求めることなど、続けて椽の間隔、扇垂木とする場合の手法などが示されている。『営造法式』は、こうした詳細な規定を多岐の項目にわたって記述し、さまざまな形式、規模を示しているのである。

　中国には、その後、『魯般営造正式』（明代弘治年間（1465〜1505）ごろ）、『工程做法』（1736（乾隆元）年）74巻、『欽定工部則例』（1815（嘉慶20）年）141巻などの「建築書」がまとめられている。

　こうした中国の「建築書」の伝統は、当然、朝鮮半島、日本にも伝えられる。もちろん、中国の「建築書」がそ

*22 『周礼』しゅらい Zhōulǐ。古くは『周官』ともいった。中国古代の礼書、三礼のひとつ。西周王朝の行政組織を記述したものとされ、天官大宰、地官大司徒、春官大宗伯、夏官大司馬、秋官大司寇、冬官大司空の6人の長官に統帥される役人たちの職務が規定されている。これら6つの官は、理念的にはそれぞれ60の官職からなり、合計360という職務は1年の日数に対応するのだとされる。ただ冬官大司空の篇は古く失われ、漢代に替わりに「考工記」が補われた。

*23 応地利明「アジアの都城とコスモロジー」布野修司編『アジア都市建築史』昭和堂、2003。

*24 これに先立って、神宗の下で王安石によって財政再建のための支配機構の整理が打ち出され、1068年に将作監に下された命により1091年に完成した建築書250冊も『営造法式』と称するが、同書はあまりにも大部で、広闊で、未整理であったらしく、重ねて李明仲に命が下ったとされる。

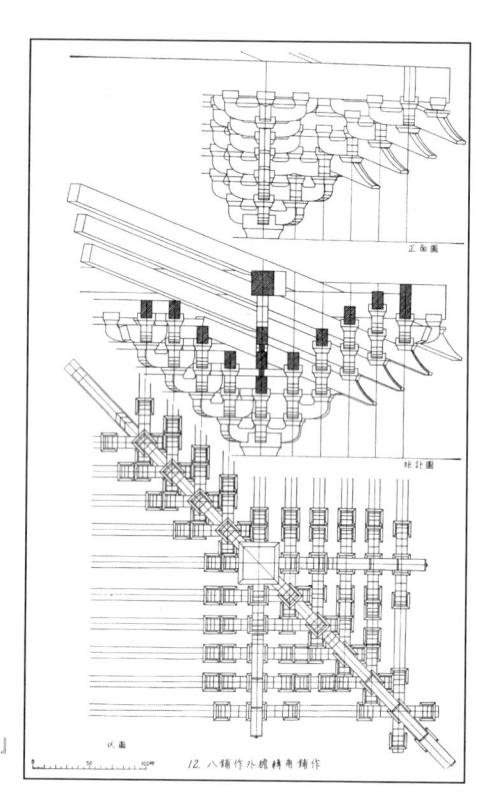

図3-6 『営造方式』(竹島卓一『営造方式の研究』中央公論美術出版、1970)

のまま伝えられたということではない。広い中国においても、「建築書」がそのまま用いられたとは限らない。木造文化圏における「建築書」の比較は、それ自体大きなテーマである。

　日本で知られている最古の「木割書」は、法隆寺大工であった平正隆の書いた『三代巻』(1489)である。そして最も完備しているとされるのが『匠明』(1608)である。江戸幕府大棟梁の家柄であった平内家に代々秘伝書として伝わってきたものである。木割りそのものは、古代から存在してきたと考えられるが、「木割書」が生まれたのは、工匠の頭となる大工職が世襲されるようになってからのことで、室町時代に、大工棟梁の家の秘伝書として成立したとされる。江戸末期にいたると、数多くの木割書がつくられ、木版本も刊行されて、広く流布

することになる。

　『匠明』は、門記集、社記集、塔記集、堂記集、殿記集の5巻からなる。門（31棟）、社（神社本殿13棟他）、塔（15基）、堂（本堂、鐘楼、方丈など22棟）、殿（主殿、能舞台など諸建物）という建物種別に木割り（各部の寸法）が示されている。指図（平面図、立面図）が示され、その説明がなされる、という記述のスタイルである。

　「塔記集」の「三重塔」のところを注釈書によりながら、図面を起こしたことがある。今日では、CADを用いて3G画面を容易につくることができる。1週間に1度の演習で半年かかったけれど、ヴァーチャルでも物が建ち上がるのは、じつに楽しいものである。記述は簡潔であるが、日本の木造建築のつくり方がよくわかる。『営造法式』と異なるのも面白い。

　古今東西、「建築書」の基本にあるのは、寸法、モジュール（基準寸法）である。石材であれ、煉瓦材であれ、木材であれ、単位となる部材の寸法からすべてが組み立てられる。そして、尺にしてもフットfootにしても、そうであるように、寸法の基準は身体寸法である。部材の太さや長さは、身体寸法をもとに測って、もつかどうか（倒れるかどうか）の経験を蓄えてきたのである。

　建築にとってきわめて重要なのが、以上の意味での寸法感覚、スケール（規模）感覚である。スケール感覚を身につけるには、ここでも、ヴァナキュラー建築に学ぶことである。美しいプロポーションというのは、力学的にも理にかなっているからである。また、身の回りのものがどのような寸法なのか、身をもって測るのがいい。

3-6　パターン・ランゲージ

　さて、以上のように、前近代においては、それぞれの地域で「建築書」がつくられ、伝えられてきた。技術的

に洗練度の高い地域から低い地域へ技術は流れる。また、民族の興亡や交流があまりない地域で（たとえば日本）、技術は洗練される。

　しかし上述のように、産業革命による産業社会の到来によって、建築のあり方、つくり方は一変する。鉄とガラスとコンクリートを主材料とすることにおいて、以前とは、比較にならないほど大規模の建築（大空間、超高層）をつくることができるようになるのである。鉄筋コンクリート（RC）構造は、圧縮に強いセメントと引っ張りに強い鉄の熱膨張率がたまたまほぼ同じで、付着性が高いという偶然をもとにした発明である。最初は、植木鉢とかボートがつくられ、建物に使われだすのは19世紀末のことである。[*25] また、高層建築がつくられだすのも19世紀末のシカゴにおいてである。[*26] 大変革が起こって、わずか100年余りである。この間は、建築技術の発展が大きく建築のあり方を支配することになった。

　社会が複雑化し、多様になったことも大きい。まったく新たな建築類型も出現してきた。建築をつくる方法がまた大きく変化するのも当然である。

　現代の建築理論家として知られるクリストファー・アレグザンダー C. Alexander は、[*27]『形の合成に関するノート』[*28]（図3-7）で、この間の事情を以下のようにうまく説明する。

　ヴァナキュラー建築の世界では、かたち form は、コンテクスト context（文脈、脈絡、前後関係、状況）によって決まり、一定の照合関係が成立してきた。そして、建築家が設計する場合には、建築家がコンテクストを把握することによって形成された心的イメージをかたちに置き換える方法がとられてきた。しかし、現代社会においては、コンテクストが複雑化、多様化しており、それをひとりの人間が把握することは困難であり、一定の抽象化が必要になる。また、複雑な用件をまとめあげるには

*25　1850年ごろに、フランスのJ.L.ランボーが鉄筋コンクリートでボートをつくったのが最初といわれ、その後、67年にJ.モニエが鉄筋コンクリートの部材を特許品として博覧会に出品したのが普及の始まりとされる。フランスで発明された鉄筋コンクリート部材は、その特許がドイツに買い取られて基本的な研究が行われ、80年代の終わりには、圧縮をコンクリートで、引っ張りを鉄筋で受け持つ鉄筋コンクリートばりの理論的計算法が発表された。日本で土木構造物に鉄筋コンクリートが初めて使用されたのは、1903年の琵琶湖疏水山科運河日ノ岡トンネル東口の支間7.45mの弧形単桁橋といわれる。

*26　鉄道事業の発達とともにアメリカ中西部の商業・工業の中心地として発展し始めていたシカゴでは、急激な人口の集中による都市化が進む一方、1871年に起こった大火によりそれまでの木造による商業施設の大部分が焼失し、復興のための建設ブームを迎えていた。そのなかで生み出されたのが、シカゴ構造と呼ばれる鉄骨構造の高層建築である。ジェニー William Le Baron Jenney（1832〜1907）やホラバード William Holabird（1854〜1923）ら、シカゴ派と呼ばれる建築技術者らが当時建物の装飾や構造材に補助的に使われていた鋳鉄と、土木分野や工業製品に使われ始めた鋼を柱や梁に使用し始めるのである。また、エレベーターも当時安全装置を備えて実用段階に入り始め、従来4〜5階建てであったシカゴの町のスカイラインを一新する高さにまで達することができた。ホームインシュアランス・ビル（1885年、12階）、リライアンス・ビル（1894年、16階）がその先駆である。

コンピュータが必要になる。

　C.アレグザンダーは、『コミュニティとプライバシイ』[29]に、住宅を設計する場合を書いている。住宅の間取りを考えて、条件をあげてみてほしい。「台所は食堂に近い方がいい」「台所は明るく南向きがいい」……おそらく、無数の条件や項目を書き上げることができるだろう。なかには当然、矛盾した条件や項目が含まれる。そうすると優先順位を決める必要がある。数多くの条件を整理して、それをひとつの空間にまとめるのが設計である。C.アレグザンダーは、その整理を行う筋道、プログラムを示したのである。

　設計のプロセスをいかに論理化するかが、建築理論の課題である。しかし、すべて論理化できるかというと、必ずしもそうはいかない。設計の決定のプロセスには当然、さまざまな価値判断が必要とされるからである。

　C.アレグザンダーが『形の合成に関するノート』で示した方法は、当初、条件を書き出せば論理的に設計ができる、そういうモデルと受け取られたが、彼自身は、住み手や使い手が設計のプロセスに関与するモデル構築にむかう。

　ひとつは「パターン・ランゲージ」と呼ばれる、建築の語彙（ヴォキャブラリー）と辞書を用意する方法である[30]。誰でも、この語彙と辞書を使って設計できるのが理想である。この語彙が果たしてどこでも使えるのか、普遍性を持つのか、という議論はあるが、ヴァナキュラー建築は、地方言語の宝庫である。

　また、C.アレグザンダーは『パタンランゲージによる住宅の建設』[31]において、実際の建設も行うこと、現場で設計することの重要性を主張する。そして「アーキテクト・ビルダー」という概念を提出する。

　さらに都市計画についても、『まちづくりの新しい理論』[32]において、住民参加型の、あるいはワークショップ

*27　クリストファー・アレグザンダー（Christopher Alexander, 1936～）。ウィーン出身の建築家。イギリスで数学、建築学を学んだ後、アメリカに渡り、カリフォルニア大学バークレー校教授になる。日本では、その理論をもとに、盈進学園東野高校（埼玉県入間市、1984年）を建設した。

*28　Alexander, C., *Notes on the Synthesis of Form*, 1964（C.アレグザンダー『形の合成に関するノート』稲葉武司訳、鹿島出版会、1978）.

*29　Alexander, C., *Community and Privacy*, 1963（S.シャマイエフ、C.アレグザンダー『コミュニティとプライバシイ』岡田新一訳、鹿島出版会、1968）.

*30　Alexander, C., *Pattern Language*, 1977（http://www.patternlanguage.com/ を参照）（C.アレグザンダー他『パタン・ランゲージ──環境設計の手引』平田翰那訳、鹿島出版会、1984）.

*31　Alexander, C., *The Production of Houses*, 1985（C.アレグザンダー他『パタンランゲージによる住宅の建設』中埜博訳、鹿島出版会、1991）.

*32　Alexander, C., *A New Theory of Urban Design*, 1987（C.アレグザンダー他『まちづくりの新しい理論』難波和彦訳、鹿島出版会、1989）.

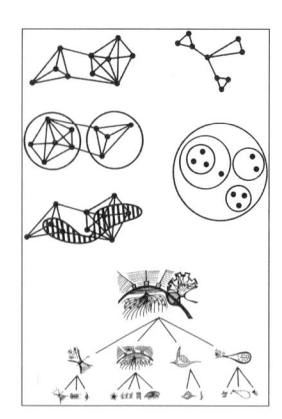

図3-7 インドの村の計画。要素とグラフ（アレグザンダー、前掲『形の合成に関するノート』）

形式の設計計画方法論を展開している。

C.アレグザンダーに一貫するのは、いかに複雑な社会になろうとも、自らが直接関与できる現場から発想すること、決定のプロセスを透明化し、オープンにすることである。

建築のはじまりは、いささか、簡単に過ぎたであろうか。身近なスケールの家具や住宅についてはわかるけれど、超高層など設計できるであろうか、といわれれば、基本はそう変わらない、といいたい。

建築理論の流れを丹念に追いかけるとすれば、さらに何十枚もの紙数がいるであろう。すぐれた建築を生み出す建築家であれば、必ず、それなりに説得力ある理論を持っている。それぞれに、大いに学んでほしい。

さらに学びたい人は……
① 「都市に寄生せよ」という設計課題を実際にやってみよう。
② 世界の民家のなかから自分が好きだと思うものを選んで模型をつくってみよう。
③ 古今東西の建築書から一冊選んで読んでみよう。

【column】

身体寸法、スケール

田中麻里

　住居や空間の大きさを表すさまざまな単位は、古今東西を問わず身体各部の寸法が基準として用いられてきた。フィートはヤード・ポンド法における長さの単位で、足の長さであるフット（約30.48㎝）を基準としている。古代エジプトからギリシャ・ローマ時代にかけては29〜31㎝の間にあり、起源時からそうかけ離れたものではない。

　両手を広げた幅はよく使われる。西洋では「ファゾム fathom」、中国では「尋」、日本では「ひろ」と呼ばれる。土地や水深の単位としてファゾムが使われるが、これは測量に使った縄や綱の長さを両手を広げて測ったからだといわれる。また「ひろ」は身長「つえ」に等しい。肘から中指の先端までの長さは日本では「ひじ」（肘尺）、西洋では「キュービット cubit」と呼ばれる。

　両手を広げた幅を表す言葉は東南アジアでも広く見られ、タイでは「ワー waa」と呼ばれる。これは肘尺「ソック sok」を4倍したものであり、親指と小指の長さである「クープ khwp」を2倍すると「ソック」になるという合理的な換算値を持つ。一般に「ワー」は約2mとされ、タイの建て売り住宅の広告などでは何㎡という表記とともに何タランワー（1タランワー＝1平方ワー＝約4㎡）という表記が見られる。ちょうど日本で土地や建物面積を「坪」で表示するのと同様であり、現在でも日常的に使われている。タイの農村では大工は家づくりについて建主と話す際、「間口は何ソックで、柱数は何本」といった表現を用いる。市場の建材屋でも編竹シートなどはソックあたりの単価が設定されている。身体をもとにした感覚的に理解しやすい単位が共有され使われているのである。

　自分の手の長さは覚えておくと便利である。手のひらの下端から中指の先端までを中国では「咫（し）」、日本では「あた」と呼び、親指と中指とを開いた長さに等しいとされる。握り拳の幅または親指を除いた4本指の幅を「束（つか）」という。西洋では「パルム」、中国では「握」といい、「つか」の2倍が「あた」とされる。「あた」は、しゃくとりむしの要領で、丸いもので

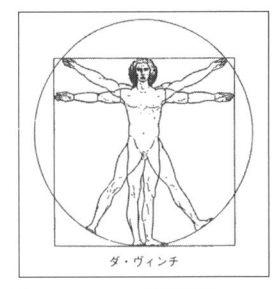

図1　ダヴィンチによる比例理論
（日本建築学会編『第2版コンパクト建築設計資料集成「住居」』丸善、2006、173頁）

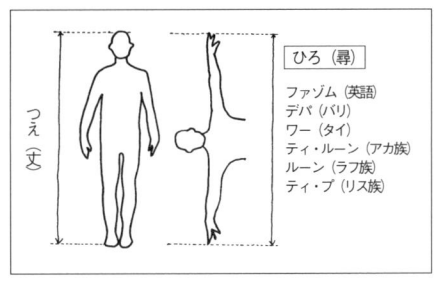

図2　いろいろな国や地域で見られる身体寸法とその言葉（1）

も計測することができて便利である。屋外でも店でもどこでも、気に入った椅子や家具など身の回りのものを、「あた」で測ることによって、その大きさを感覚とともに記憶することができる。毎年、学生全員に自分の「あた」を計測してもらっている。そして数人の学生に教室にあるものの大きさを各自の「あた」をもとに測ってもらうが、検討はずれの値は出てこない。ぜひ皆さんも自分の「あた」を有効活用してほしい。

日本でよく使う畳２畳分を１坪とする坪数や４畳半や６畳といった畳数なども、誰もが感覚的に理解できる単位である。畳は「起きて半畳、寝て１畳」（人間ひとりが必要な広さは、半畳か１畳である。富貴を望まず満足を知ることが大切であるということ）などの諺に見られるように、身体感覚に基づく身近なものである。質量の単位もいろいろあるが、イギリスで使われている単位にストーン（stone, 6.35kg）がある。会話のなかで「いま何ストーンかって？若いころは７ストーンだったのよ」と体重がストーンで表現されると何ともリアルである。身体に基づく固有な寸法や重さの単位を通して、その国の文化の一側面に触れるのも興味深い。

建築をつくるためのマニュアルとしての「建築書」はどこでも必要で、どこにでも存在してきたと考えられている。西洋の『建築十書』とインドの古代建築書『マーナサーラ』もその構成がきわめて似ているという。「建築書」の基本にあるのは、基準となる寸法であり、それは身体寸法をもとにしている。バリに伝わる建築書は『マーナサーラ』に類似しており、ネパールやチベットで用いられる寸法体系もまた『マーナサーラ』に類似しているという。これらの民族はいずれもインドから多大な文化的あるいは宗教的影響を受けており、文化が流入する際に、制度としての寸法体系も移植されたのであろう。日本の大工が現在も使用している曲尺（かねじゃく）は、中国の周代につくられ、およそ2000年にわたって中国、朝鮮半島、台湾、日本で同じ寸法、同じ構造で建築に使われてきた。伝来時期は仏教とほぼ同時期で、僧侶とともに寺建築の大工も渡来した。こうした技術なくして四天王寺や法隆寺は建たないのである。今日まで伝わる曲尺という道具もまた「建築書」のような役割を担ってきたと考えることができるのではないだろうか。

参考文献

小泉袈裟勝『単位もの知り帳』彰国社サイエンス、1986。

高野恵子「東南アジアで用いられる伝統的寸法体系についての試論」『民俗建築』111、1997。

田中麻里『タイの住まい』園津喜屋、2006。

布野修司編『世界住居誌』昭和堂、2005。

布野修司『曼荼羅都市』京都大学学術出版会、2006。

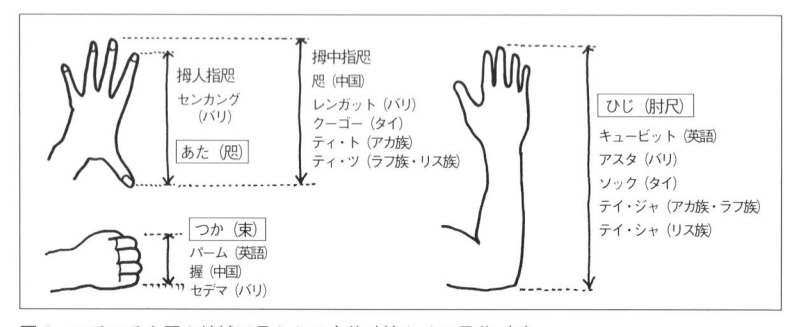

図３　いろいろな国や地域で見られる身体寸法とその言葉（２）

第4章 建物は壊してはならない──歴史のなかの建築

> 建築の歴史を知ること、そのために建物そのものから歴史を読み取ることは、建築を学ぶものにとってはとりわけ大切なことである。そこに気づけば、建物を使い続けることの重要さに思いがいたる。かつてラスキンが言ったように……。

山岸常人

　人間の人格とは、生まれ落ちてから現在にいたるまでの経験をふまえて形成されるものである。つまりその人の歴史が、人間形成に重大な影響を及ぼす。しかもそれは自然の摂理としてそうなっているのであって、人間の意思や思想でそのことを選択しているのではない。その歴史の記憶のよすがとなるもののうち、環境は大きな比重を占める。その人が日常生活している町や、住んでいる家、仕事をするビルなどは、人間の記憶の具体的な拠り所となる。昔住んでいた土地に久しぶりに訪れたとき、懐かしく感ずるのは、そうした理由による。

　しかも人間は一人々々の個人としての歴史・記憶だけでなく、人間の集団、つまり社会として歴史の記憶を背負っている。あなた一人の体験だけではなく、面識のない先人のたどった歴史も含めて、すべてがあなたを、そしてあなたの周りの社会を形成するもととなっているのである。

　もちろん人間は忘却もするし、膨大な歴史に関する情報を意図的に取捨選択している場面も少なくはない。そうであるにしても、歴史を認識することは人間としての存立に欠かすことができない。

　ところで、先に記憶の拠り所といったが、それはいいかえれば歴史を認識するための素材ともいえる。意識的

に歴史を認識しようとすれば、史実を把握し、歴史の文脈に沿って史実を解釈するための素材、すなわち広い意味での史料が存在しなければならない。歴史を正確に把握するための素材——史料——を保持しておくこともまた、人間の存立に関わることなのである。

このような観点から、建築学において歴史を学ぶこと、すなわち建築史学は根元的な意味を持つ学問といえる。建築史学という学問分野は、建物や都市をめぐる歴史を学ぶことを目的としているものである。かつての建築史学は、過去の建築様式を学び、設計にそれを役立てるだけの意味しか持っていなかったが、いまや建物や都市の歴史を正しく把握し、そのさまざまな意味を考究し、それをふまえて、今後の社会のあり方の指針を得る、広汎な目的を持っているといってよい。

さてここでは、日本の古建築のひとつを素材として、その歴史を把握し、建物が変化していった意味を考えることについて、具体的な事例で見てゆきたい。取り上げる事例は京都の旧市街地に現存する最古の建物である大報恩寺本堂である。

4-1　大報恩寺本堂

大報恩寺本堂は安貞元年（1227年）に建てられたことが、棟木[*1]に書かれた墨書銘によって知られている。京都の旧市街地は平安京の営まれた地ではあるが、平安時代の建物はいっさい残っておらず、鎌倉中期のこの建物が最も古い。これは中世以降に幾度となく戦乱や災害の被害を被ったからにほかならない。とりわけ応仁の乱（応仁元〜文明9年＝1467〜77年）による京都の荒廃は著しかった。ちなみに京都以外でも建設活動に対する応仁の乱の影響は大きく、建設途上の建物の工事が応仁の乱の間休止した例が、都周辺の滋賀や奈良でも知られている[*2]。

*1　棟木（むなぎ）は、屋根の最も高い稜線部の下にあって屋根を形作り、またその構造を支える横架材。垂木の上端を受けている部材ともいえる。

*2　岡田英男『日本建築の構造と技法』下、思文閣出版、2005。

*3　垂木（たるき）は、棟と桁にのせ、そのまま軒先まで延ばして屋根を構成する部材。建物の軒先を見上げたときに多数並んでいる角材。軒先に見える垂木は化粧垂木といい、屋根裏に使われるのは野垂木と呼ぶ。上に角材と述べたが、丸材の場合もある。

大報恩寺本堂は俗に千本釈迦堂と呼ばれ親しまれている。平安京朱雀大路の名残である千本通り近くにあるのでこう呼ばれたのではないかと考えられる。ただし建築史研究者のなかには、釈迦堂つまり本堂の垂木[*3]の本数が千本あることから生まれたという説を主張する人もいる。[*4] 地名や寺名に関する史料がほかにないので、この説の当否を決することはできない。

4-2 本堂の形態

さて本堂は、間口（桁行ともいう）が五間[*5]、奥行（梁間ともいう）六間、入母屋造[*6]、檜皮葺[*7]の穏やかな外観の建物である。正面には屋根をそのまま葺き下ろして正面の階段を覆う向拝[*8]を設けている（写真4-1）。

向拝の階段を登って、側面の第一間にある扉から堂内に入ると、奥行二間の細長いが広い空間に入る。ここは礼堂または外陣と呼んでいる（写真4-2）。

礼堂の奥には五間の柱間すべてに格子戸が填められて、その奥の空間と仕切られている。奥の内の中央の間口三間分は内陣である（写真4-3）。内陣は奥行三間であるから、方三間の正方形の平面ということになる。内陣の両側面が脇陣となっている（写真4-4）。さらに背面に一間[*9]

*4 溝口明則「中世前期・層塔遺構の枝割制と垂木の総量」『建築史学』10、1988。

*5 間（けん）とは柱と柱の間（柱間）の数がいくつあるかを示す単位である。五間といえば柱間が5つ、したがって柱は6本立っている。

*6 入母屋造（いりもやづくり）は、上半の切妻造と下半の寄棟造が一体となった屋根形式。寺院の本堂で見られる屋根は多くが入母屋造で、日本では最も格の高い屋根形式と考えられている。

*7 檜皮葺（ひわだぶき）は、檜の樹皮（檜皮）を重ねて葺いた屋根。檜皮を1.2～1.5cmずつずらして重ね、竹釘を打って留める。葺き厚は5～10cmとなる。葺き上がった屋根面はなだらかな曲面を形成し、優美な外観を呈す。

*8 向拝（こうはい・ごはい）は、建物の正面に張り出した屋根、およびその下の部分で、階段を覆う部分ともいえる。参拝者が礼拝する場の意味。

*9 実際、柱間寸法は内陣の間口、奥行ともに中央間16.12尺、両脇間14.10尺である。建立当初の尺度では16尺と14尺であろう。1尺＝1.007現尺強、30.5cm程度となる。平安時代から鎌倉時代は1尺が近世以降の1尺より長かった。ちなみに平安時代以前は現尺より短く、鎌倉時代以後は徐々に短くなって現尺に近づいてくる。

写真4-1　大報恩寺本堂全景
（以下の写真はすべて大報恩寺本堂）

*10 須弥壇（しゅみだん）は、仏菩薩を安置する壇。

*11 組入天井（くみいれてんじょう）は、角材を格子状に組んだ天上。格天井が上から吊り上げているのに対し、組入天井はそれ自体で平面を維持できる頑丈なもので、構造材といえる。

*12 格天井（ごうてんじょう）とは細い角材を格子状に組んで、その間（格間）を薄い板で塞いだ天井。角材が細いためにたわむので、上から吊って設置する。格間にさらに細い角材を組んだのが小組格天井（こぐみごうてんじょう）、天井の周辺部を曲面上に折り上げたものが折上格天井（おりあげごうてんじょう）である。

幅の空間があって、ここは後戸と呼ぶ。このように内陣・礼堂・脇陣・後戸などの役割の異なる空間が一体となっている形式の仏堂を中世仏堂と呼んでいる。

　内陣は他の部分より床が一段高くなっており、中央部に太い4本の柱が立っている。これを四天柱と呼んでおり、この内部に須弥壇を組んで春日厨子を安置し、釈迦如来像（重要文化財）を祀る。内陣の天井は組入天井が張られ、四天柱の内部は折上小組格天井となっている。つまり柱配置・柱の太さ・天井・須弥壇の配置などの点で、内陣は求心的な空間構成となっていて、中世に多く建てられた宝形造の阿弥陀堂（たとえば中尊寺金色堂）などと同様の構成と見ることができる（写真4-3）。

写真4-2　礼堂

写真4-4　脇陣

写真4-3　内陣

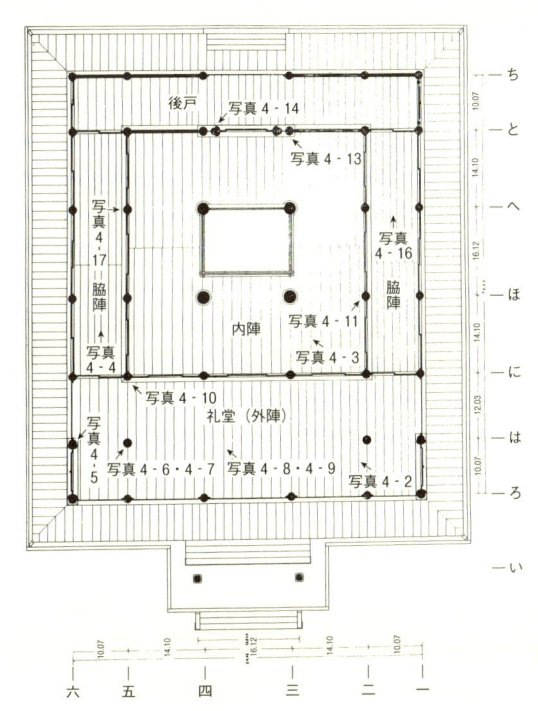

図4-1 大報恩寺本堂現状平面図
（ほぼ建立当初）（＊16より転載・加筆）

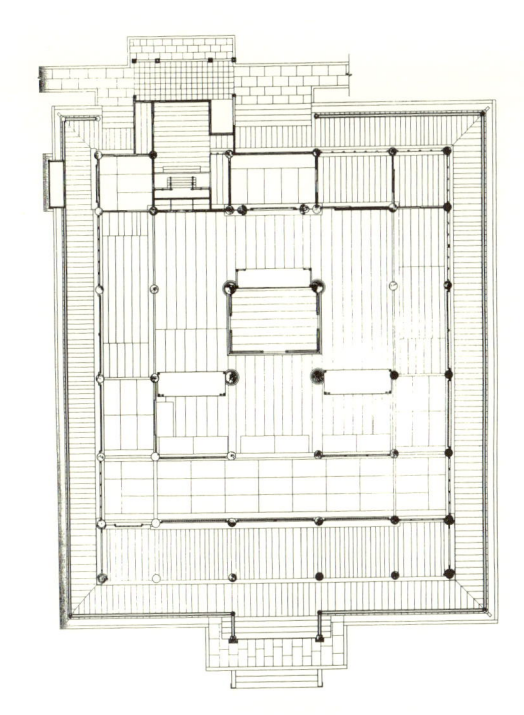

図4-2 大報恩寺本堂昭和修理前平面図
（＊16より転載）

第4章 建物は壊してはならない

75

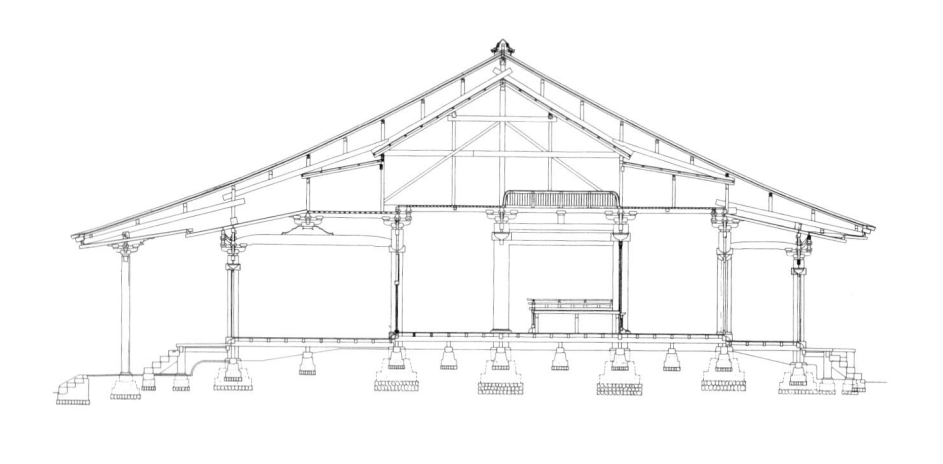

図 4-3　大報恩寺本堂現状断面図（ほぼ建立当初）
（*16より転載）

*13　虹梁（こうりょう）は柱同士や柱と組物を繋ぐ横架材。円弧状に反り上がっている梁なので虹梁と呼ぶ。虹梁のうち、長いものを大虹梁（だいこうりょう）と呼ぶが、厳密な区分はない。

*14　通肘木（とおしひじき・とおりひじき）は、組物同士を繋ぐ長い肘木。したがって肘木の形状はしておらず、長い角材である。

*15　長押（なげし）は柱を繋ぐ角材で、柱の側面に釘で打ち付けて留める。貫と並ぶ軸部を固める技法のひとつで、飛鳥時代から用いられている。時代が降るとともに構造材としての役割から化粧材に変化する。このため断面形状も四角から三角に、さらに板状となってゆく。柱のどの部分に打つかによって長押の前に位置を示す用語を付け加える。内法長押（うちのりなげし）とは、開口部の上部、人の頭の上の位置、つまり鴨居の位置に打つ長押をさす。

　　この内陣の前に奥行二間の礼堂が付いて、側面・背面を一間幅の脇陣・後戸が取り囲んだ形、それがこの本堂の平面形態である（図4-1）。ただし天井や柱間寸法も併せて考えてみると別の見方もできる。本堂の周囲一間通りは化粧垂木を見せており（化粧屋根裏という）、柱間寸法も周囲一間は四方とも10.07尺であるが、礼堂の前から二間目は奥行が12.09尺であるので、方三間の内陣の前に一間通りの礼堂を付けた上で、その周囲に幅一間の庇を廻らせた構成と見る見方である。もっとも後者の場合でも、幅一間の礼堂と正面の庇の間に間仕切りはないから、両者は一体の空間であることに変わりはない（図4-1）。

　　礼堂の中央部には2本の大虹梁[*13]が架けられていて、その上には蟇股・組物をのせて、天井を支える通肘木[*14]（横材）を受けている。これより前方が化粧屋根裏、後方は水平の組入天井が張られている。礼堂の左右の隅に立つ柱は内陣正面隅の柱と内法長押[*15]で繋がれている（図4-3）。

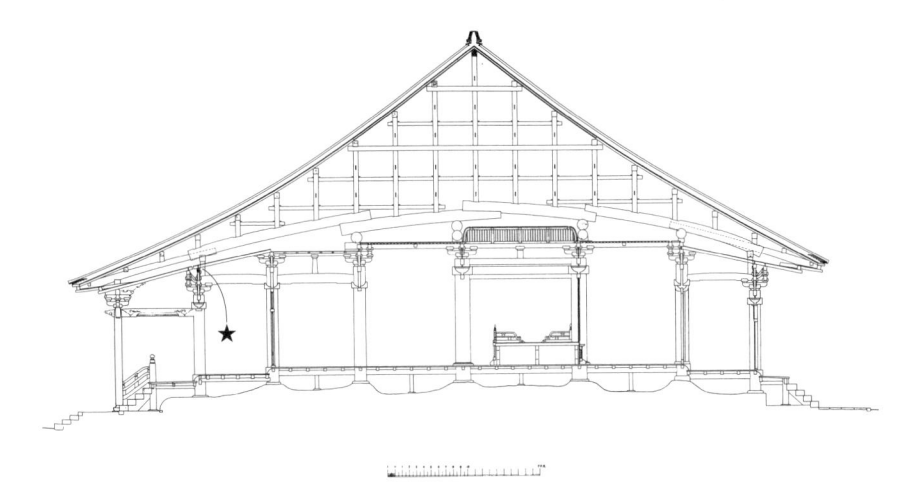

図 4-4　大報恩寺本堂昭和修理前断面図
(＊16 より転載・加筆)

4-3　改造の痕跡

　注意して観察すると、同じ木材でも表面が雨風にさらされて荒れた(風蝕という)ものと、それが少なく、表面が美しく、角がたっているものが混在していることがわかる。また随所に埋木(部材の表面の穴状の部分に別の木材を埋めたもの)や、別の材の当たった圧痕(当たり)などが見出されるはずである。これらは、この建物が800年近い時間を過ごしてきた間に行われた改造や修理の跡、痕跡なのである。これを丹念に仕分けしてゆくと、いつ、どのような改造が行われたのかが明らかになる。顕著な痕跡をいくつか見てみたい。

　ところで、この建物は昭和26年から29年までの間に文化財保存のための解体修理工事が行われた(以下、昭和修理と称す)。その際に詳細な調査が行われて、この建物の変遷が解明され、その知見に基づいて、ほぼ建立当初の状態に復原された。したがって現状は建立当初の姿であり、痕跡は建立後、幾度かにわたって行われた改

造の跡である。しかし改造を経た結果、最終的にどんな姿になっていたのかは現状から判然としない部分が多い。幸い、保存修理工事の報告書があり（以下、報告書と略記する）[*16]、修理つまり復原される前の状態が、文章・図面・写真でも残されている。それを参照しつつ、本堂に残された痕跡から、主に昭和修理以前の状況を復原的に読み取ってみたい。なお以下の記述で柱や柱間の位置を示すのに図 4-1 に示した番付を用いる[*17]。

4-4　礼堂内部の改造

礼堂の前から 2 列目の柱筋（「は」の柱筋）には痕跡が多い。

① 側面の柱（は-一、は-六）には足下では框の埋木[*18]、内法に鴨居の埋木がある[*19]（写真 4-5）。
② 入隅の柱（は-五）[*20]の西面には、足下では框の埋木、内法に鴨居の埋木、内法より上には土壁の当たっていた跡や下地の間渡穴の埋木がある。南面には床の際に切目長押の当たりがある。「は-二」の東面も同様である（写真 4-6）。①②は相対する面にある一連の痕跡である。
③ 入隅の柱（は-五）の東面には頭貫の埋木[*21]、鴨居・方立の当たった跡（当たり）[*22]、現状より一段高い位置に床板の当たりがある。以上は「は-二」の西面も同様である。
④ 入隅の柱（は-五）と内陣隅の柱（に-五）とは、入隅柱を挟み込むように内法長押で繋がれているが、入隅の柱の南・東・西の 3 面の内法長押材は新しい。内法長押が「は」通りより北側（内陣側）にだけ打たれていた時期があることを示している。以上は、「は-二」についても同様である（写真 4-7）。
⑤ 礼堂の西側の大虹梁の中央部、つまり「は-四」

[*16] 『国宝大報恩寺本堂修理工事報告書』京都府教育庁文化財保護課、1954。

[*17] 番付（ばんづけ）は、建物の部材の位置を示すための符牒。平面図で縦軸と横軸にそれぞれ番号を振って、その組み合わせで位置を示す。番号の振り方は多様である。

[*18] 框（かまち）は、建具の周りを囲う木材。また、床板などの端を隠すための角材。ここでは後者の意味で使っている。

[*19] 鴨居（かもい）は、建具の上部、つまり内法の位置に置かれる横材。下面に溝を彫って建具を立て込む。

[*20] 入隅（いりすみ）は、建物の角の内側。

[*21] 貫（ぬき）とは柱に穴をあけて貫通させる横材で、長押と並んで軸部を固める技法のひとつである。日本では先史時代と鎌倉時代以降に積極的に用いられた。貫を通す位置によって、その前に位置を示す単語を置く。頭貫（かしらぬき）とは柱の頂部に通す貫を意味する。

[*22] 方立（ほうだて・ほだて）は、柱と建具の間の空隙を塞ぐために入れる板状もしくは柱状の部材。

写真 4-5　礼堂側面は - 六柱の東面の痕跡

写真 4-6　礼堂内部は - 五柱の西・南面の痕跡

写真 4-7　礼堂内部は - 五柱の上部の痕跡

　の位置には、虹梁下に柱の当たった跡がある。注意して見ると大虹梁側面にも部材の当たった跡があり、大虹梁中央部の上半部には口形の矧木がしてあり、またその上に載る蟇股・組物に古い材料はない。東側の大虹梁にはそのような痕跡がないが、材料自体

が新しく、昭和修理で取り替えられたものである（写真 4-8、4-9）。
⑥　大虹梁側面の上の方に等間隔で並ぶ角材の埋木があり、天井際の通肘木にも同様の角材の埋木が並ぶ（写真 4-9、4-10）。

　これらは、かつて礼堂が以下のような形式であったことを示している。まず礼堂内部の「は‐三」「は‐四」にも柱が立っていて、大虹梁は一材でできてはいるが、前から第一間と第二間のそれぞれに虹梁が架かっている形になっていた。「は‐三」「は‐四」の柱は大虹梁を挟んでいたことになる。「は」の柱筋の正面側に切目長押が打たれ、そこより前は床が一段低かった（現状と同じ高さ）。「は」の柱筋は頭貫で繋がれ、内法長押でも繋がれていたことが昭和修理前の図面でも確認できる。内法長押より上は土壁、下は建具が入っていた。「は」通りの両端間は鴨居が入って建具が、中央三間は柱の東面・西面には辺付が打たれていたので、蔀[*23]が吊られていたことが知られる。「は」の柱筋より後方の床は現状より長押1段分高く、現在の内陣と同じ高さであった。

　そして現在の礼堂には、大虹梁の上部が隠れる高さに棹縁天井[*24]が張られていた。したがって現状の礼堂内部の化粧屋根裏も組入天井も見えない状態になっていた。その後さらに改造されて、再び化粧屋根裏が見える状態となり、奥一間通り（「は」の柱筋と「に」の柱筋の間、現在の組入天井部分）に、現状より一段低く格天井が張られていた。現状の痕跡からは、棹縁天井と格天井の前後関係は判明しないが、昭和修理以前の図面によれば、格天井が描かれているので、棹縁天井はそれ以前の一時期古い天井ということになる。

　つまり昭和修理以前は、礼堂の奥行が一間で、「は」通りより後ろは現在の内陣と同じ床高になっていた。礼堂正面（「ろ」通り）は建具が外されて開放になっていた

*23　蔀（しとみ）は、格子状に編んだ角材でできた板を鴨居や長押に吊って、回転させて開け閉めできるようにした窓。

*24　棹縁天井（さおぶちてんじょう）は、一定間隔で一方向にわたした角材の上に薄い板を張った天井。自重でたわまないよう、小屋組から吊り下げる。

写真 4-8　礼堂大虹梁・天井廻り

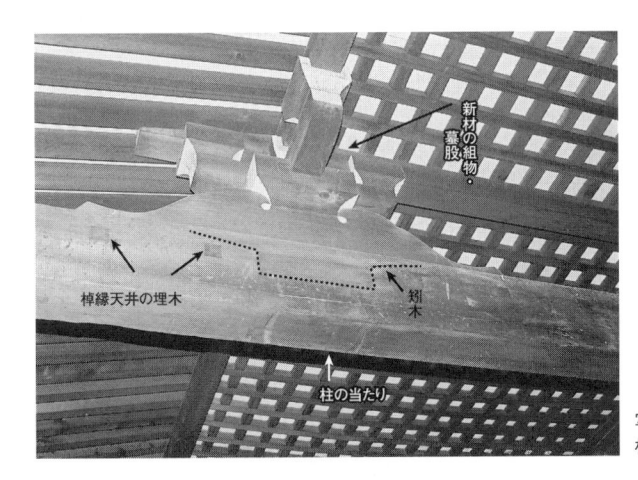

写真 4-9　礼堂大虹梁中央部の柱の痕跡（は‐四位置）

写真 4-10　礼堂天井通し肘木の天井の痕跡

ようである。内陣は奥行が四間あったことになる。

　礼堂の大虹梁を挟むように柱を挿入して、床高や間仕切りも大きく変更したこの改造の時期は、寺蔵文書や建具に記された墨書の年号から、江戸時代中期の延享2（1745）年から始まり、寛延2（1749）年ごろまでかかった修理工事（以下、延享修理と呼ぶ）の時期と考えられている。

4-5　内陣の改造

① 　内陣側面の「ほ-二」の西面（内陣側）には柱の中程に水平な部材の当たりが残る（写真4-11）。

　この柱と相対する四天柱のうちの東南隅の柱の東面には顕著な痕跡はないが（写真4-3）、昭和修理前の図面・写真によれば、「ほ-二」と「ほ-三」の柱間に貞応3（1224）年に造顕された六観音を祀る厨子が設けられていた（写真4-12）。上記当たりはその痕跡であり、柱に大きな傷が残らないことから、柱間に埋め込むように簡便につく

写真4-11　内陣側面柱の六観音の厨子の痕跡

写真 4-12　修理前の六観音の厨子
（＊16 より転載）

られていたものらしい。これは江戸時代に設けられたものようである。

　それが具体的にいつのことなのか、またなぜ新たに厨子が設けられたのであろうか。

　この寺には本堂・本尊とほぼ同時期につくられた仏像として十大弟子像（重要文化財。建保 6（1218）年造顕）と六観音像（重要文化財。貞応 3（1224）年造顕）が伝来している。十大弟子像は本尊釈迦如来像に附随したもので、近世には本尊とともに厨子に安置されていた。[*25] とすれば、六観音像は本堂のどこに祀られていたのであろうか。それとも別の建物に祀られていたのか。そこでの手掛かりは寺蔵文書である。享和 3（1803）年に修補されたと奥書のある縁起には観音堂の名が見えているが、実態は定かではない。享保ごろに作成された縁起には、近隣にあった北野経王堂が寛文年中（1661〜73 年）に退転した際に六観音を本堂に移したと記している。これが正しければ寛文年中に経王堂から移され、それに伴って厨子が設けられたと見るのが妥当であろう。なお六観音の厨子は「ほ-四」と「ほ-五」の柱間にも設けられていた。

　②　内陣と後戸には荷物が置かれていて現状では確認

＊25　以下の記述は昭和修理の報告書に依拠した点が多い。

写真 4-13　内陣背面東脇間の厨子痕跡

→ 黒色に塗られた部分

できないが、このほか、内陣四天柱の来迎壁後ろ側には、須弥壇が設けられていた。昭和修理前のそれは明治につくられたもので、弘法大師が安置されていた。床板には明治以前の須弥壇の仕口も残されており、柱間の約半分を占める大きな厨子状のもので、中世に遡る古い仕口と判断されている。大報恩寺が真言宗智山派に転じたのは近世になってからであるから、この須弥壇はなぜ設けられたのであろうか。昭和修理の報告書では来迎壁背面の釈迦説法図に対するものとする。

③　内陣背面の脇間の周りには、「と - 三」の柱の東南面や「と - 二」との間の内法長押の南面に黒塗りの部分がある（写真 4-13）。

これも現状では荷物などですべてを確認することはできないが、内陣の背面の両脇間にも仏壇が設けられて、背面から礼拝するようになっていた跡である。これは昭和修理時にはすでに取り払われていた。

4-6　後戸の改造

①　内陣背面中央間（「と - 三」と「と - 四」の間）の板扉や幣軸構(へいじくがまえ)（扉を吊るための造作）は、堂内にある

写真 4-14　内陣背面中央間後戸側の扉・幣軸構・柱の痕跡

のに極端な風蝕がある。柱に注目すると「と - 三」の柱の北西面と「と - 四」の柱の北東面だけが風蝕している（写真 4-14）。

　これは背面中央間、つまり「ち - 三」と「ち - 四」の間の柱間に建具が入っていなかったか、少なくともそういう時期があったことを意味する。「ち - 三」と「ち - 四」の柱間の柱・長押には当初材がなく、古い柱間装置の復原が不可能なのであるが、昭和修理では転用材と思われた内法長押（つまり別の場所に持っていかれた材料）の釘穴を根拠に、この柱間は蔀が入っていたと推定し、そのように復原修理されている。しかし中世には三条白川房熾盛光堂（門葉記所収指図）、最勝金剛院（兵範記所収指図）、最勝光院（金沢文庫所蔵史料）では背面中央間に建具がなく、一間内側に妻戸を設ける例があるので、大報恩寺も背面に蔀がなかった可能性は小さくない。なお最勝光院では外側の柱筋には明障子が入っていたと記しており、完全に開放ではない可能性も残る。

　②　後戸の柱筋（「と」通り）の北面には、背面の柱との間の繋ぎ材があったほぞ穴の埋木があり、繋虹梁の下端には壁の当たっていた痕跡がある（写真4-14）。

　後戸は昭和修理前には一間ごとの小部屋に仕切られて

写真 4-15 修理前の本堂背面。背面に突き出した部分が稲荷社の拝所（＊16 より転載）

いた。建立当初からではないだろうが、他の仏堂でもしばしば見られる形式である。このような小部屋のうち注目されるのが四と五の柱間で、昭和修理前には稲荷社が堂内に祀られていた（写真4-15）。修理報告書によれば明治の棟札があってその設置時期は明瞭である。享和の縁起に拠れば、建長2年に護法社として祀られることになったと記しており、明治の棟札も拏吉天堂と記している。拏吉天とはおそらく荼吉尼天のことで、天台系の秘法の本尊として知られる。荼吉尼天は中世の仏堂の後戸に祀られる例があるので、大報恩寺でも明治になって初めて拏吉天を堂内に祀ったとは限らない。明治以前から後戸の一室に拏吉天が祀られていた可能性はないのだろうか。

4-7 脇陣の改造

　東と西の脇陣も、共に後戸と同様、一間ごとに区切られていた。柱の相対する面に壁下地の間渡穴や鴨居のほぞの埋木、繋虹梁の下端に壁の当たりや間渡穴（写真4-16）が見られる。とくに顕著な一例を見たい。

① 「ヘ-五」柱の西面には2段の鴨居の埋木、その上には3ヶ所の間渡穴があり、壁の痕跡は繋虹梁

写真4-16 東脇陣繋虹梁下の壁の痕跡

下面に続く。また飛貫の高さに北半分だけ厚い天井板の入る板決りの埋木があり、南半分にはそれよりわずかに高い位置に薄い天井板の板決りと廻縁の埋木があり、北寄りに柱表面の風合いの差が縦に線状に見える（写真4-17）。

これは、「へ」〜「と」の柱間と、「は」〜「へ」の柱間の天井の高さや仕様も異なっていたこと、両室の境の間仕切りが作り替えられていたことを示す。天井板の厚い「へ」〜「と」間は天井裏にも収納できる二階蔵になっていた可能性がある。

脇陣が小部屋に仕切られた時期は不明で、昭和修理前に「は」「の」間仕切りや天井はすでになくなっていたようである。またどのように使われていたのかも知る術がない。

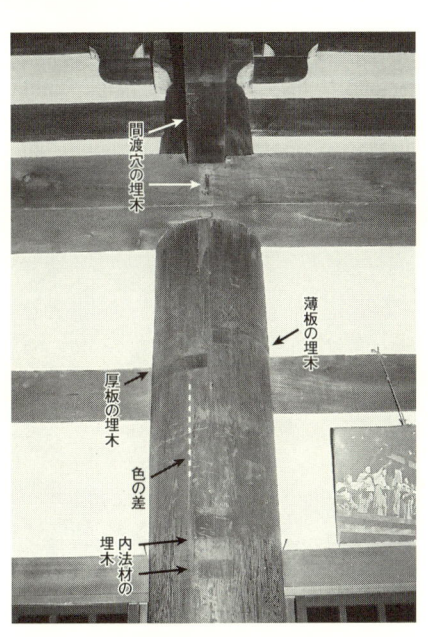

写真4-17 西脇陣柱の間仕切りの痕跡

4-8 そのほかの改造

以上のほかに、現状で見ることのできない屋根裏、昭和修理で部材がすっかり取り替えられてしまった向拝廻り、明瞭な痕跡を見出しにくい内陣須弥壇にも改造が

あった。それを簡単に記しておきたい。

① 屋根は昭和修理以前は本瓦葺であった。寛文9（1669）年から10年にかけて大規模な修理工事が行われた。これは北野経王堂が壊れたのに伴って、その廃材を多量に再利用して改修工事が行われたものである（棟札、寛保2年ごろ成立の縁起）。その際、経王堂の瓦を用いて本瓦葺にしたのであるが、それ以前は檜皮葺であった。軽い檜皮葺の屋根を支える小屋組では、重い本瓦葺の屋根は支えられないので、小屋組も経王堂の部材を用いて改変された。昭和修理の際に、小屋組に残された本堂建立当初の小屋組部材を見出し、とくに上部の小屋組がほぼ正確に判明し、復原された（図4-3、4-4）。

② 向拝は、寛文と延享の修理で部材がすべて取り替えられ、虹梁絵様や木鼻・手挟は江戸中期の意匠となっていた。延享修理は礼堂に2本の柱を補ったときである。地下に残された古い礎石から、寛文に向拝の出を縮めており、向拝廻りの部材をその際にいっさい取り替えたようである。延享修理の際に、虹梁形頭貫・蟇股などを取り替え、さらに明治にも部材を取り替えている。現状は残存していた垂木を元にしつつ、同時代の類例を参照してつくられたもので、これを文化財保護の世界では「整備」と称している。

③ 内陣須弥壇は2度にわたって改造がなされている。それは須弥壇を構成する部材の根継や、来迎壁に残された当たりによって知られたから、現状から伺う術はない。当初は現状より約1尺（30cm）低い須弥壇があり、南北朝ごろに現状の須弥壇の足下の地覆がない形式になり、その後、地覆を加えて須弥壇の高さを高めた。須弥壇の高欄は元禄年間の修理で古材を用いて形式変更されていたものを、復原し

たものである。

④　厨子も大改修がなされていた。厨子扉に刻銘があって、改修は元禄7（1694）年のことである。正面側には円柱を用い、軒は三軒の繁垂木、三斗の組物と中備の蟇股を用いた厨子になっていたが、当初の角柱・板軒・舟肘木などが残存していたので、復原された。

4-9　本堂の変遷

さて、以上のような改造の痕跡を読み取ってきた。

再度まとめるならば、大報恩寺本堂は鎌倉時代中期の安貞元年（1227年）にほぼ現状通りの姿で建てられ、江戸時代になって寛文年間（17世紀中期）に小屋組が改造されて、屋根が本瓦葺となり、向拝にも改造の手が加えられた。六観音の厨子も設けられたであろう。

延享年間（18世紀中期）には礼堂に2本の柱を追加して、正面から一間目の柱筋に格子戸を入れて、礼堂を狭め、その柱筋から後方は床高を上げて内陣と一体の空間にした、つまり内陣を拡張した。同時に向拝にも改修の手を再度入れた。この間、すでに中世の間に内陣須弥壇の高さを高くする改造を行い、脇陣・後戸も幾度かにわたって間仕切りを付けて、小部屋に仕切ったり、内陣後方や来迎壁後ろ側に仏壇や厨子を設け、後戸に拏吉天（稲荷）を祀るなど、多様な変化があった。

こうした本堂の変化について、なぜそのような改造があったのかと、改造を読み取ったその行為について若干考えてみたい。

4-10　改造の要因

建物が改造される要因として、技術的な要因と社会的

な要因が存在する。建物が傷めば修理しなければ使い続けられない。傷んだところを補修する、あるいはその欠陥のある部分を別の方法で補ってまっとうに機能するようにする、これが技術的な要因である。屋根の高さを高くし、檜皮葺から本瓦葺に変更した寛文の大規模な改修は、まさにこの技術的要因による改造である。雨仕舞いもよく、防火性能も高い本瓦葺にすることは、建物の長期使用を保証する。しかし本瓦葺は檜皮葺に比べて重く、屋根の勾配も急にせねばならないので、小屋組の大改修を必要とした。幸い、傷んだ経王堂の部材を転用して、これが可能になった（図 4-5）。しかしこのことによって小屋梁を支承するための束（短い柱）を虹梁の上に直接立てる必要が生じたようで（図 4-4 ★）、巧妙につくられてはいるものの、小屋材が堂内から見える状態になっている。なお、向拝の改造は、屋根形態の変更に伴って必然的に生じたのであろう。

　一方、社会的要因から行われたのが、延享修理時の礼堂の改造、それ以前に行われていた内陣須弥壇の改造や脇仏壇などの増設、脇陣・後戸の間仕切りなどである。

　参詣の実態、法会の形態、安置仏の変化などが社会的要因の内実といえるだろうが、大報恩寺について実際に

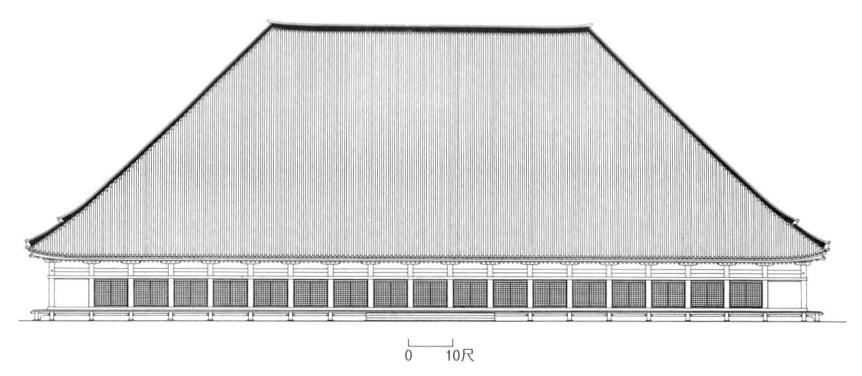

図 4-5　北野経王堂復原立面図
（＊16 より転載）

そのことを実証する文献史料はほとんどない。一般的な状況から類推すれば以下のようなことが想定できる。

　まず礼堂の改造は、近世になって庶民の参詣が増加したことと関わりがあるだろう。礼堂を開放し、内陣は厳重に閉鎖した。奥行一間の礼堂正面・側面の建具が外され、内陣との境（「は」通り）には蔀や板扉が填められていたのはそのことを示している。自由に礼堂に参詣できる一方で、内陣の諸尊は秘された状態になっていた。ただし内陣との境（「は」通り）の蔀は法会や開帳などのときには開扉できたであろう。なお、内陣礼堂境が「に」通りにあった時期に、その中央間に腰高の敷居の入っていた時期があると報告されているから、礼堂の奥行が二間あった時代にも、内陣の閉鎖性を厳重にしていた時期があったことになる。遠国からの自由な寺社参詣が増加するのは室町時代後期からであり、近世にはそれがいっそう普及するので、そのような社会的状況に順次対応して、段階的に礼堂が変化していったと見ることができよう。この寺で行われる釈迦念仏会は、徒然草にも見える、古くから知られた法会であるので、このような法会の消長とも関係していたはずであるが、いまそれを確かめる史料は見出しえていない。

　内陣須弥壇の高さの変更は、直接は本尊の位置を高くすることになるが、それは参詣のあり方、あるいは法会の形態の変容と関係していたのではなかろうか。来迎壁背面の厨子、内陣背面の須弥壇、六観音の厨子などは堂内で祀る尊像の変化に対応したもので、六観音の厨子が寛文年中の北野経王堂の退転に呼応したものであったことは先に述べた。

　脇陣や後戸の細分化も、中世の仏堂では一般的な現象であった。祈願をする者の参籠や法会聴聞の場として用いられたり、本尊以外の仏神の祭祀の場となったりした。また堂蔵として重宝を保管する場としても用いられた。

大報恩寺でもさまざまな使い方がなされたのであろう。拏吉天（稲荷）が後戸に祀られたのも、このような脇陣・後戸の使われ方から見て必然的なことであった。本堂のなかにさまざまな機能を持った部屋を集約的に設けたのは、中世仏堂に共通する特徴である。

4-11　改造を読み取ることの意味

　大報恩寺本堂の変遷を読み取る方法とは、建物の各部分に残された痕跡の読解にほかならない。痕跡とは、部材に開けられた穴、それを埋めた埋木、他の部材が接していた圧痕やそのことによる色の違い、壁土の跡、雨風にさらされた度合を示す風触の差、部材表面の仕上げや彩色、部分的な部材の取り替え（接木・矧木など）などである。それらは異なる時期のものが重なっていることもあり、複数の痕跡が相互に対応することも、対応しないこともある。それぞれの痕跡が、建物の形態はどのようであったかを示しているか、それが時代ごとにどのように変化したのか、最も合理的に解釈できる筋道を示すことが、痕跡の読解にほかならない。建物を建てる際にどのように加工するのか、その技術は時代によってどう変化するのか、建立当初の加工方法と建てられた後の改造時の加工方法の差異など、さまざまな知識をふまえつつ、その建物そのものに即して読み解く必要があり、ときに既存の知識や常識に反する事実も生じてこよう。

　このようにして知られる建物の変遷を時間軸の上に位置づける際には、建物そのものから実年代を特定する必要がある。部材に記された墨書に年号があれば確実性は高いが、常に都合のよいことがあるわけではない。そこで重要になるのが古文書・古記録などの文献史料である。もちろん絵画史料もこれに準ずる。史料に記載された事実が建物の痕跡とどのように対応するかの検討が欠かせ

ない。また、なぜそのように改造されたかを知るのにも文献史料はきわめて有効である。

　このような総合的な検討をふまえて建物の変遷とその意味が明らかになるが、そのことは、とりもなおさず、長い年月を生きながらえてきた物言わぬ建物が、その建物自身の、そしてときにはその周辺のさまざまな状況について、雄弁に、しかも確度高く物語っていることにほかならない。大報恩寺のある上京区七本松通今出川を上がった一帯には、いまではおそらく近世末を遡る建物はほとんどなく、住んでいる人々は当然明治以後の生まれである。もちろんすべてを明らかにできるわけではないが、七本松通今出川という場所の数百年の歴史を具体的に知らしめてくれるのが大報恩寺本堂という古建築なのである。過去の歴史を読み取ることができる、それを可能とする物証が現存している、これは他の何にも変えがたい価値であろう。さらにそのような知的営みをできるのが人間であること、あるいはそのような知的営みをすることが人間を人間たらしめているという点も忘れてはならないだろう。

　古建築の改造を読み取ることは、古文書を読むのと同様の歴史学的作業でもあり、人間としての存立を確認する作業でもある。古文書と異なるのは、古建築が常に町のなかにあって誰の目にも触れる身近な存在であり、人間の意志の働きかけがなければ、ただの古い建物が建っているに過ぎない、寡黙な存在であるという点であろう。古建築に残された痕跡を読み解くことは、建築の形態の変化を探ることであるが、そこでとどまるのではなく、なぜそのように変化したかを知ることが重要である。

　以上見てきたように、古建築はそこからさまざまな歴史を読み解くことのできる素材であることが分かっていただけたであろう。歴史を読み解くこと、その行為自体

が人間のアイデンティティであり、同時に冒頭で述べたように、歴史を蓄積しているということが人間の、人格の存立にとって欠くべからざることなのである。

とすればそこから導き出されるのは、建物は壊してはならない、使い続けねばならないという簡単明瞭な結論である。

近年、建物はその寿命が来たからとか、構造的に脆弱であるからとかいった理由で簡単に取り壊されることが多い。あるいは所有者の経済的な破綻によって、所有する建物がいとも簡単に取り壊される例も少なくない。しかし建物に寿命はない。建物の部材は寿命が来ることはあろうが、総体としての建物は修理・改修を重ねて使い続けることが可能である。大報恩寺本堂はそうして生き続けてきたのであって、特別寿命の長い特殊な建物が800年近く前に建てられたわけではない。近年の風潮は、現代の拝金主義と現代科学技術至上主義がもたらした軽薄な、悪しき慣習というべきであろう。あるいは、長期にわたって使えるような質の高い建物を建てていない建設業界の怠慢なのかもしれない。

そもそも我々の祖先は建物を意図的には壊してこなかった。やむなく使えなくなれば、その建物の材料を転用してでも使い続けてきた。それは大報恩寺本堂の例でも明らかであろうし、他にも同様の例は枚挙に遑がない。

そしてこの使い続けるという建築文化は、いまとなっては地球環境悪化を阻止するためにも有効な、資源再利用の発想にも通づる意義を持つものでもある。建築の歴史を学ぶことは、自ずから現代的な価値観の確立にも通じていることなのである。「学ぶ」の古義は「まねぶ」、すなわち真似ることであるが、歴史を学ぶとは過去を読み解くだけではなく、過去に習うことでもある。

建築史の存在意義はそのようなところにあるのではなかろうか。もう一度いっておこう。建物は壊さずに使い

続けよう。それがさまざまな意味で人間の生活を真に豊かなものにするのだ、と。

さらに学びたい人は……
（以下の課題は、いずれも取りあげる建物の所有者・管理者・居住者等に対してのしかるべき礼儀を踏まえて、許諾を得られる範囲で取り組むこと。無断でじろじろと建物を観察したり、写真を撮ったりすることは許されることではない。また建物を傷めることも決してあってはならない。）

① 身近にある古建築（建てられてから50年以上経っているもの）を取りあげて、1/50〜1/100程度の縮尺の平面図を作成してみよう。
② 身近にある古建築を取りあげて、その建てられた年代、建物の特質を記述してみよう。当然、その判断の根拠を明確にすることも必要である。
③ 指定文化財となっている建造物（国指定でも地方自治体指定でもよい）を取りあげて、その改造の痕跡を見つけ出し、その建物の変遷を推定してみよう。見つけ出せることは部分的であってもよい。先入観や印象による判断は厳禁である。

【column】

建物の見方・調べ方

山岸常人

　見るにせよ調べるにせよ、何を目的として何を把握しようとするのか、その目的によって、見方・調べ方は一様ではない。見るべき対象、調べるべき内容や精度は千差万別である。ここでは、歴史的な建造物がどのような歴史的・文化的・芸術的な特質を持っているのかを調べるにあたっての留意点を述べたい。

　歴史的な建造物とはそもそも何か。実のところ、過去に建てられた建物はすべて歴史的な建造物だと考えたい。昨日建てられた建物も、100年前に建てられた建物も、いずれもそれぞれの時点での人間の建築的な営みの精華である。精魂込めて建てられた建物を、皆等しく慈しみ、大切に使い続けることが、人間の安定した社会であり、文化だと思う。とはいえ、何でもかんでも取り上げてもまとまりがなくなるので、筆者の専門とする寺社建築を例にとろう。

　寺社建築は、その研究や保存に関して明治以来の伝統があるので、ある種固定的な把握方法がある。寺社建築を把握する第一歩は「構造形式」を知ることである。たとえば第4章で取り上げた大報恩寺本堂は「桁行五間、梁間六間、入母屋造、向拝一間、檜皮葺」と記すことができる。これによって建物の規模、全体の形態がほぼ把握できることになる。

　第二は平面図を描いてみることである。平面図では立体的な建物を把握できないと思われる方もあろう。それならば断面図も描けばよい。しかし断面図を描くには相当修練がいるし、天井裏など見えない部分も多い。したがって断面図はとりあえず放棄しよう。平面図だけでも建物の規模や空間構成など、多くのことを客観的に図示することができる。平面図にそれなりの情報を書き込めば、立体的な形態もかなり把握できる。何よりも平面図を描くという行為は、実は建物を詳細に観察するよいきっかけなのである。

　第三は写真を撮ることである。もちろん漫然と撮影しても意味はない。構造形式や平面図に表現できないさまざまな部分を写真で記録する。

　さらに細かい部分の形式や意匠、改造の痕跡、技法上の特質などを観察してゆくことになるが、やや専門的になるので、下記参考文献を参照していただきたい。ここまでの作業は建物の<u>もの</u>としての具体的な特質を把握する、というところに目的がある。

　こうした目的とともに必要なことは、その建物がいつ建てられたのか、社会の中でどのような役割を果たしてきたのか、あるいはその建物がどのように使われてきたのか、どのような信仰や思想と関わっているのか、建物の建設や維持の社会的基盤は何なのか、といった、建物をめぐる諸条件を知ることである。そのことによって、その建物が、その場所に存続してきた意味が明確になる。その地域独特の民俗芸能がその建物で行われているとすれば、芸能の様態や、芸能を運営・維持する村の組織と、一棟の建物の特色は相互に関連していることも理解できるはずである。

　あるいはまた周辺の類似した建物と比較してみるといった視点も重要である。限られた地域に独特の特色かもしれないし、類似した建物が広い範囲にあるが建てられた時代は限られるのであれば、ある時期に流行した建築的特色と呼

べるかもしれない。一定の広がりのある領域（たとえば平成の市町村合併以前の市町村域）を全般的に見ることによって、たとえ現存する建物が新しい時期に建て替えられていたとしても、時代を遡って、その地域の寺社のあり方がわかる場合もある。

いずれにせよ、実際に個々の建物に触れてみてその特質を仔細に観察することは、言葉だけでいえば単純ではあるが、観察眼の鋭さと、観察した事項を解釈するための幅広い知識・教養が、結局、建物の見方・調べ方の内容を豊かにするかどうかの決め手となる。新規な計測機器や分析のための算術はほとんど何の役にも立たないし、それらに頼っても何も見えてこない。

なお、調査方法についての入門書として以下の書がきわめて優れた指針となる。

文化庁監修『民家のみかた調べかた』第一法規出版、1968。

文化庁歴史的建造物調査研究会『建物の見方・しらべ方——江戸時代の寺院と神社』ぎょうせい、1994。

日本産業遺産研究会・文化庁歴史的建造物調査研究会『建物の見方・しらべ方——近代産業遺産』ぎょうせい、1998。

文化庁歴史的建造物調査研究会『建物の見方・しらべ方——近代土木遺産の保存と活用』ぎょうせい、1998。

写真1　寺社建築における各部の名称

第5章　さまざまな構造形式──構造設計の夢

地震などの外力に対して安全な建築を設計するために重要な構造設計について学ぼう。構造設計が、単なる計算の手続きではなく、意匠設計と同じように夢のあるプロセスであることを理解していただきたい。

大崎　純

5-1　工学としての建築

「建築は工学か芸術か？」という問いは、建築に携わる実務家や研究者にとって、永遠の課題である。欧米では、建築は芸術といえないまでも、工学とは別の独自の分野を形成しており建築構造学は土木工学[*1]に含まれる。しかし、日本では建築学は工学の分野に属しており、建築家になるためには、通常は工学系の建築学科で勉強することになる。[*2]すなわち、建築家は構造力学についての最小限の知識を持っているので、実現できないようなデザインを提案する可能性が低いという意味で、あるいは建築家と構造設計者の間に共通言語が存在するという意味で、日本の教育システムはきわめて合理的である。

設計者を選定するためのコンペ[*3]や、建設後の社会的評価も含めて、建築物を評価する際にはデザインが重視されることが多い。また、構造解析法や施工技術の進歩に伴って、建築家の描いた形状どおりに構造設計を行うことが可能となり、構造設計者の役割は軽視されがちである。しかし、ドーム[*4]やアリーナなどの大空間構造物では、力学的に無理のないことがデザイン面での美しさの前提条件となっている。「建築家になるので構造力学や環境

*1　civil engineering は、軍事技術に関わる military engineering に対立する概念であり、人々の生活に関わる工学を包括した概念として発生した。

*2　もちろん芸術系の大学で学ぶことも可能であるが、建築士の資格を取得するためには、工学の知識が必要不可欠である。

*3　competition の略。日本語では「建築設計競技」といい、とくに公共建築物において複数の設計案から優秀作品を選ぶこと。

*4　厳密には、古代ローマのパンテオンのような球形の屋根構造のこと。一般には、「東京ドーム」のように、扁平な楕円型の屋根構造でもドームということが多い。

工学は不要である」というのは大きな間違いであり、人工物としての建築をデザインするためには、工学のいろいろな基礎原理を理解していなければならない。

本章では、建築構造学と構造設計の基本的な考え方を解説する[*5]。また、次章での模型を用いた力学原理の説明に対する導入としての役割も果たすため、建築構造形式の分類を行って、次章の模型例を適宜参照したい。

5-2　構造設計とは

構造設計の役割は、建築家によって提案された斬新なデザインを実現するために努力することではなく、地震などの外力に対して安全であり、風や環境振動に対しても快適な空間を、与えられた予算と工期の範囲内で実現することである。構造設計のプロセスを簡単にまとめると、次のようになる。

①構造計画

建築計画によって定められた構造物の規模や目的に応じて、柱、梁、壁などの主構造部材の配置を決める。また、鉄骨や鉄筋コンクリートなどから最も望ましい材料を選択する。さらに、5-4節で解説するような目標性能を定めて、耐震性能や居住性を高めるため、後述の制振構造や免震構造なども検討する[*6]。

②構造計算と結果の評価

建築基準法や建築関連の学・協会の規準・指針などで規定されている方法で、地震などの外力に対する応答(変形)を求めて、安全性、快適性などを判断する。構造設計者は、この段階で、与えられた設計条件と①で決定された構造形式に基づいて、最も適切な部材寸法、鉄筋量や断面形状を決定する。合理的な断面を選択できなければ、①に戻って構造計画をやりなおす。あるいは、理想的には建築計画に戻るべきである。

[*5] たとえば、木村俊彦『構造設計とは』(鹿島出版会、1991)、大崎純・本間俊雄『例題で学ぶ建築構造力学』1、2 (コロナ社、2013) 参照。

[*6] 地震力を制御するという意味で「制震構造」と書く場合もあるが、地震を制するというような誤解を防ぐため、ここでは振動を制御するという意味で「制振構造」と書くことにする。

③詳細設計と施工監理

　主構造部材の配置や断面が定まれば、間仕切り壁、階段、天井などの非構造部材を設計し、施工の際に用いる詳細な図面を作成する。さらに、施工監理を行って、設計図どおりに施工されていることを確認する。

　構造設計といえば構造計算という印象が強いが、前述のように、構造計算は構造設計の単なる1ステップに過ぎず、構造物の性能を確認するための手段である。構造設計において最も重要なのは、「構造計画」と「結果の評価」であり、「構造計算」ではない。構造設計者は建築家の下請けとして理解されたり、あるいはその存在すら社会的に認知されていなかったともいえるが、構造設計者という職能が存在することが明らかになるような事件[*7]の発生に伴い、構造設計の重要性が社会的に認識されるようになった。コンピュータを使えば誰でも構造設計できると考えるのは大きな間違いであり、単に手間のかかる仕事を自動化するための支援ツールとして計算プログラムを利用して、工学的判断に基づいて構造物の性能を的確に評価し、最適な設計を提案するのが構造設計者の役目である。

5-3　さまざまな形式の建築構造

　「構造計画」において、構造設計者としての能力を発揮するためには、さまざまな形式の構造と、それらの特徴を理解していなければならない。世の中に存在する建築構造物のほとんどは梁と柱で構成されるいわゆる「ビル」であるが、体育館やドームの屋根など、平面的な広がりを持った構造物も存在する。以下では、さまざまな形式の構造を、曲げ抵抗型、軸力抵抗型、形態抵抗型、張力抵抗型、張力・軸力抵抗型に分類し、それらの特徴

*7　2005年秋に、構造計算書を意図的に改ざんし、マンションやホテルの耐震性能を偽装する事件が発覚し、国民の安全を守るために重要な役割を果たすべき構造設計者の地位の低さが明らかになった。

を概説する。[*8] また、本節は、次章でさまざまな構造形式を模型を使って説明するための導入も兼ねることにする。

(a) 曲げ抵抗型構造

図5-1 (a)に示すように、一端を支持した梁（片持梁）の先端に鉛直方向力を作用させると、図5-1 (b)のように曲がって、外力に対して抵抗する（第6章の写真6-6参照）。

このように、曲げ変形によって外力に抵抗する構造を、曲げ抵抗型構造という。図5-2 (a)のようなビル形式の構造は、骨組構造といい[*9]、図5-2 (b)のように梁や柱が曲がって地震などの力に抵抗するため、曲げ抵抗型構造の典型的な例である。第6章の写真6-6では、こんにゃくで模型を製作して曲げ変形を実現している。

(b) 軸力抵抗型構造

図5-3 (a)に示すように、左端を軸方向に支持した棒の右端に軸方向の力を作用させると、図5-3 (b)のように縮んで外力に対して抵抗する（第6章の写真6-5参照）。

このように、軸方向の変形によって外力に抵抗する構造を軸力抵抗型構造といい、曲げモーメントを伝達しないように接合された部材で構成される構造をトラスという。トラスは、体育館の屋根や、ドームなどの大空間を

[*8] たとえば、坪井善昭他『［広さ］［長さ］［高さ］の構造デザイン』（建築技術、2007）、斎藤公男『空間構造物語——ストラクチュラルデザインのゆくえ』（彰国社、2003）参照。

[*9] ラーメン構造ともいう。ラーメン（rahmen）はドイツ語で「額縁」という意味。

写真5-1　トラスの例、中山競馬場
（太陽工業株式会社提供）

図 5-1 片持梁の変形

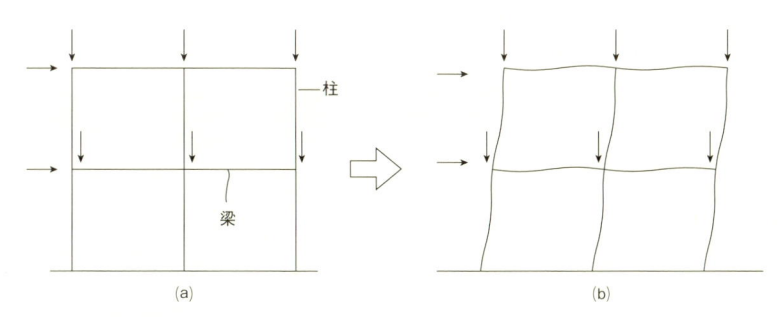

図 5-2 骨組構造の変形

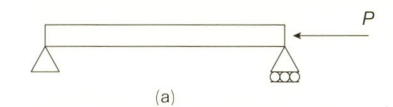

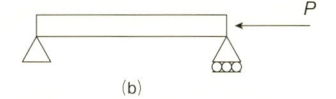

図 5-3 軸力を受ける棒の変形

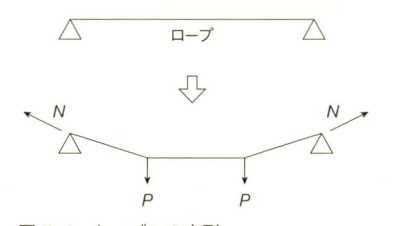

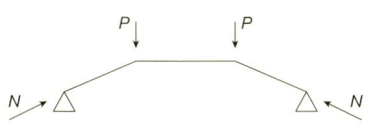

図 5-4 ケーブルの変形

図 5-5 軸力で抵抗する構造

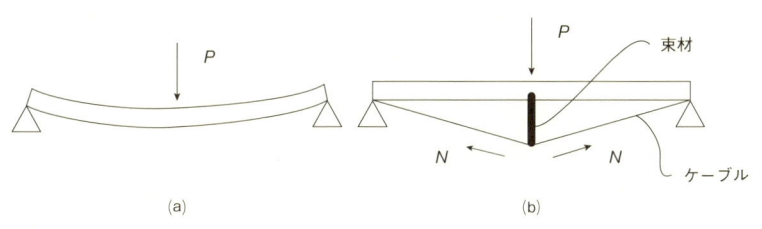

図 5-6 張弦梁の原理

覆う構造物に用いられる（写真5-1参照）。

(c)形態抵抗型構造

前述の骨組構造やトラスは、外力に対して曲げ変形や軸変形に伴う剛性によって抵抗するため、剛な構造に分類できる。一方、綱渡りのロープのように、外力に対して変形することによって抵抗するような柔らかい構造も存在する。

たとえば、図5-4のように、ケーブルの両端を支持して錘を2個ぶら下げると、ケーブルに張力（引張の軸力）が発生し、それと錘の重量が釣り合うような状態まで変形する。このように、形態が変化して外力に抵抗することを、形態抵抗機構という。ケーブルを膜に置き換えると、第6章の写真6-13のような懸垂曲面になる。図5-4の形態の上下を逆転させて、曲げと軸力に抵抗する部材を用いると、図5-5のようになり、ほぼ軸力のみで外力に抵抗する理想的な形態が得られる。

(d)張力抵抗型構造

図5-4からもわかるように、ケーブルには曲げに抵抗するための剛性がないため、ケーブルを網目状に張り合わせただけでは建築構造物としては使えないので、張力を与えて安定化させる[*10]。このように、張力が存在しないとき不安定であり、張力導入によって安定化される構造を、総称して張力構造という。たとえば写真5-2の膜構造や、写真5-3のケーブルネットが代表例である。自然界ではクモの巣が典型的な例である。第6章では、風船を使って空気膜構造のモデルを作ってみる（写真6-12参照）。

(e)張力・軸力抵抗型構造

骨組構造の剛性を高めるため、あるいは不安定なトラスに剛性を付与するため、ケーブルを付加して張力を与える構造を張力・軸力抵抗型構造ということにする。たとえば、図5-6に示すように、両端を支持した梁の中央に荷重を作用させると、前述のように梁は曲がって抵抗

*10 安定性・不安定性の厳密な定義はきわめて難解であるため、ここでは、「小さい外力で大きい変形が生じること」を「不安定」ということにする。

写真 5-2　膜構造の例、東京ドーム
（太陽工業株式会社提供）

写真 5-3　ケーブルネットの例、モントリオール万博西ドイツ館
（太陽工業株式会社提供）

写真 5-4　ケーブル補強ドームの例、天城湯ヶ島町立総合体育館
（太陽工業株式会社提供）

する（図5-6(a)）。しかし、図5-6(b)のように、あらかじめケーブルに張力を与えて下から支えておくと、曲げ変形を抑制することができる。このような構造を張弦梁という。また、大空間を覆う構造での典型的な例としては、写真5-4のようなケーブル補強ドームがある。

張力・軸力抵抗型構造の原型は、引っ張り力のみを受けるケーブルと、主に圧縮力を受けるストラット（棒材）からなるテンセグリティである。テンセグリティは、その軽快さ、柔軟性、組立ての容易さなどから、多くの建築家や技術者の興味を惹き、また、子ども向けの玩具としても利用されてきた。

テンセグリティの考案者については、多くの議論があり、一般的な結論は得られていない。[*11] このような議論が生じる原因としては、テンセグリティの定義の曖昧さがあげられる。厳密には、写真5-5に示すように[*12]、互いに接続していないストラットが、連続したケーブルで接続されており、張力によって安定化され、支点からの反力を必要とせず自立する構造をテンセグリティという。しかし、多少の圧縮材が接続していても、自立していればテンセグリティに含める場合もある。テンセグリティの力学特性については第6章で紹介する。

5-4 耐震設計と免震・制振

地震国であるわが国では、「構造計画」の過程で最も重要な外力は地震力であり、建物の建設地で想定される地震に対して十分な性能を持つように構造物を設計することを耐震設計という。住宅などの典型的な建築物の地震に対する性能は、一般に次のような4つのレベルに分けられる。

・建物が建ってる間に数度は経験するような地震に対して、機能性が維持される。

[*11] 1950年ごろ学生であったKenneth Snelsonのアイデアを、Buckminster Fuller教授が拡張・一般化したという見方もできれば、それ以前にFullerによって発明されていたという意見もある。さらに、両者とは独立して、David G. Emelsonによって提案されたと考えることもできる。いずれにしろ、tension + integrityを意味する造語としてtensegrityという言葉をつくったのはFullerである。

[*12] M. Ohsaki, J. Y. Zhang and S. Kimura, An optimization approach to design of geometry and forces of tensegrities, Proc. IASS Symposium 2005, Bucharest, Romania, Int. Assoc. Shell and Spatial Struct., pp.603-610, 2005.

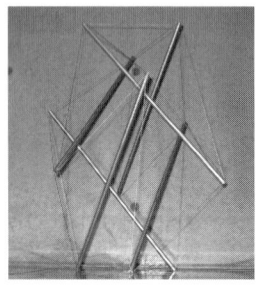

写真5-5 テンセグリティの例
（京都大学建築学専攻・大崎研究室提供）

- 稀に発生する大規模な地震に対して、軽微な損傷を受ける。
- きわめて稀に発生する大規模な地震に対して、修復可能な程度の損傷を受ける。
- 想定される最大規模の地震に対して、損傷するが人命は保護される。

重要な建物には、より高い性能が要求され、建物の性能はその用途に依存するので、表5-1のような耐震性能マトリクスを描くことができる。一般の建物は「○」に対応し、学校などの重要な建物は「△」である。また、自治体の災害拠点や避難所は「□」に対応する。さらに、グレーの部分は、耐震性能として不適当であることを示している。

地震動のレベルは、確率論で定義される。たとえば「稀に発生する地震」は、72年に一度の割合で発生する地震のレベル、あるいは50年間でそのレベルを超える地震が発生する確率が50%以上であるような地震である。また、耐震性能についても、材料の特性のばらつきなどを考慮して確率・信頼性理論によって定義される。したがって、建物の損傷や倒壊の可能性は確率で議論されるべきであり、「震度7の地震でも絶対に壊れないですか?」などという質問はナンセンスである。[*13]

上記のような性能目標を達成するための耐震設計の考え方は、以下のようにまとめられる。

- 地震による外力に対して建物の変形が十分に小さくなるような剛性を与える。

*13 絶対に落ちないと思って飛行機に乗る人はいないのに、建物については「絶対に壊れない」ことを期待するのは、きわめて不合理である。

表5-1 耐震性能マトリクス

地震動レベル \ 耐震性能	機能性維持	軽微な損傷	修復可能な損傷	人命保護
数度は経験するような地震	○			
稀に発生する大規模な地震	△	○		
きわめて稀に発生する大規模な地震	□	△	○	
想定される最大規模の地震		□	△	○

建物が十分に剛であれば、地盤が振動しても、建物内の相対変形を十分に小さくできる。このような考え方を剛構造という。
・地震エネルギーの入力が小さくなるように柔に設計する。

建物が柔であれば、地震の周期に対して共振する可能性が小さくなるので、大きい変形が発生することはない。このような考え方を柔構造という。[*15]
・建物と地盤を分離し、地震動によるエネルギーの入力を遮断する。

入力を完全に遮断することはできないので、図5-7に示すように積層ゴム（鋼板の間に薄いゴムを挟んだ構造）

*14 建物の基本的な周期と外乱の周期が一致して、建物の変形がきわめて大きくなることを共振という。

*15 大正末期から昭和初期にかけての眞島健三郎や武藤清らによる論争は「柔剛論争」といわれている。眞島らの柔構造論は「建物の1次固有周期を長めにしておけば、大地震の主要動の周期を避けることができるので安全」であると主張し、武藤らの剛構造論は「大地震での主要動は長周期であることもあるので、柔構造は必ずしも安全とはいえず、剛構造のほうがよい」と主張する。それに対して、棚橋諒は、耐震性能は吸収できるエネルギーに依存するという現在の耐震設計の基礎となる考え方を提案した。

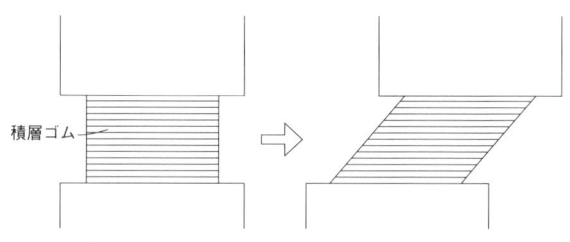

図5-7 積層ゴムによる免震装置

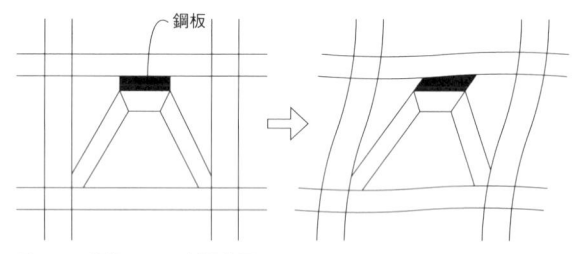

図5-8 鋼板による制振装置

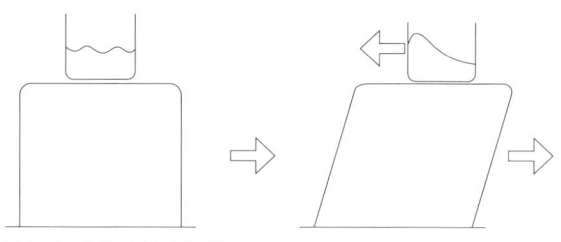

図5-9 水槽による制振装置

などを建物と基礎の間に設置して、建物の周期を長くすることにより、地震動が建物に伝わりにくくする。理想的には、建物を吊り上げて空中に浮かせると、地盤が動いても建物は動かないが、地震動には上下方向成分もあり、風による外力の影響も考えないといけないので、このような機構の実現は簡単ではない。

・建物に入力されるエネルギーを消費する、あるいは振動を抑制するための制振装置を付加する。

たとえば、自動車のサスペンションで用いられるような粘性ダンパー、鋼板の塑性変形[*16]を利用した履歴ダンパー（図5-8）、水槽のなかの液体がうねって建物と反対の方向に振動することによって振動を抑制するスロッシングダンパー（図5-9）などがある。

*16 作用させている力を取り除いたとき、もとの状態にもどる変形を弾性変形、もどらない変形を塑性変形という。

5-5 最適設計

5-2節で述べたように、構造計画の段階で設計条件を決めることができれば、構造計算の段階では、自重や地震力に対する建物の応答を、構造計算プログラムを用いて比較的容易に求めることができる。したがって、計算結果の評価と、それに基づいて設計変更の方針を決めることが構造設計者の重要な職務となる。簡単に述べると、構造設計のプロセスは、設計条件を指定し、その条件の下で最も望ましい部材の配置や断面形状を決めるプロセスであるといえる。しかし「最も望ましい設計」はいかなる根拠で決めればいいのであろうか。あるいは、望ましい設計が得られないとき、設計条件をどのように変更すればいいのだろうか。このような疑問に答えてくれるのが「最適設計」である。

応用数学や経営工学の分野で発展した最適化問題[*17]を、構造設計に適用した問題を構造最適化問題あるいは最適設計問題という。構造最適化問題は、一般に次のような

*17 経営工学の分野では、最適な経営戦略を求めることを目的とした研究分野を、オペレーションズリサーチという。

形式で定式化される。

> 建物のコスト（あるいは材料の量）が与えられたとき、建物の性能（想定すべき外力に対する変形などの応答量で定められる性能）を最大化するような設計を求める。

したがって、構造最適化は、構造設計者が通常行っている構造設計の過程を簡略化したものであるといえる。構造最適化のなかで、部材の配置や接合部の位置で定められる「かたち」を最適化することを、形状最適化という。以下では、形状最適化の考え方について、簡単な例を用いて説明する。

図 5-10 に示すように、壁から定められた距離だけ離れたところに物体を吊り下げるためのトラスを設計することを考える。このような問題をコート掛け問題という。

水平材と吊り材は、応力が材料ごとに定められた限界（降伏応力）に達すると、変形が極端に大きくなって崩壊するため、応力に対して上限値を与える。部材の断面積を小さくすると材料の体積は小さくなるが、応力の絶対値は大きくなる。したがって、支点や接合部の位置と部材の配置を定めると、応力の制限の範囲内で最適な部材断面積が存在する。

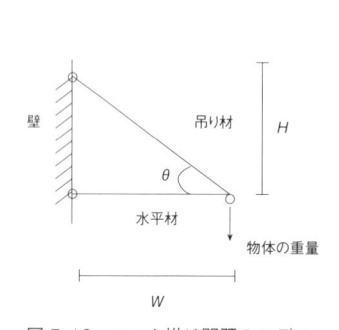

図 5-10　コート掛け問題のモデル

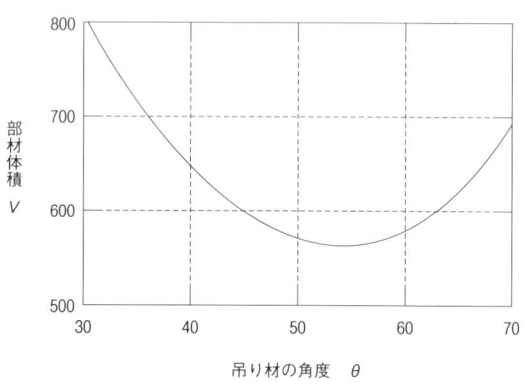

図 5-11　吊り材の角度と部材体積の最小値の関係

詳細は省略するが[*18]、吊り材と水平材との間の角度θと、それぞれのθに対応して応力制限を満たす最小の部材体積Vの関係は図5-11のようになる。図5-11より、角度が約55°のとき部材体積が最も小さくなっていることがわかる。

ところが、天井の高さなどの制限により、吊り材を55°方向に配置することができず、吊り材の取り付け高さHが指定される場合も考えられる。物体を吊る位置の壁からの距離Wに対してHが小さいときには、図5-12(a)のように部材を配置するのは明らかに非効率的であり、たとえば図5-12(b)のような配置が考えられる。このように、接合部位置に加えて部材の配置も最適化することをトポロジー最適化という。

$H/W = 0.2$の場合について、分割数が2、3、4、5、6のときの最適な断面積を求めた。手法の詳細についてはここでは省略する[*19]。分割数と部材体積の最小値の関係は表5-2のようになる。分割数を自由に変えることができる場合には、分割数が4のとき部材体積が最も小さいので最適であり、そのときの断面積分布は図5-13のようになっている。ここで、図5-13は部材の幅が断面積に

*18　大崎純「トラスの形状とトポロジーの最適化」(『建築の研究』158：20-22頁、2003) 参照。

*19　加藤直樹・大崎純・谷明勲『建築システム論』(造形ライブラリ13、共立出版、2002)、奈良宏一・佐藤泰司『システム工学の数理的手法』(コロナ社、1996)、山川宏『最適化デザイン』(培風館、1993) などを参照。

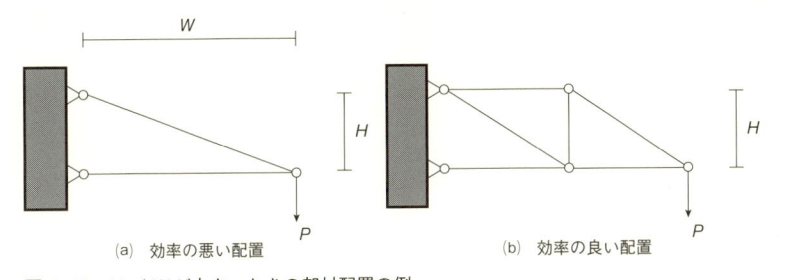

図5-12　H/Wが小さいときの部材配置の例

表5-2　分割数と部材体積の最小値の関係

分割数	2	3	4	5	6
部材体積(cm^3)	16.20	15.33	15.30	15.60	16.07

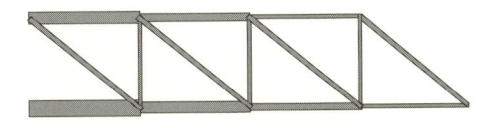

図5-13　4分割のときの最適な断面積

比例するように描いており、このような単純な問題では、軸力の絶対値に比例した断面積を与えるのが最適である。

以上のように、部材断面の設計だけではなく、接合部位置や部材配置を変更することにより、力学的に効率のよい構造物が得られる。

5-6　構造設計者の職能

建築設計における構造設計の役割はきわめて大きいにもかかわらず、構造設計者あるいは構造技術者は、しばしば構造屋、計算屋などと呼ばれることもある。しかし、本章で述べたように、構造設計は、建築物の性能を確保するためにきわめて重要な業務である。構造設計者はエンジニアとデザイナーの中間的立場にあるが、構造設計はあくまで構造力学の上に成り立っているので、その基礎を軽視してはいけない。優秀な構造設計者の要件としては、創造性や美的感覚もあげられる。しかし、それらはあくまでも豊富な知識と経験の上に成り立つものである。

作業としての面だけを考えれば、構造設計とは、単に設計基準を満たすように断面を設定する行為だということもできる。しかし、最近になって、クライアント（建築主）や居住者への耐震性能などの平易な言葉での説明責任（アカウンタビリティ）の重要性が指摘されている。したがって、これまでの職人気質では不十分であり、これから構造設計者をめざす若者は、国民の安全のための責任を負うという自覚を持たなればならない。

さらに学びたい人は……
① 近くの街で、膜構造、立体トラスなどの特殊な構造の建築物を探してみよう。
② 著名な建築物の構造設計をした人を調べてみよう。
③ 技術が進歩しても、地震被害がなぜなくならないのか、考えてみよう。

参考文献

川口衞他『建築構造のしくみ』第2版、彰国社、2014。

小澤雄樹『20世紀を築いた構造家たち』オーム社、2014。

坪井義昭他『力学・素材・構造デザイン』建築技術、2012。

ピート・シルバー、ウィル・マクリーン『世界で一番美しい構造デザインの教科書』エクスナレッジ、2013。

斎藤公男『空間構造物語』彰国社、2003。

清水建設免制震研究会『耐震・免震・制震のわかる本』彰国社、1999。

日本建築構造技術者協会編『日本の構造技術を変えた建築100選』彰国社、2003。

日本建築学会編『ドーム構造の技術レビュー』丸善、2004。

三栖邦博他『新・超高層事務所ビル』建築計画・設計シリーズ、市ヶ谷出版、2000。

【column】

構造設計の醍醐味

竹内　徹

　建築学科4年生で構造分野を志した自分が一度は設計してみたかったのは、①天を衝く摩天楼、②目もくらむ内部空間を持つ空間構造、③魔法のように軽快で洗練されたストラクチャー、であった。F. L. ライトの描いたマイル・ハイ（写真1、1956）は夢物語のようでもあり、自然の前に畏れ多いようでもあり、しかし、もしかしたら、という期待を抱かせた。建築学科を卒業して実務につき、最初に構造設計した建物は3階建ての鉄骨造事務所であったが、それでも鉄骨建て方の際にはドキドキし、自分の設計が正しかったのかという不安と、計算が形となって建ち上がるさまに大変興奮したことを覚えている。それから30年、大学に戻ってからも構造設計をやり続けている自分にとって、印象深かったいくつかの出来事を書き綴りたい。

天空の風

　やってみたかった①のチャンスが巡ってきたのは34歳のときであった。香港に立つ350m（軒高300m）超高層の設計込鉄骨工事の入札の設計担当になったのである。49,000トンの鋼材重量を持つ原設計を代案設計し、構造評定を取得する条件で価格を提示するというものであった。代案設計の構造評定が取得できなかった際には提示価格で原設計を請け負うというリスキーな条件である。2人の部下と1人のドラフトレディーと4人のチームを組み、上司のガイダンス、レスリー・ロバートソン氏の指導のもとで風洞実験、CFTの導入などを行い、鋼材重量を34,000～25,000トンまで落とし込んだ。ライバルは韓国、日本、香港の鉄骨会社であったが、なんとか競り勝つことができ、現地の原設計事務所に滞在しながらの実施設計が始まった。あまり協力的でない現地設計事務所のなかで日本にいる部下と電話で打ち合わせながら（当時インターネットはまだ普及前であった）、申請図書をまとめ、真夜中に滞在事務所の電気を消し鍵を閉めて帰る日々が続いた。ようやく香港政府審査機関の許可を得、数十億円の赤字を出すことは免れたが、それからは80層にわたるフロアの鉄骨詳細を現地意匠事務所と打ち合わせながら1層ずつ設計していくという気の遠くなる作業が待っていた。この作業はおよそ1年半にわたったが、日々空に伸びていく鉄骨を眺めながらの生活は充実したものであった（写真2、3）。この間に往復した東京－香港間のフライトは100往復を超える。鉄骨が350mに達したある日、香港より飛び立つ飛行機の窓より、中国銀行、セントラル・プラザとともに自分の設計した構造体が低く垂れこめた雲を突き抜け聳えているのを見たとき、大いなる畏れを感じたことを記憶している。建築物は人間が注文し計画するものだが、構造設計は自然の神への挑戦であることを強く感じたからである。構造設計のクライアントは人間だけでなく自然でもあることを認識した瞬間であった。

デザイナーとの協働

　2003年に母校の大学に戻り、1967年竣工の建築棟がそのまま残っているのには驚いたが（写真4）、すぐにこの建物の耐震性能が大いに不足していることが明らかになった。早速大学に改修を掛け合ったが予算がないの一点張り。

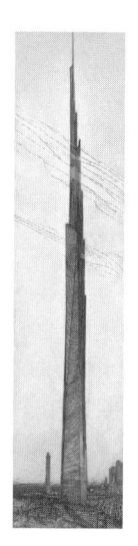

（上段左から）写真1　マイル・ハイ／写真2　香港中環中心／写真3　300mの天空で／（下段左から）写真4　東京工業大学緑が丘1号館（改修前）／写真5　東京工業大学緑が丘1号館（改修後）

そこで同じ時期に日建設計から大学に戻った安田幸一先生と耐震改修設計を自主的に（勝手に）始めた。テーマは耐震改修と意匠・環境設計を統合して行う新しいファサード・デザインである。デザイナーと協働してのファサード・デザインは30歳のころに滞在したオブ・アラップ社の上司であったピーター・ライスとイアン・リッチー、レンゾ・ピアノ氏らとのやりとり、日本長期信用銀行のサッシュレス・ガラスでの経験もあり、大好きな仕事のひとつである。補強材に孔をあけての冷媒管のルート確保など、意見が対立することも時々あったが、こういうときはたいてい建築家の意見を優先した方がよいものができることが多い。2004年10月の中越地震で驚いた施設運営部長があわてて補正予算を確保してくれ、短期間の実施設計が完了した後も超過する予算を納めるべくメーカーとの交渉が続いたが、実現したいという情熱があれば苦ではない。ようやく施工が始まり、毎日騒音と埃のなかでの滞在型監理の日々が続いた1年後に工事が完了し、ようやく足場が外れる日が来た（写真5）。いくらパースや模型で予想しても、実際の建物の印象は現実になってみないとわからない。足場の下から現れた外観は予想以上によいものであった。「結構いいじゃない」と安田先生が少し興奮した様子で話してい

写真6　東京工業大学附属図書館

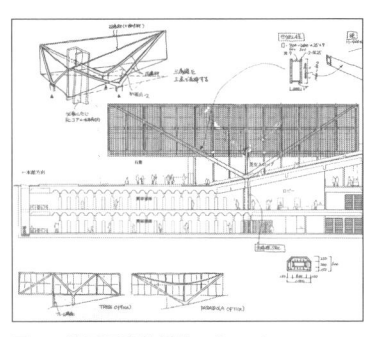

図1　附属図書館構造スケッチ

るのを聞きながら、深い満足感に包まれた瞬間であった。

華麗でタフな構造デザインを目指して

大学構内の耐震改修プロジェクトはその後十数棟に及ぶ。しかし1972年竣工の附属図書館はコンクリート強度が設計値の3分の1しかなく取り壊すこととなった。新しい図書館は正門前ののびやかな空間を確保するために大部分を地下に埋めるべきという提案が受け入れられ、総床面積の1割程度で地上にシンボリックな自習棟を建設することになった（写真6）。安田先生のスケッチは長辺40mのケーキのようなブロックが宙に浮いた計画。先端には柱を一本も建てたくないという。むらむらと闘志が湧き、帰宅して構造スケッチを描き上げた（図1）。構造理論を駆使し（一部フェイクを織り交ぜながら）、一見成り立たないような魔法のように軽快なストラクチャーを組み上げるのは、かつての上司、ピーター・ライスの愛した手法である。「どうだい、面白いだろう？」とウインクする顔が思い浮かぶ。最終的に2つのV架構でダイレクトに全体を支え上げ、背面にバランスのためのY字柱を忍ばせる架構を採用することにした。部材ディテールはレスリー・ロバートソンの得意とする納まりである。構造計算書から構造図にいたるまで学生と作り込み、3階建ての建物に時刻歴応答解析まで行って安全性を確認し、評定機関に説明に行った。入札後、施工を担当することになった錢高組では「本当に大丈夫なのか」と議論になったそうだが、丁寧に説明し前向きに困難な仕事をやり遂げていただいた。一方の地下構造はPCa、PS構造を駆使し、佐藤総合の佐藤英雄さんと構造体を露出したのびやかな架構を作り込んでいった。そして竣工間際の2011年3月11日、出張先で東北地方太平洋沖地震に遭遇した私のもとに担当学生から電話が。「先生、みな無事です。図書館もガラス一枚割れていません」。挑戦的な構造であっても安全性を犠牲にすることは許されない。どれだけ検討していても実際に災害に遭うまでは被害のレベルはわからない。本当にほっとしたことを憶えている。

「魔法のストラクチャー」は決して自己満足的であってはならない。建築デザインとして統合された高い質を確保していること、そして何より使用者に愛されることが必須である。幸いオープン後、学生は新しい図書館を「チーズケーキ」と呼び愛用してくれているようである。

大学に戻って10年余、研究にも同様の醍醐味があることが理解できるようになってきた。海外の先生方が"He did a very beautiful works"と言うとき、その論文には確かに作り込まれた珠玉の展開を見ることができる。人生は短く、世の中はエキサイティングな出来事で溢れている。チャンスを逃さないよう、日々の鍛錬に努めたい。

第6章　模型を通じて力学原理を学ぶ

やわらかい材料でつくった模型は大きく変形するので、力の流れを感じやすい。ここでは、こんにゃくやスパゲティ、竹ひごなどを使って模型をつくり、その変形などの観察から力学原理を学んでみる。

諸岡繁洋

6-1　模型をつくってみよう

　建築物はただそこに建っているだけのように思われがちだが、地震力などの大きな力を受けるとき以外でも、建物自身やそこに入っているものの重さに耐えている。物体は、建築物だろうが何だろうが、力を受けると変形する。ただ、建築物の場合は、そこで生活する人たちが不安にならない程度に硬くつくっているため、変形していないように思われているだけである。

　本章では、身近にある材料を用いて小さな模型をつくり、力を加えたときの模型の変形を観察し、その挙動を力学的なキーワードを交えながら解説する。ここで使用する材料は柔らかく、変形が大きく現れるが、実際の建物でも同じことが同じ原理で起こっていることは、いうまでもない。

　模型の種類は大きく分けて2つある。ひとつめは、柱や梁からなる骨組構造を理解するための模型であり、線材[*1]として扱われる柱や梁の力学原理の基礎を学ぶ。2つめは、ドーム建築などに使用される曲面板構造である。大きな空間を覆うためには力をスムーズに流す必要があるため、力学的に効率のよい形態を求めることが重要で

*1　本来、柱や梁は直方体であり体積を持つ三次元物体であるが、幅に比べて長さが十分に大きいと考え、一次元の線で表されると考える。

ある。その手法のいくつかを模型を通して解説する。得られた曲面板は、実際の建物では柱や梁と同じ線材で構成されることも多いが、全体的な挙動は面材としての挙動となる。

*2 線材と同様に、厚さが面の大きさに比べて十分に薄いと考えて、二次元の面で表されると考える。

6-2　線材の力学

6-2-1　割り箸とゴム管を用いた線材模型

【使用材料・工具】割り箸、竹ひご、凧糸、2.5φ程度のゴム管、セロハンテープ、カッター、ハサミ

トラス構造

20mm程度に切ったゴム管で割り箸をつなげる。割り箸のような棒を建築では部材と呼び、つながっている点を節点あるいは接合部と呼ぶ。ゴム管での接合のように部材どうしを柔らかくつなぐ接合方法をピン接合という。部材端部はつながっているが、曲げに対して抵抗できない状態である。

このようなピン接合を用いて部材をつなぐ場合、写真6-1のように四角形以上の多角形にすると、模型はグニャグニャになる。この状態を不安定と呼び、外力に対してまったく抵抗できない。一方、三角形になるようにすれば模型はグニャグニャにならない。この状態を安定と呼び、外力に対して抵抗できる形状となる。接合部がピン接合で、部材が囲む形状が三角形となっているこの構造形式をトラス構造と呼び、部材の伸び縮みで外力に抵抗する軸力抵抗型構造物（第5章の5-3節(b)）となる。

ラーメン構造

4本の竹ひごを、四角形になるように、セロハンテープでしっかりつなぐ。しっかりとつなぐことで、部材が囲む形状が四角形でも安定した形状となっていることが

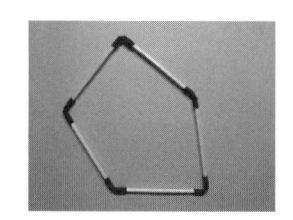

写真6-1　外力に抵抗できない模型

*3 地震や風など建築物に加わる外からの力を指す。

わかる。力を加えると、接合部の角度（接合部につながっている部材の角度）はほとんど変わらないままで、部材が曲がることで外力に抵抗していることがわかる。このような接合方法を剛接合と呼ぶ。トラス構造のように部材の伸び縮みで抵抗する以外に、部材が曲がることでも外力に抵抗するので、第5章の5-3節の(a)曲げ抵抗型と(b)軸力抵抗型の2つの性質を持つことになる。すべての節点が剛接合となっている構造形式をラーメン構造と呼ぶ。

ブレース構造

トラス構造で用いたゴム管を用いて4本の部材をつなぐ場合、部材をゴム管にきつく押し込むと、多少の曲げにも耐えられるようになる。この接合部の状態を半剛接合[*4]と呼ぶ。部材接合部を直角に保つことが難しく、全体として柔らかいので、斜めに部材を入れることが多い。この斜めにつけられる部材をブレース（斜材）と呼び、地震のように水平方向に入ってくる力に耐える役割を持つ。

ブレース構造をつくるためゴム管を多少加工する。ゴム管1つでは3本以上の部材をつなぐことができないためである。ここでは、カッターで切り込みを入れた複数のゴム管を交差させることで、3本以上の部材をつなぐことのできる接合部をつくっている。

ブレースを入れると部材に囲まれる形状が三角形となり、トラス構造のように形が安定することがわかる。ブレースの特性を理解するために、使う材料を変えてみて、どのような挙動をするか観察する。ブレース材として、柱や梁と同じ断面を持つ割り箸や、細い断面の竹ひご、もっと細い凧糸を使用する。ブレース材を写真6-2のように右斜め方向に入れた場合、模型の上を右方向に押すと、どの材料でもほぼ同じくらい固くなっていることが

*4 ピン接合と剛接合の間で、木造や鋼構造の接合部の一部に見られる。

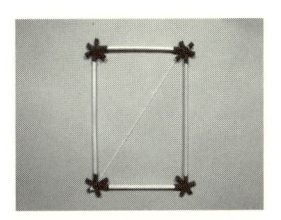

写真6-2 ブレース材として凧糸を用いた場合

第6章 模型を通じて力学原理を学ぶ

119

わかる。しかしながら、逆方向に押すと、その挙動はまったく違っていることがわかる。

割り箸では左右どちらの方向も同じくらい固いが、竹ひごの模型では左方向に押すと竹ひごが曲がってしまい、右方向に比べて柔らかくなっていることがわかる。このように押された部材が曲がってしまう現象を座屈[*5]と呼ぶ。凧糸の場合は、曲がるなどといえる状況でもなく、左方向に押すと、まったく抵抗せず倒れてしまうことがわかる。

つづいて、ブレースに生じている力を考える。柱梁は直角に接合され、部材で囲まれる形状は長方形となっている。水平方向に力がかかると、その形状は平行四辺形となり、対角線の距離が変わる。もとの距離より長くなるとブレースは長くなる必要があるので、ブレースには引張力が生じていることになる。逆に距離が短くなると、ブレースには圧縮力が生じていることになる。先に示した左方向はブレースを圧縮する方向であり、少しの圧縮力によって細長い部材には座屈が生じてしまうことがわかる。このように引張力か圧縮力を受ける軸力抵抗型の部材は、圧縮力による座屈が問題となることが多い。

竹ひごや凧糸のような細長い部材を用いて、水平方向に固い構造をつくるには、座屈を起こさないようにブレースを入れる必要がある。左右いずれの方向にも引っ張られるように、つまり圧縮される細長い部材には期待しないで、左右方向の引張力に耐えられるように、ブレースを×形になるよう入れればよい。

不安定・安定（静定・不静定）[*6]

先述したとおり、ピン接合でつくられた四角形は形が安定せずグニャグニャであり、このような状態を建築では不安定と呼び、三角形になるように斜めに部材を1本入れて硬くなった状態を安定と呼ぶ。ここで写真6-3のように、斜めの部材をもう1本（つまり全部で2本）

[*5] 6-2-4項の「スパゲッティを用いた模型」でくわしく説明する。

[*6] 第5章の*10でも述べられているように、厳密な意味での安定・不安定の定義は難解である。

入れた状態を考える。この状態も硬いので安定であるが、1本だけ入れた状態とは異なる。

1本目を加えたときには、適当な長さに切った部材で難なくつくることができたと思うが、2本目を加えるときには、正確に節点間の距離を測る必要がある。写真6-3のように長い部材を無理に押し込むとその部材には圧縮力が発生し、他の部材もその力に釣り合うような部材力[*7]が生じることになる。このような状態を自己釣合応力状態と呼び、そのときの部材力を自己釣合応力と呼ぶ。自己釣合応力状態にならずかつ安定な形状を（内的）静定と呼び、そこに1本以上の部材を加えた状態を不静定と呼ぶ。静定構造は部材の長さが多少変化しても部材内部に応力は発生しないが、不静定構造では発生する。どのような応力が発生するかは部材の断面や材質に関係するので、不静定構造では、どのような部材でできているかを考慮しなければその応力状態を知ることができない。[*8]

地震動などにより建物が倒壊する過程は、これら不静定・静定・不安定により記述できる。通常、建築物は不静定構造となっている。外力により部材が損傷した状態を、その部材がなくなったことと同等と考えると、地震動による被害は上記の模型から部材を1本ずつ抜いていくことと同じことになり、不静定から静定、そして、不安定になった結果、建物は倒壊することになる。

6-2-2 割り箸とゴムを用いた模型──圧縮材と引張材

【使用材料】割り箸（お正月用）、圧着端子、ゴム

テンセグリティ構造

不静定構造の部材に生じさせる自己釣合応力状態を積極的に活用した構造を、一般にテンション構造[*9]と呼ぶ。第5章の5-3節(e)張力・軸力抵抗型構造と同じ意味で

写真6-3 長すぎる2本目のブレースを入れた状態

*7 部材に発生している力。引張力、圧縮力、曲げモーメント、せん断力の総称。

*8 というわけで、構造力学では静定構造と不静定構造を明確に区別し、はじめに簡単な静定構造を学ぶことになる。

*9 tension structure：引っ張った構造という意味。

ある。ここでは、テンション構造のひとつであるテンセグリティ構造をつくる。第5章の写真5-5のようにワイヤーとパイプを用いてつくることも可能であるが、ここでは、圧縮材として割り箸、引張材としてゴムを用いている。また、割り箸とゴムの接合を容易にするため、電気配線で用いられる圧着端子をここでは用いている。

テンセグリティ構造の代表的な形状である写真6-4の模型を組み立てる。3本の圧縮材（割り箸）と12本の引張材（ゴム）からできている。割り箸が24cm程度の長さなので、ゴムの両端に圧着端子をつけ、圧着端子の穴の間の間隔を16cm程度と12cm程度の2種類を用意している。はじめに、3本の割り箸の両先端に3本の短いゴムをつけ、両端ともにゴムで三角形を描くようにつくる。できあがった三角形を少しねじって反対側の割り箸の先端との間にゴムをつなぐようにして作成する。写真に示すとおりに組み立てると、ゴムがたるんでいないことから、ゴムには引張力が生じていることがわかる。[*10]

ところで、割り箸を、断面の小さい竹ひごに換えると、竹ひごは座屈する。これは圧縮力が生じているためであり、圧縮力が生じる部材は、座屈を起こさないように、十分な断面積と曲げ剛性を持つ必要がある。

6-2-3　こんにゃくを用いた模型――断面内の力

【使用材料・工具等】こんにゃく、爪楊枝、糸、ボタン、針、包丁、ハサミ

実際に建築構造に用いられている材料（鋼、コンクリート、木材など）に比べれば、上記の割り箸は柔らかくて変形状態を確認しやすいが、内部に発生している力を観察するにはまだ硬い。ここからはこんにゃくを使って、部材内部に発生している力を想像する。

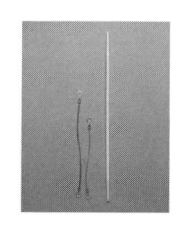

写真6-4　圧着端子と割り箸によるテンセグリティ構造

*10　わざわざゴムを使用しているのは、少しの力で引っ張ることができる（伸ばすことができる）ため。凧糸を使うことも不可能ではないが、その場合、かなり精度よく模型のサイズを考えなければならない。

圧縮時の変形

こんにゃくを断面 20 × 20mm 程度、長さ 50mm 程度に切り、上下で支えて押す。部材の中心を通る線を材軸と呼ぶが、その材軸に直交する断面も観察するため、あらかじめ図 6-1 にあるように等間隔に線を引いておく。

圧縮した写真 6-5 の状態を観察すると、押した方向に縮み、それに直交する方向には伸びている（ふくらんでいる）ことがわかる。力を入れた方向と直交する方向に変形する現象をポアソン効果と呼び、力を入れた方向の変形とは逆の変形が生じる（この実験では、力を入れた写真の上下方向には縮み、その直交方向（横方向）には伸びが生じている）。また、断面線[*11]はほぼ直線のままであるが、これは、こんにゃくの断面内すべてが均等に縮んだ結果である。伸び・縮みに比例して力が発生しているとすると、それぞれの断面では同じ圧縮力が均等に発生していることになる。こんにゃくは比強度（重さに対する硬さの比）が小さく、自重[*12]のみで大きく変形するが、建築で使用されている構造材（鋼、コンクリート、木材など）も同様に変形していることはいうまでもない。

曲げ変形

つづいて、断面 10 × 10mm 程度、長さ 50mm 程度に切り、今度は、こんにゃくの両端部中心に爪楊枝を刺して、どのくらい中央がたわむか（鉛直方向に変形するか）[*13]、観察する[*14]。

写真 6-6 のようにこんにゃくの中央が下にたわんだ形状となっている。圧縮時を観察したときと同様に断面線を観察すると、断面線は変形後もほぼ直線であるが、断面線の間隔が上下で異なっていることがわかる。これは断面線間の間にあるこんにゃくが、もとの状態より下面は伸びて、上面は縮んだ結果である。伸び・縮みに比例して、引張・圧縮力が生じていると考えると、下面は引

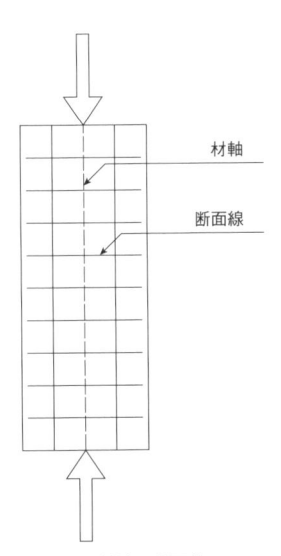

図 6-1　材軸と断面線

写真 6-5　軸方向変形

*11　材軸に直交する断面。

*12　自身の重さ。ここでは、こんにゃくの重さのこと。

*13　材軸方向の変形は伸び・縮み、材軸に直交する方向の変形はたわみ、と呼ばれる。

*14　爪楊枝でこんにゃくを引っ張らないように支える。引っ張ると曲げだけでなく引張力がこんにゃくに入ってしまうため。

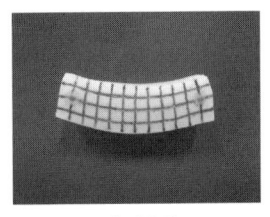

写真 6-6　曲げ変形

*15 爪楊枝を引っ張れば話は別だが。

張力、上面は圧縮力がかかっていることになる。また、材軸では、長さの変化はなく引張も圧縮も生じていないことがわかる。[*15]

断面に生じている応力と断面力

上記の引張と曲げ変形の内容をまとめると以下のようになる。押された部材は、断面内すべてが同じだけ縮み、同じだけ圧縮力を受けている。曲げられた部材は、断面内で伸びたところと縮んだところがあり、引っ張られているところと圧縮されているところがある。また、材軸近辺では伸びも縮みもしていないので力が生じていない。単位面積あたりに発生している力を応力あるいは応力度[*16]と呼ぶが、引張材では応力は面内で一定であり、曲げ材では応力が直線的に変化し、外側ほど大きくなっていることになる。応力の断面内の分布を図示すると図6-2(a)および図6-3(a)のようになる。建築の構造設計をする場合、この応力が重要である。材料が耐えられる最大の力は、単位面積あたりの力である応力によって表すことが

*16 建築業界では応力は断面力（モーメントや軸力など）の意味で使われることが多く、単位面積あたりの力である応力は応力度と呼ばれる。

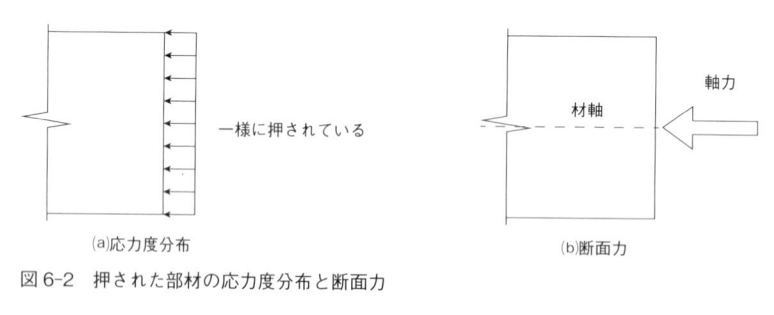

(a)応力度分布　　　　　　　　(b)断面力

図6-2　押された部材の応力度分布と断面力

(a)応力度分布　　　　　　　　(b)断面力

図6-3　曲げられた部材の応力度分布と断面力

124

でき、許容応力度設計法と呼ばれる設計方法ではこの限界の値を超えないように設計する。

断面内に実際に生じている力は各図の(a)に示すような応力であるが、この応力という指標で構造物全体の力の流れを把握するのはいささか困難である。一般に、梁や柱に生じている力は、応力を重ね合わせた（積分した）断面力である軸力やモーメント[*17]などにより表される。外力によって構造物全体に発生しているこれら(b)の力が釣り合うように求めてから、部材内部に生じている(a)の応力を計算するのが一般的な計算方法となる。

ところで、曲げを受けるこんにゃくの、材軸近辺の部分は曲げに対して役に立たないばかりか、自重を増やすことで曲げ変形を助長していることになる。曲げ変形に対して効率よく抵抗できる断面として、鋼構造ではH形鋼を梁に用いることが多い。自重を減らすため材軸近辺の断面を少なくし、引張と圧縮を受ける上下端部に断面を集中させている。

曲げ補強

こんにゃくだけでは柔らかいので、こんにゃくに糸を通した構造を考える。鉄筋コンクリートがコンクリートと鉄筋からできているのと同様な考え方である。

糸は引張には強いが圧縮には弱い。写真6-6のこんにゃくの曲げ変形を見ると、引っ張られているのは下面であり、下面に糸を入れる方が効果があると思われる。写真6-7のように糸を固定するためにボタンをこんにゃくの両端につけて、その間を針と糸でつなぐ。

こんにゃくの表面から1mm程度中に入ったところに糸を通している。糸を通さないときと同じように、こんにゃくの左右端に爪楊枝を刺して変形を見ると、糸を通さないときより中央のたわみが小さくなっていることがわかる。

同じ模型を使って、こんにゃくの上下を反対にした場

*17 ある断面に生じている力という意味。応力を重ね合わせたという意味で、合応力と呼ぶこともある。

*18 厳密には、モーメントという力はない。力は、高校の物理で習うように、作用点から伸びる（直線の）ベクトルで表すことができるものである。図6-3のように曲がったベクトルというものは存在しない。大学で構造力学を学ぶと誤解しがちだが、本文中で述べているように、モーメントは引張力と圧縮力の合力を簡単に表現するためのひとつの方法であると捉えるべきである。

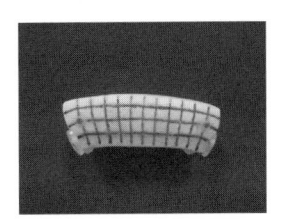

写真6-7　プレストレスト・コンニャク

合の変形を観察する。この場合、糸が入っていない状態とほとんど変形が変わっていないことがわかる。これは、先に述べたように糸は圧縮に弱いので、圧縮側である上面に糸を入れてもその効果がないためである。

つづいて、糸をきつく引っ張った状態でボタンに固定する。あまりきつく引っ張るとこんにゃくが切れてしまうので、先ほどよりも糸が2〜3mm程度短くなるようにしている。写真6-7は写真6-6と同じこんにゃくに、短い糸を入れた場合の変形を示している。たわみがほとんど生じていないことがわかる。このような構造をプレストレス構造と呼び、鉄筋コンクリートのなかに引張に強いプレストレス鋼材を入れて、それをあらかじめ引っ張っておくことにより変形を小さくするプレストレスコンクリート構造というものがある。

フレームの変形

柱や梁からなる構造物に水平方向の力がかかったときの変形を観察するため、写真6-8に示すようなラーメン模型をこんにゃくでつくる。ただし、先に述べたとおり、こんにゃくは比強度が小さすぎるので、あまり大きな模型では自重による変形が大きすぎ、水平方向の力による影響が観察できない。ここでは、模型を立てるのではなく紙の上に横に置いて観察している。

接合部では、部材はほぼ直角を保っていることがわかる。各部材の曲がり方を観察すると、柱・梁それぞれの両端での曲がり方が反対になっていることがわかる。伸びている箇所に糸を入れて曲げ補強すれば硬くなるが、水平方向の力は左右どちらからもかかるので、縮んでいる箇所にも入れないといけない。つまり、よく曲がっている部分について引張・圧縮にかかわらず補強すると効果がある。柱の上下端部や、梁の左右端部は、それぞれの中央部に比べて曲がり方が大きいので、ここを補強す

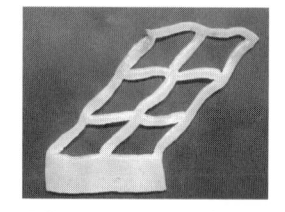

写真6-8　フレームの変形

ればよいことになる。ただし、これは水平方向の力が作用した場合の話であり、1本の梁で考えた場合には、梁中央の下面が引っ張られるので、梁中央部下面も補強しなければならない。

6-2-4　スパゲッティを用いた模型

【使用材料】スパゲッティ

　細長い部材が破壊する例を観察するためにスパゲッティを用いる。トラス構造の模型をスパゲッティと接着剤で組み上げ、構造物としての挙動を観察することもできるが、ここでは、1本の棒材の挙動をくわしく観察することを目的とする。こんにゃくの模型で示したように、曲がった部材断面中には引張応力と圧縮応力が生じており、断面力としての曲げモーメントでその力を表現できる。

　試しに、10cm程度に折ったスパゲッティの両端を支え、スパゲッティの中心に横から力 P を加えてみる。この場合のモーメント図は、スパゲッティの自重を無視する[*19]（自重に比べて外力が大きいため、ほとんど無視できる）と、図6-4 (b)のようになる。両端のモーメントは0であるが、押している点で最も大きなモーメント M_{max} が生じる[*20]。ここで、押す力 P を大きくしていくと、モーメントが最大である（厳密には、応力が最大となっている）点で部材が破壊される。

　つづいて、スパゲッティの両端を両手でつかんで、曲げる場合を考える（写真6-9）。このときの曲げモーメン

[*19] どのようなモーメントが材軸に発生しているかを、材軸に沿って表した図。材軸の直交方向にモーメントの大きさを表す。図6-4において、モーメントの図が材軸より下に描かれているのは、発生しているモーメント（厳密には発生しているのは軸方向の引張力と圧縮力であるが）の向きが図6-3右図の向きと同じであることを示している。図6-3の矢印の向きに部材を曲げると、部材の下面が伸び、上面は縮む。伸びる側に描くことがモーメント図の書き方のルールである。

[*20] ここで、δ は中央点のたわみ量であり、E はヤング係数、I は断面2次モーメントと呼ばれる値である。EI をまとめて曲げ剛性と呼ぶこともある。ヤング係数とは材料の硬さを表す指標である。また、断面2次モーメント I は断面形状より得られ、たとえば幅が b で、せい（梁の高さ方向の長さ）が h の梁の場合、$I = bh^3/12$ で得られる。

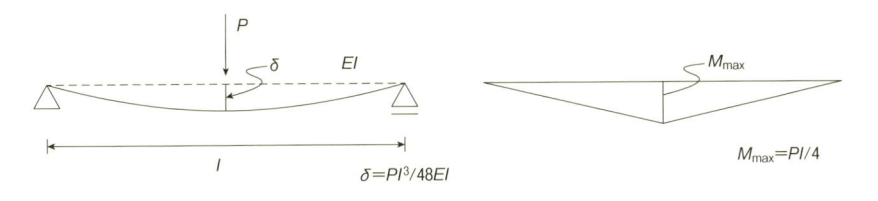

(a) 力の加え方　　$\delta = Pl^3/48EI$

(b) モーメント図　　$M_{max} = Pl/4$

図6-4　中心に横から力を加えた場合の変形と曲げモーメント

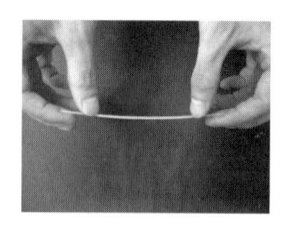

写真6-9　両端曲げを受ける
スパゲッティ

トの分布は図6-5のようになる。曲げるという行為は、少し離れた2点に同じ大きさの逆方向の力をかけているのと同等の行為である。そのため、曲げモーメントの最大値はスパゲッティの少し内側を押している点（写真6-9の親指に当たるところ）で生じるため、力を加えていくと、この点でスパゲッティは折れる。曲げようとする力の大きい方が曲げモーメントが大きくなるため、力を入れた方が小さく割れる（クッキーなどのお菓子を2人で分けようとして、お菓子の両端を互いにつかんで割るとき、力を入れた方が小さく割れたという経験があると思うが、このためである）。

今度は、スパゲッティの軸方向に力を加えた場合を考える。細長い部材に圧縮力をかけると座屈すると先に述べたが、このときの力の状態を調べる。短いあるいは太いスパゲッティに圧縮力を少し加えると、横にたわむことはない。たわまない（曲がらない）ということは、断面内には同じ大きさの圧縮力のみが生じていることになる。つづいて、少し大きな圧縮力を加えると、横にたわんでしまう。これが座屈と呼ばれる現象である。力を入れた方向ではなく別の方向に曲げ変形が生じており、曲

(a)力の加え方　　　　　(b)モーメント図

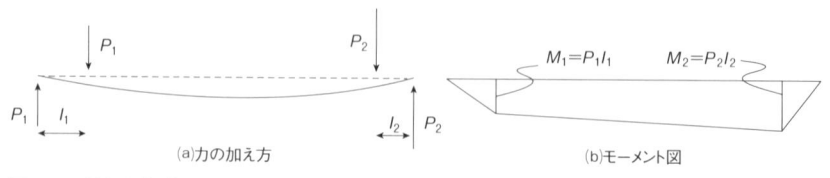

図6-5　端部を曲げたときの変形と曲げモーメント
大きな M_2 で折れる。

(a)力の加え方　　　　　(b)モーメント図

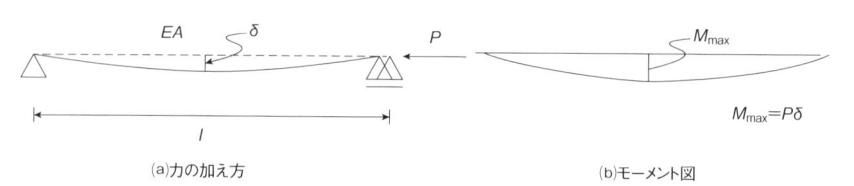

$M_{max} = P\delta$

図6-6　圧縮により生じる座屈現象と曲げモーメント
たわみδが生じたためモーメントが発生した。

がる前に比べて曲がった後は小さな力で支えることができてしまう。逆にいうと、曲がってしまうと大きな力を支えられなくなるということであり、圧縮力を受ける細長い部材の設計（とくに鋼構造の柱）では、この座屈を必ず考慮しなければならない。ところで、横にたわむ（曲がる）ということは、曲げモーメントが発生していることになる。スパゲッティの両端を単純に押している場合には、モーメントの最大値は部材の真ん中になる。これは、スパゲッティが折れるまで押してみると、ちょうど真ん中で折れることからもわかる。

6-3　面材の力学

　大きな空間を屋根で覆う場合、屋根を支える柱と柱の間隔（支点間の距離、スパンと呼ぶ）をなるべく広くしたい。しかしながら、棒材の曲げ変形で見たように、スパンが大きいほどたわみが大きく[*21]なり、部材中に生じる応力も大きくなってしまう。大きなスパンに対抗するには2つの方法がある。ひとつは、大きなスパンにも対抗できるほど曲げ剛性が高くなるように処理する方法であり、下記に示す折板構造がそのひとつの例である。もうひとつは、曲げで抵抗するのではなく引張あるいは圧縮のみで抵抗する方法である。棒材の曲げ変形で見たように、曲げが生じている面内には、引っ張られているところと圧縮されているところがあり、まったく力が生じていない無駄なところがある。効率よく力を伝えるには、断面全体で抵抗する方がよく、断面全体に圧縮あるいは引張を生じるよう形態を考える必要がある。そのような形態を求める方法として、等張力曲面や懸垂曲面のつくり方を示す。

*21　図6-4中の式で、中央点のたわみは $\delta = Pl^3/48EI$ で得られ、スパン l の3乗に比例してたわみが大きくなることがわかる。

写真 6-10　折板構造

*22　厚紙を厚くするわけではないが、曲げに抵抗する断面としての「厚さ」が大きくなるため、曲げ剛性が上がる。

6-3-1　厚紙を用いた模型

【使用材料】厚紙

　厚紙の端部を支えると中央部がたわむが、この場合の曲げ剛性は棒材と同様に厚紙の厚さの 3 乗に比例するだけである。曲げ剛性を上げるには、厚さ方向を厚くすればよく、写真 6-10 のように山・谷交互になるように紙を折ればよい[*22]。このように折った板で構成される面を折板と呼ぶ。体育館の屋根に載せたプレキャストの折板や、鋼構造の床に用いられるデッキプレートがよくある例である。

6-3-2　シャボン玉を用いた曲面模型

【使用材料・工具等】台所用洗剤、砂糖、針金、セロハンテープ、ペンチ

　面内のあらゆる点が同じ力で引っ張られている曲面を等張力曲面と呼ぶ。等張力曲面は与えられた境界に対して面積を極小にする面（極小曲面）として得られる。境界要素として針金を用い、シャボン玉をつくる要領で作成すればよい。石けん膜の表面張力により等張力曲面かつ表面積が最も小さい曲面が得られる。すべての点が同じ力で引っ張られているので、この形状で屋根面を作成すれば、むだなく大きな空間を覆うことが可能となる。

　ただし、石けんと水を使用しただけでは、水分がどんどん膜面の下の方に流れてしまい、薄くなった点から割れてしまう。100g の水に対して 50g 程度の砂糖を加えておくと、砂糖の分子が結合してその形状をある程度保ってくれるので、ここでは、この方法によって模型を製作している。

　等張力曲面の代表的なものとしては HP 曲面や鞍型曲面がある。写真 6-11 上が HP 曲面であり、境界部は直線からなっている。写真 6-11 下が鞍型曲面である。針

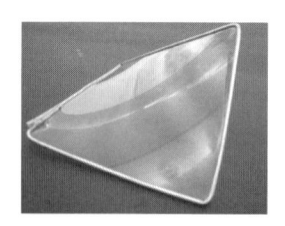

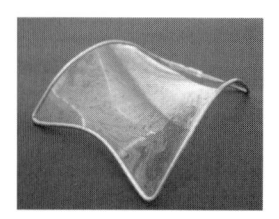

写真 6-11　シャボン玉でつくった HP 曲面（上）と鞍型曲面（下）

金をペンチなどで折り曲げ、目的の境界をつくり、針金端部はセロハンテープや瞬間接着剤でつなげておく。つくった境界要素を液体につけて引き上げれば完成である。

6-3-3 風船を用いた曲面模型

【使用材料・工具等】風船、厚紙、カッターなど

等張力曲面には東京ドームに見られるような空気膜構造もある。このような形状は境界要素をつくってシャボン玉の液体につけるだけではつくれない。シャボン玉のように曲面内の張力と空気による内圧が釣り合った形状となっているためであり、上記の極小曲面とは多少異なる。写真 6-12 のように、膨らませた風船を、穴の開いた板に押しつけると、穴から飛び出した部分は等張力曲面となる。穴の形状を変えることで、さまざまな形態のドームをつくることができる。その形状を固定するには、水糊をしみこませたティッシュペーパーを少しずつ貼り付けて、形状が固まるのを待てばよい。なお、トイレットペーパーは、繊維が完全に水に溶け出してしまうため、模型には不向きである。

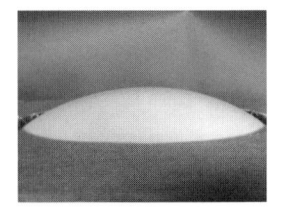

写真 6-12 空気膜構造

6-3-4 懸垂曲面

【使用材料】ガーゼ、石膏、刷毛

第 5 章の 5-3 節(c)ではケーブルによる形態抵抗型構造物の例が示されたが、ここではケーブルを膜材におきかえた模型をつくる。ガーゼなどの薄い布に石膏をしみこませて、いくつかの点を画鋲などで板に留めた後、逆さに吊すと、写真 6-13 のようになる。ケーブルのときと同様に、面内のすべての点では引張力のみが作用していることになる。このような形状を懸垂曲面と呼ぶ。この形状の上下を反転させると、面内すべての点では圧縮力のみが作用することになる。圧縮に強いコンクリートを材料として用いた数多くの実作がスイスの建築構造家

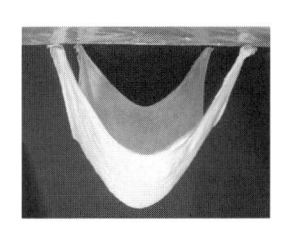

写真 6-13 懸垂曲面

*23 ケーブルを吊して反転させた実作としてはアントニ・ガウディのサグラダファミリアが有名である。

ハインツ・イスラーにより制作されている。[*23]

　模型を製作する際には、石膏をしみこませたガーゼの取り扱いが難しいので、はじめに、ガーゼを水で濡らして必要な点を画鋲で留めておき、その後、求めたい形にガーゼを切断し、薄く溶いた石膏を刷毛で塗りつける手順をとるとよい。

6-4　いろいろな材料でつくってみよう

　本章では、ふだん触ったり食べたりしたことのある身近な材料で模型をつくったので、実際につくらなくても何となく変形をイメージできたと思う。ここに書いたような材料に触れる機会があったら、かかっている力とそれによる変形を意識してほしい。

　また、ここに書いた材料や方法でなくても、模型をつくり、力を感じることはできる。いろいろな材料で模型をつくり、その模型の変形を力学的な単語で説明してみよう。

さらに学びたい人は……
① ラーメン構造とトラス構造の違いを模型で示そう。
② 免震構造、耐震構造、制震構造の意味を調べて、これらの違いを模型で表してみよう。

【column】

素材とかたち＝構造

今川憲英

　建築することにおける構造と構造デザインの役割は、建築空間を可能なかぎり長寿命にすることである。建築の寿命は、建築が位置する場所と環境によってさまざまである。私は国内47都道府県、海外22ヶ国で約2500の建築を実現した。それらの国と地域における建築と構造を通じて建築の素材とかたちに関して寿命を再認識することができた。歴史的に振り返ると4000年を超えてなお圧倒的な生命力を誇る巨石の石造建築、エジプトのピラミッドに代表される。

　我が国の法隆寺は1400年の道のりを経て斑鳩の里に位置し、薬師寺は1300年の時を経て煌々と輝く巨木の建築群である。そして世界最古（1779年）の鋳鉄橋アイアンブリッジは235歳（2014年現在）、いまなお現役である。また、鉄筋コンクリートは1867年フランス人（モニエ）によって開発され、現在世界の国々

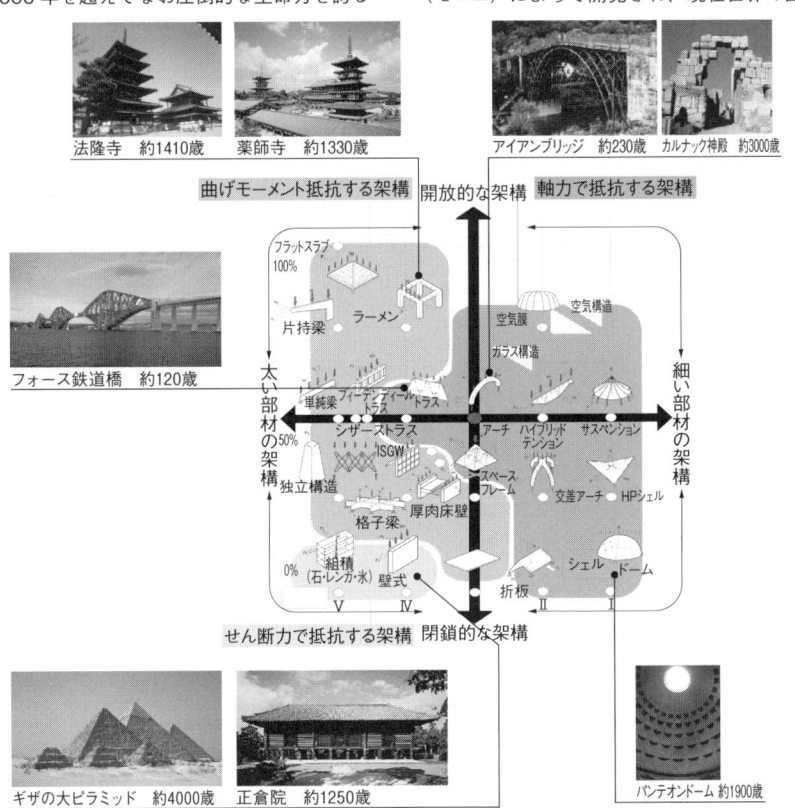

図1　空間認識図

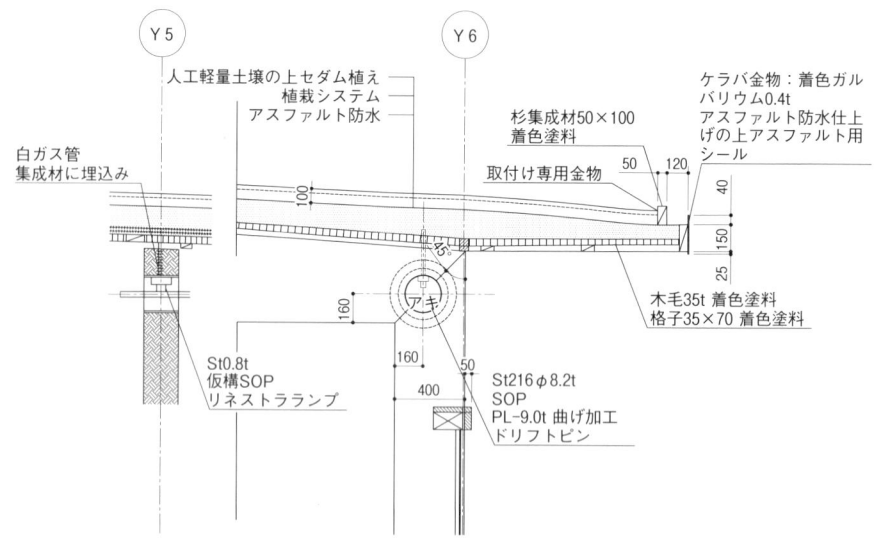

図2　ジョイント図面

　で最も多用される構造および構造材料であるが、特殊な橋などの構造物を除き建築の寿命は数十年と認識されている。

　近代において、日本の建築寿命の認識は、東京をはじめとする都市部における物質的寿命がもととなっている。

　近代の初期において東京や大阪をはじめとする大都市の住宅建築の多くは木造で設計されてきた。その結果、関東大震災や阪神大震災、第二次世界大戦において、建築のほとんどが倒壊や焼失をしたため、建築寿命は物質的に40～50年として定着していった。また、鉄筋コンクリート造の建築も、火災被害を受けると木造同様に建築的寿命を50年前後とすることが一般認識として定着してきた。

　このような結果現在建設されている鉄筋コンクリート構造の社会的寿命は50歳前後となり、100歳という物質的寿命の建築はほとんどない。一方、建築と構造の耐久・耐震・耐風・耐雪・耐水などの性能と建築寿命に関してレビューを行うと、建築のこれらの性能に最も関係が深いのが素材とかたちの相関関係である。先に述べた歴史的な建築物が長寿命であるのは、重力や地震などの荷重や外力に対して素材の抵抗キャラクターが生きるように骨格が完成している点である。ここでいう素材の抵抗キャラクターとは、素材の圧縮・引張抵抗、せん断抵抗、曲げ抵抗そして捩り抵抗の5種類である。

　この5種類の素材抵抗キャラクターを生かして建築の骨格となった基本的骨格は約20種類ある。

　この20種類の基本的骨格と素材の抵抗キャラクターを関係づけたのが図1の素材と空間の骨格図である。空間の骨格図の特徴は縦軸に空間の開放率を位置づけ、横軸に空間の骨格部材の量塊感を位置づけている。この空間の骨格図は、空間の基本的骨格約20種類と素材と骨格の抵抗キャラクターエリアを定義づけることで、素材とかたちの相関性と建築空間の量感を、さらにはその空間の寿命との関係を同時に認識で

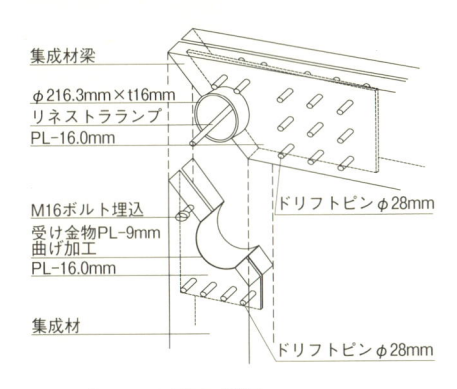

図3 ジョイント図面の詳細

集成材梁
φ216.3mm×t16mm
リネストラランプ
PL-16.0mm

M16ボルト埋込
受け金物PL-9mm
曲げ加工
PL-16.0mm

集成材

ドリフトピンφ28mm
ドリフトピンφ28mm

写真1 水前寺江津湖公園管理棟のジョイント

きる図である。
　素材とかたちがいかに建築の寿命と関係があるかを上記で述べた。しかしながら、建築の寿命に最も関わりが深いもの、すなわち「素材とかたち＝構造」となるためのアキレス腱は素材と素材のジョイントである。ジョイント・ディテールの良否が建築寿命を左右する。そしてジョイントには理想的なジョイントと究極のジョイントがある。
　理想的なジョイントとは、素材の性能を100％次の素材に伝えることができるジョイン

トであり、21世紀の現在では未完である。
　もう一方の究極のジョイントとは、伝えたい力を簡明に分類し、その分類した力のみを明解に伝えることができるジョイントのことである。
　筆者が構造デザインに携わった「水前寺江津湖公園管理棟」を例にとり写真1と図2に示す。このジョイントは、木造の梁と柱のジョイントであり、この究極のジョイントは接触状態で梁が柱に載っているのみである。この結果、重量感ある梁柱のジョイントが非常に開放感がある空間としてデザインされることになる。

【コラム】素材とかたち＝構造

第7章　建築と環境——環境制御装置としての建築

音、熱、光、空気、……環境をわれわれがどう制御するかが建築の原点である。その原点を確認したい。人類は、空気調和技術（エアコン）など環境制御技術の発達によって、酷暑や極寒の地にも、さらに宇宙にも住める時代をつくりあげてきた。けれど、地球温暖化の問題が示すように、その限界も明らかになりつつある。ヴァナキュラー建築に学ぶパッシブデザインの手法について考えたい。

小玉祐一郎

7-1　気候風土と建築の地域性

　東京の緯度は北緯35.4度で、北アフリカのアルジェやチュニスとほぼ同じだ。日本列島は、北緯26度から45度にかけて南北に長く連なり、ヨーロッパでいえばサハラ砂漠の北端からミラノあたりまでに相当する。日本がかなり南に位置すること、また、南北の広がりの大きさに納得するが、日本各地の気候が、亜熱帯気候から寒帯気候まで変化に富むことにも納得がいく。南端の沖縄諸島はほとんど暖房が不要であるが、冬期の北海道では、モスクワに匹敵する寒さに見舞われる地域もある。大半の地域で暖房と冷房の双方が要るという厄介な地域ということもできる。

　寒さの程度を示すのに、暖房度日という指標がある（図7-1）。これで見ると、本州から北海道にかけては、およそ1400から5000近くまでの大きな差があることがわかる。海外の都市でいえば、この差はローマとモスクワの差に匹敵する大きさである。国内での寒さの地域差はこれほど大きいのだ。図7-1にはそれぞれの都市の緯度も示されている。これを見ると、概して海外の都市に比べて日本の都市の緯度は低い。

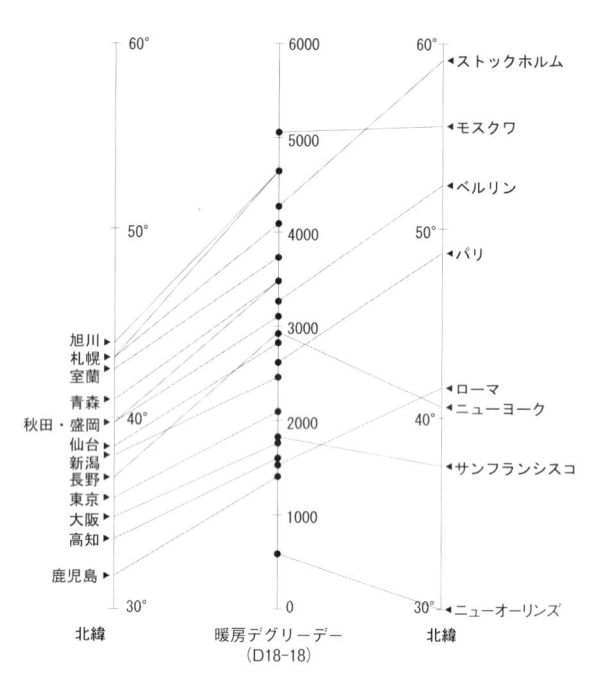

図 7-1 世界の主要な都市の緯度と暖房度日
暖房度日とは日平均外気温が18℃を下回る日について、室温18℃と当該日平均外気温との差を、暖房期間にわたって合計した値をいう。地球と太陽の位置関係から、緯度が高くなるほど、日射量が減少する原理だが、実際には多くの要因が関与する。日本では、低緯度にあるにもかかわらず寒いが、日射のポテンシャルが高い。

　一般に、低緯度地域ほど日射のポテンシャルが高いといえるが、そのせいもあって、気象データは日本の多くの地域が世界でも有数の冬の太陽に恵まれた国であることを示している。東京とロンドンの1月の気温はあまり違わないのに、ロンドンの日射量は東京の4分の1しかない。陰鬱で寒いロンドンと明るく暖かい東京のイメージは日射量の違いによるところが大きい。

　もちろん地上の日射量の多寡は緯度だけではなく天候にも左右される。冬の日本海側と太平洋側の日射量の違いはその典型的な例だ。

　他方、低緯度であることは夏もまた日射が強くその影響が大きいことを意味する。日本の夏は北海道を除いて高温多湿が特徴であり、真夏には多くの地域で摂氏30度を超える蒸し暑い日が続く。日本は寒く、また暑い国

なのである。

　日本の伝統的な住宅は、その構法原理を「夏を旨とすべし」として、高温多湿の気候に対する周到な配慮がなされてきた。日射を遮蔽する大きな屋根や庇、通風や排熱のための開放的な室内の空間構成、庭園など周囲のランドスケープとの一体化などは、日本の伝統的な建築様式を特徴づける大きな要因でもあった。湿気に対する配慮は快適さのためだけでなく、建物に耐久性を与え、寿命を伸ばすためにも不可欠であった。

　しかしながら、このような「夏を旨」とした構法は、北の地域ではしばしば耐えられないような冬の寒さを人々に強いた。多くの日本人は伝統的な住宅を見て、日本の気候風土によく適応していると信じているが、日本の住宅の冬の寒さを体験した海外からの訪問者のなかには、気候風土にまったく適応していない例のひとつとして指摘する文化人類学者もいるほどである。

　日本の伝統的な住宅構法は次第に洗練され、文化の香りを伝える建築様式として寒冷な地方にも伝播していった。しかし、年間暖房度日が4000を超える厳しい寒さの北海道には定着できなかった。北海道の開発当初は開拓者が「夏を旨」とした住宅を持ち込み、改善しようと試みたが、多くは失敗に終わった。それゆえ、北海道は比較的早い時期から北欧やカナダなど寒冷地の先進的住宅に学び、交流を深め、独自の住宅政策をとってきた。すぐれた断熱工法や気密工法、換気システムの導入はすべて北海道から始まっている。そしてそれらの技術は次第に南下を始め、近年にいたって時には伝統的な住宅構法とのあつれきも生じている。

　1960年代に始まるエネルギーの大量供給は、建築の環境計画のありかたにも大きな影響を及ぼした。エネルギーを糧として問題を解決しようとする産業革命以後の近代文明は、この機に急激に進歩した。エネルギーの消

費も急増した。20世紀は「エネルギーの世紀」と呼ばれることもある。建築も例外でなく、暖冷房、空調、人工照明などの設備は急速に普及した。しかし、エネルギーと資源の大量消費に依存するこの文明は、一方で、地球規模の環境の病をもたらした。地球温暖化、物質循環の不調はいまや、人類社会の持続可能性を危うくする最大の課題とまで認識されるようになった。「持続可能性」は21世紀のキーワードとなった。地球温暖化ガスのおよそ3割は、建築関連分野で排出されているといわれる。熱・空気・光を制御し、快適で健康な室内気候の形成を目的とする環境計画においても、省エネルギーは大きな課題とされるようになった。

7-2　ヴァナキュラー建築と環境制御

　民家のようなヴァナキュラーな建築は、長い時間が育てた知恵と経験の蓄積である。エネルギーが潤沢でなかった時代には、気候風土に適応した建築的工夫が快適さを得るもっぱらの技術であった。1970年代のエネルギー危機の後には、このような建築自体の持つ環境調整機能が再評価され、自然のポテンシャルを生かすパッシブデザインとして新たな展開をする。「パッシブ」という言葉は、「パッシブソーラー」という造語に由来する。太陽を暖房設備の代替エネルギー源と考える方法を「アクティブソーラー」と呼び、その対語として1976年ごろからよく用いられるようになった。その背景には熱の解析技術の進歩がある。コンピュータを用いた非定常解析の普及がパッシブソーラーの実用化を促進したともいえる。

　ヴァナキュラー建築のような経験と勘に頼る秘術ではなく、科学的な設計の体系化をめざしたV. オルゲーは、著書 *Design with Climate*（1963）で、室内気候調整の3

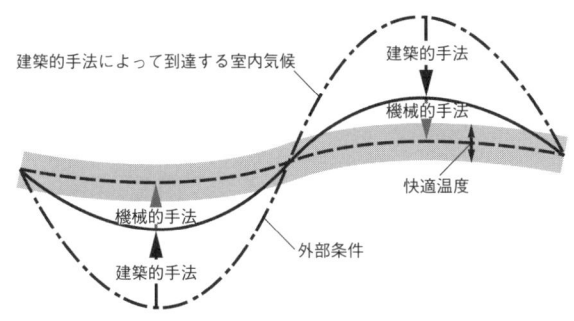

図7-2 建築環境計画の3つの段階
外界の気候の大きな変動を緩和し快適な室内気候を形成するためには、第一に建物周辺の環境を整え、第二は建物自体のデザインを考え、第三に機械設備に依存する（V.Olgyayによる）。

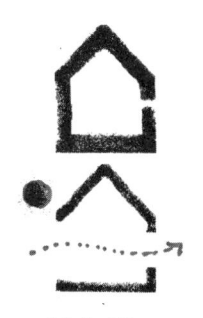

図7-3 建築的手法の2つのパターン
J.フイッチによる。
防御・遮断型は寒冷地や砂漠のような気候下で発達。苛酷な外界条件から内部を防護する発想に基づく。選択的制御型は比較的温暖な気候下で発達。日射や風など変動する気候要素を利用する発想に基づく。

つの段階を示している（図7-2）。第一は建物周辺の環境を整えること、第二は建物のデザインを考えること、第三は、もし必要なら、最小限のエネルギーを補助的に用いること、である。

別の観点から、J.フイッチ（*American Building 2: The Environmental Forces That Shape It*, 1972）は、室内気候制御の方法を3つのパターンに分けた（図7-3）。世界各地の民家や動物の巣などの調査分析を通じてあげたパターンのひとつは、寒冷な地域や酷暑の砂漠の民家に見られるような、もっぱら建物内外の遮断を旨とする方法である（写真7-1、7-2）。2つめは、もっと穏やかな気候の地域に見られる方法で、外の変化に合わせて有効な環境要因を選択し、建物のモードを変える方法である。必要に応じて風を取り入れたり、日射を取り込んだりする日本の伝統的民家はこの典型的な例である（写真7-3、7-4）。3つめの方法は室内にエネルギーを持ち込む方法で、たき火にはじまり、今日の人工環境制御にいたる系列である。

フイッチに従えば、建築的な工夫には、遮断を旨とする「内外遮断型」と、適宜、気候要因を選択・活用する「取捨選択型」の2つの型があることになる。このうち、分析的な科学の対象として先行したのは、「内外遮断型」

写真7-1 砂漠地帯の民家
（ガルダイア、アルジェリア）

写真7-2 12世紀の覆土屋根
（リレハンメル、ノルウェイ）

写真 7-3 風通しのよい開放的な住居（沖縄・備瀬の民家）

写真 7-4 風通しのよい開放的な住居（広島・竹原の民家）

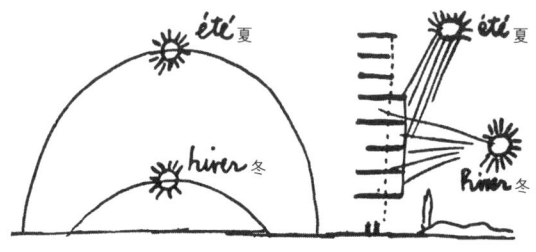

図 7-4 ル・コルビュジエによるスケッチ

である。近代科学の発祥の地がヨーロッパの寒冷地であったことも関係あろうが、熱の解析が容易で、初期の科学に馴染みやすかったことも理由のひとつであろう。暖房や冷房の制御がしやすい利点もある。

1920〜50年ごろの時代は、近代建築が開花した時代でもある。ル・コルビュジエやグロピウスやF.L.ライトなど巨匠と呼ばれる建築家が輩出するが、この時期の多くの建築家の仕事に自然の光や熱や空気など環境に対する注意深い配慮を発見するのは難しいことではない（図7-4）。まだエネルギーが潤沢ではなく、建築的な工夫に頼らざるをえない時代といえばそれまでだが、それゆえのさわやかさ、清楚さ、健康さを感じさせる空間が特徴的である。アメリカのケーススタディハウスや日本の戦後のモダンリビングに共通することである。

このような光、熱、空気に配慮して建築をつくる学問大系は、いまでは「建築環境工学」と総称されるが、当初は「建築計画原論」と呼ばれた。文字通り、建築の計画に必須な基礎知識と位置づけられていたが、技術の進歩とともに次第に専門分化していったのである。建築計画原論の基礎を築いたひとり、藤井厚二は、1920年代にヨーロッパの科学的なアプローチを日本へ導入しようと試みるが、それを阻んだのは気候風土の違いであり、建築の伝統の違いであった。藤井は寒冷地北ヨーロッパの「内外遮断型」の理論をそのまま日本に持ち込むのは無理と考え、温暖な日本の風土にあった理論を独自に確

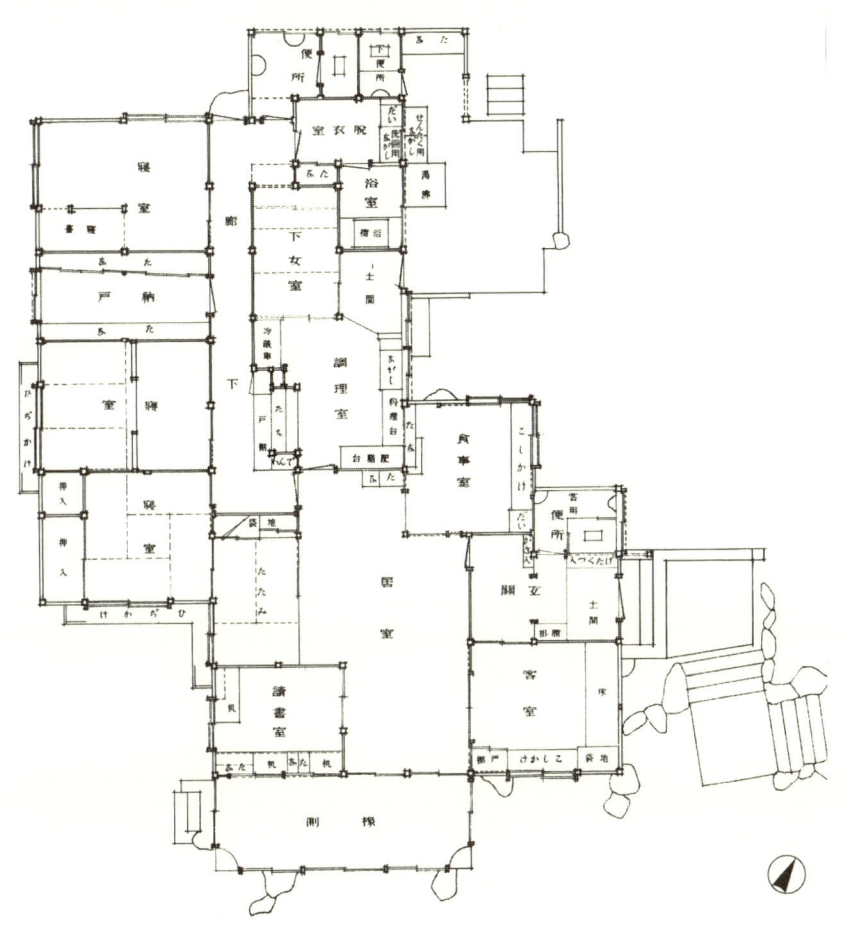

図 7-5 聴竹居平面図

立しようとした。『日本の住宅』（1925）はその代表的な著書である。しかしながら、数多くの変動する気候要素に左右される「取捨選択型」の理論化は容易ではない。藤井はそのような困難のなか、限られた科学的知識と直感に基づいて、実験住宅の設計をし、建て、自ら住み、性能を実験的に検証することを始める。昭和初期の数寄屋建築の代表例とされる「聴竹居」は5番目の実験住居である（図7-5、写真7-5）。

藤井らが端緒をつけた研究は、次第に幅を拡げ、定着

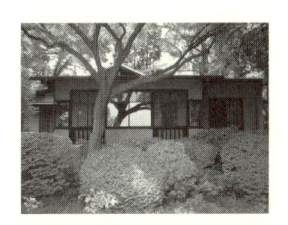

写真 7-5　聴竹居（京都、藤井厚二設計、1958）

してゆく。通風の研究も活発にされるようになり、南方の植民地建築の研究も行われた。しかし、太平洋戦争が激しくなり、中断する。戦後の空白期間の後に再開される研究の主流は、これを受け継ぐものではなく、エネルギーに依存する建築設備技術の開発であった。

7-3　建築設備による環境調節

　わが国で、大量のエネルギーが供給されるようになるのは1950年代の後半ごろからである。灯油が出回り、住宅の契約電力量も急激に増えていく。冷房も次第に普及していく。そのモデルとなったのはアメリカであった。1950年代のアメリカの住宅はすでに「小型爆撃機なみの装備」を持っていたと評されるほど、エネルギーに依存していた。冷房はまだ住宅に導入されたばかりであったが、暖房と冷房の技術が出揃うことによって本格的な人工環境技術がスタートする。熱、空気を統御する空気調和技術（エアコン）が生まれ、自然採光に代わって人工照明が主流になる。その最大の特徴は、周辺の環境に影響されずに室内気候を創り出すことが可能になったということである。

　この技術の完成で、建築デザインの自由度は大幅に高まった。環境に対する配慮を強いられてきた建築が、ようやくその制約から解放されたともいえるからだ。そもそも、20世紀のアメリカの建築は、豊富なエネルギー資源を武器として、新しい人工環境技術の特性をフルに引き出し、ヨーロッパの古い建築の概念を凌駕しようとしたと位置づけることができる。ウィーンの建築家アドルフ・ロースはこのようなアメリカの新建築の台頭を見て、「配管工がアメリカ文化を創った」と述べたものである。これはエネルギーが建築を変えたという表現にほかならない。

図7-6　エンバイラメンタル・バブル（環境の泡）
アーキグラムのプロジェクト。外界から遮断された室内は完全に空調されている。外界との連絡はもっぱら情報機器に頼る。1965年ごろの未来住居だが、いまでは技術的には現実のものだ。

　ヴァナキュラー建築の環境制御の段階を第一世代とすれば、第二世代の技術の幕開けである。この設計は、外部と内部をしっかりと遮断することから始まる。この意味では、第一世代の「内外遮断型」のアプローチと共通するところが多い。外部の自然の変化はここでは技術の効率を低下させる要因――「外乱」と捉えられる。その影響はなるべく小さい方が望ましいとされるのである。したがってまず空間を閉じ、その後で必要に応じて逐次、外部とのインターフェースがつくられる。このやり方は、設定した機能をひとつひとつ満足させていく要素還元主義的な方法そのものである。私たちが慣れ親しんでいる科学的方法といってもよい。1965年、アーキグラムのR. バンハムが、警句を込めて描いた未来住居「エンバイラメンタル・バブル」（図7-6）はそれを象徴的に示していた。それは宇宙船をイメージさせるが、その後一世を風靡したカプセル建築とは文字通り、宇宙船（スペースカプセル）の建築版であった。R. バンハムは、パワフルな人工環境技術が建築のあり方を大きく変えるだろうと予見していた。その影響の大きさを建築家は強く認識

*1　R. バンハム『環境としての建築』堀江悟郎訳、鹿島出版会、2013。

すべきだと説いたが、技術のパワーはその声をかき消す勢いであった。[*1]

　さて、このような人工環境技術のやり方では、明確に設定された定量的な機能は確実に充足されるけれども、曖昧なもの、情緒的なもの、定性的な把握にとどまるものは「なかったもの」として無視される宿命にある。だから、このようにしてつくられた居住空間は、欠点のない空間としては評価されるけれども、面白味に欠け、単調、均質で無味乾燥であると、後になってしばしば指摘されるところとなる。最も大きな問題とされたのは内外の環境の関係性が希薄なことだ。人間が自然の一部として生きている事実を忘れるのは、日常的な生活空間が自然と切り離されているためである。このことに人々が気づくのは 20 年後、エコロジーブームが起き、地球環境問題が切迫し始めた 80 年代からである。生命のない宇宙空間を行く宇宙船ならばともかく、地球のバイオソフィア（生命圏）のなかにつくられる宇宙船はどのようなエコシステム（自然生態系）に組み込まれるのかが問われ始める。

　人工環境技術は、ミース・ファン・デル・ローエが理想としてかかげた「ユニバーサルスペース」──時間と場所に束縛されない普遍的空間──を実現可能としたようにも見える（写真 7-6）。逆から見ればそれは建築の立地する場所の条件や旧来の慣習によらない、いってみれば地域性や歴史とは切れた関係にある建築空間なのだ。この技術によって人間の居住範囲が大幅に拡大されたのは疑いもない。寒冷地であれ、砂漠であれ、温暖地であれ、生じた負荷にあわせて投入するエネルギー量を調整すれば一定の環境が実現されるのだから。しかし、建築が時間（歴史性）と場所（地域性）を離脱するほどに、無味乾燥で退屈になってきたと考えられ始めたのは自然の成り行きであろう。ポストモダニズム建築の出現した

写真 7-6　ユニバーサルスペース

時期は、人工環境技術の普及の時期に重なっている。繰り返すことになるが、これは要素還元主義的なアプローチがもたらした近代建築のジレンマであり、第二世代の環境装置のジレンマでもある。安全で快適で健康的であろうとするほど、遠ざかるジレンマである。

7-4　計画原論の再考とパッシブデザインの誕生

　エネルギーへの依存を強めてきた建築は、1970年代のエネルギー危機によって、さらには1980年以後の地球環境問題によって根底から揺さぶられる。地球環境が持続可能であるためには、徹底した環境負荷の低減が緊急の課題とされるようになった。建築の分野では省エネルギーが地球温暖化防止の最大のキーポイントとされる。これに対処する方針は2つ考えられる。ひとつは、住まいの原点に立ち戻って「第一世代の環境装置」を進化させ、再構築することであり、もうひとつは「第二世代の環境装置」のさらなる洗練である。

　パッシブデザインはいうまでもなく前者の方向だ。変動する気温の影響や日射の蓄熱効果を予測するプログラムや自然採光のプログラム、風の流れを予測するプログラムなど、さまざまな設計ツールとして開発され、実際の設計に活かされるようになった（図7-7）。自然エネルギーのように、高温や低温が得られにくい低品位なエネルギーは「ローエネルギー」と呼ばれ、太陽や自然風はその代表的なものとされる。その活用は1980年代、コンピュータによる熱や空気、光の解析技術、シミュレーション技術の進歩によって可能になったのだ。断熱技術、換気の技術の進歩や高性能ガラスなどの新しい建築材料の開発も新しい建築デザインの可能性を拡大した。「ハイテクノロジー」が「ローエネルギー建築」を現実のも

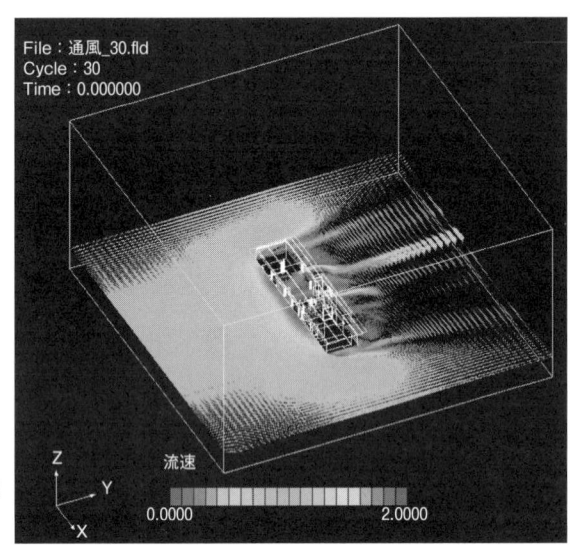

図7-7 流体解析ソフトによる通風の検討例（高知・本山町の家）

のにしたのだ。

　一方、長らくエネルギー浪費型建築として批判されてきたアメリカ型の建築も、建物の断熱化や気密化などによって冷暖房負荷を減らし、設備システムの革新、高効率化によって、省エネルギーを進めてきた。興味深いのは、この種の省エネルギー性能を高めるほどに、建物は断熱化・気密化を強め、内外の遮断を強めやすいことである。

　エネルギー志向の「内外遮断型」であれ、環境志向の「取捨選択型」であれ、消費するエネルギー量が等しければ、環境へ与える負荷が等しいわけだから、その限りでは地球環境問題への貢献は変わらない。

　では、「内外遮断型」と「取捨選択型」の違いはないか。外界に影響されないしっかり制御された安定した快適さを目標にする前者に対して、外界の変動を積極的に楽しもうとするのが後者だ。たとえばそれは、自然の熱と光のたえまない変化、気温の変化、太陽からの熱と光の供給、自然の風の吹き回しなどは、すがすがしさ、さわやかさといった身体的快適感覚の源泉であると捉えられる。

内と外の空間が相互に応答しあうような、あるいは交感しあうような強いつながりによってもたらされる快適さである。

　いずれにせよ、それぞれの長所を生かしながら、短所を補いあうことが現実的なアプローチである。それらのバランスは建物の建てられる敷地の状況や住人のライフスタイル・嗜好に合わせて決められるであろう。劣悪な周辺環境あるいは過酷な気候条件のもとでは、多くを人工環境技術に依存しなければならず、恵まれた環境ではそれだけパッシブデザインによるメリットを生かす可能性が大きい。建物の計画に当たっては、第一にパッシブデザインに配慮し、不十分なところをアクティブデザインで補うのが原則である。

7-5　熱の流れのデザイン

　建物にかかる力をいかに速やかに大地へ伝えるかが構造のデザインだとすれば、パッシブデザインは建物を通り抜ける熱の流れをデザインすることだといえる。熱は建物のなかを常に移動し、外から流入する一方で、内から流出し、一瞬もとどまることはない。人間の体は体温を一定に保つために、常に熱の発生と発散によりコントロールしているわけだが、建物のデザインもそれに似ている。

　太陽が照ったり、夜間冷え込んだり、周囲の環境条件は変転きわまりないが、それにもかかわらず室内が暑すぎたり寒すぎたりしないように熱の流れをコントロールするのが、パッシブシステムの設計である。熱が移動するスピードを遅らせたり一時的に熱を蓄えたりするような熱的な特性を持った建物を設計することである。

　熱の移動をコントロールするためには、まずどのようなかたちで熱が流入し、また流出しているかを見る必要

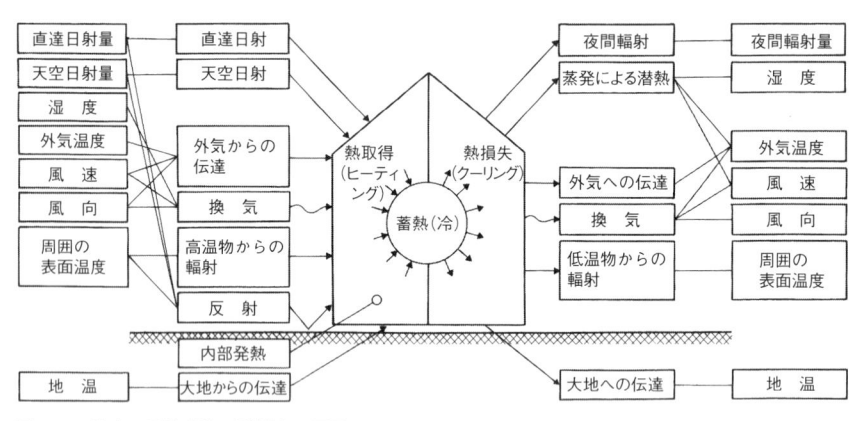

図7-8　住宅の温熱環境に影響する要因

がある。

　図7-8は、熱の流入（建物の取得熱）と流出（損失熱）を要因別に示したものである。取得熱の最も大きなものは日射によるものだが、人間の居住に伴って発生する照明や調理による熱や人体から発生する熱も無視できない。

　一方、熱損失は窓ガラスや屋根・壁・床を介して起こる貫流熱損失と、換気や漏気のように空気の移動に伴って起きる換気熱損失が主なものである。建物の断熱化は貫流熱損失を小さくするため、気密化は換気熱損失を小さくするための方法である。

　熱損失は室内の温度が外よりも高い場合に生じ、温度差が大きいほど失われる熱量も大きい。もし、熱の取得がなければ、室温は下がりはじめ、やがて外気温と等しくなる。この状態では熱損失はなくなる。また、損失量よりも取得量が小さくなった場合、やはり室温は下がりはじめるが、室温の低下に伴って単位時間当たりの損失量も減少しはじめ、やがて損失量が取得量に等しくなったときの室温で安定する。逆に取得量が大きい場合には、高い室温で安定する。

　このように自然の熱の出入りに伴って変化する室温を自然室温という。居住者にとって快適な温度範囲に自然

室温を維持することがパッシブデザインの設計の要点である。

7-5-1 熱収支と蓄熱

熱の取得の多くは日射のある日中に集中し、熱の損失は終日続く。一般に外気温の下がる夜間の方が日中よりも熱損失は大きくなる。したがって、一定の室温を保ちながら1日の熱収支のバランスをとるためには、日中の熱損失を上まわる日射熱を取得し、余剰分を蓄えて夜まで持ち越し、夜間の熱損失を補わなければならない。日中から夜間へ熱を持ち越すために、蓄熱の工夫が必要である。

パッシブ暖房の設計の目安は、第一に1日の平均室温が一定の温度以上になるように、熱取得と熱損失の熱収支バランスをとることである。第二に適切な蓄熱部位の付加によって室温変動を小さくする工夫を行う。蓄熱部位には次の性質が必要だ。

①熱容量が大きいこと。
②熱が伝わりやすいこと。
③表面からの熱の吸収・放散がすみやかに行われること。

蓄熱材料には、コンクリートや煉瓦のように顕熱を利用するものと、材料の凝固・融解に伴う潜熱を利用するものがある。潜熱蓄熱材は、一般に特殊な容器に封入されて製品化されている。

さらに余裕があれば、日射のない曇天日のために、晴天日での蓄熱を考える。

パッシブ暖房の設計では、「集熱」「蓄熱」「断熱・気密」の3つのバランスがポイントになる（図7-9）。

7-5-2 気候条件と建物の熱収支

内外の温度差が1℃のときの単位床面積当たりの熱損失量を熱損失係数という。上述したように、断熱化・気

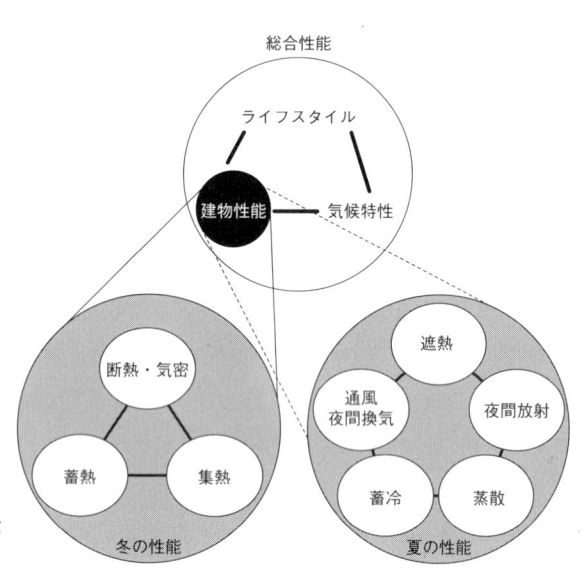

図 7-9 パッシブ暖房の 3 つのバランス

　密化するほど熱損失係数は小さくなる。同じ熱損失係数の建物であっても、寒冷地になるほど熱損失量が増える。つまり、寒冷地ほど断熱化・気密化を図らねばならないということになる。ちなみに、室温を 18℃に設定すると、帯広の 1 月の内外温度差は東京の約 2 倍である。単純に比較すれば、帯広の熱損失係数は東京の 2 分の 1 でなければならない。いいかえれば断熱・気密性は東京の 2 倍にしなければならないことになる。

　一方、熱取得はどうか。東京、帯広も日射量に恵まれているが、やや帯広の方が多い。仮に日射量が等しいとすれば、同じ熱量を取得するためには、同じ面積の集熱面積があればよい。しかしながら建物の熱収支を考えると、帯広の方が条件が厳しい。なぜなら集熱面となるガラス窓からの熱損失がはるかに多いからだ。一定の面積を確保しながら熱損失を減らすためにはガラス窓の断熱性をよくする必要がある。屋根や壁の断熱材の厚さを 2 倍にするだけでは十分ではなく、夜間断熱戸などさまざまなその他の工夫が必要となる。

一般に、取得熱を増やすために集熱窓面積を増やせば、熱損失も増えるというジレンマがある。どの程度の熱損失を許容して熱収支のバランスを考えるかは、その地域の日射量の大きさと外気温の条件から判断する。一般に建物の熱性能を上げると建設コストも増えることにも配慮する必要がある。ピーク時の暖房負荷をゼロにすることが重要なのではなく、暖房期間全体を通して、暖房負荷が小さい設計が望まれる。

7-5-3　パッシブクーリング——冷房

　パッシブデザインは、太陽熱を建築的に活用して暖房効果を得るパッシブソーラー暖房から始まった。しかし、日本のように冬が寒く、夏が暑い地域では、冬の対策に加えて夏の対策が不可欠である。風や外気温度の変化、水や大地や夜間放射を活用して冷却効果を得る建築的工夫をパッシブクーリング（パッシブ冷房）という。

　パッシブクーリングの設計では、日射など外部から侵入する熱を遮断すること、室内に生ずる熱を速やかに排除することを第一に考える。遮熱の工夫がすべてに優先する。次に、通風の促進を考える。通風は人体からの放熱を促進するためだから、通風量とともに可感気流の分布が重要なポイントだ。しかし、盛夏の熱風導入は逆効果になる。その場合には、第三の方法として、冷気の積極的な取り入れを考える。大地や樹木の近傍、中庭、坪庭、露地、建物の床下や北側に存在する冷気の溜まり場は有力な冷熱源となる。夜間の冷気は最も利用しやすく、効果も大きい冷熱源だ。日中の日射熱を夜まで持ち越す冬の蓄熱とは逆に、夜間の冷気を大量に取り入れて蓄冷し、翌日まで冷気を持ち越す。この方法を夜間換気という。適切な蓄熱材を付与することができれば効果は予想外に大きい。簡便で効果の大きい方法だ。他に散水による蒸発や天空への冷放射（夜間放射）がある。

7-5-4　パッシブデザインの設計プロセス

　パッシブデザインは、建物の設計そのものであり、建物ができてから追加、補足するものではない。だから、設計の早い段階から、構想することが重要である。通常の設計においては、方位、部屋の配置や建物形状、窓の大きさ、部位の仕様・おさまりのディティールなど、数多くの要素をいかに統合させるか、全体のバランスを考えながら、ゆきつもどりつ作業が続けられるが、その作業の一部として、パッシブデザインの戦略をめぐらし、建物の熱的な性能を計画する。パッシブデザインの魅力は、親自然的な快適さにもあるので、熱的な性能だけで語り尽くせるものではないが、できるだけ定量的な性能把握をしておくことが望ましい。

　先述したように、パソコンを用いて、冬や夏の性能を予測するのもよい。設計を支援する目的の道具であることから、デザインツールと呼ばれ、数値実験を目的とするシミュレーションよりも入力や出力の手続きが簡略化されている。室温の変動や暖冷房負荷などの計算結果が瞬時に求められる。予測結果に満足できなければ、建物条件を変えて繰り返し予測すればよい。

7-6　事例——高知・本山町の家

　パッシブデザインの具体的な事例をあげる。四国を横断する吉野川の上流、山間にある。川面まで下る傾斜地は栗林で、夏は葉を茂らせ、建物はすっぽり緑のなかに埋もれる。秋になると、葉を落とした林を通して建物が形をあらわす。川の増水に伴う冠水のリスクから解放されること、台風時の強風に十分耐えられることが建物に求められた最も基本的な条件であった（図7-10、7-11）。

図 7-10　全体配置図

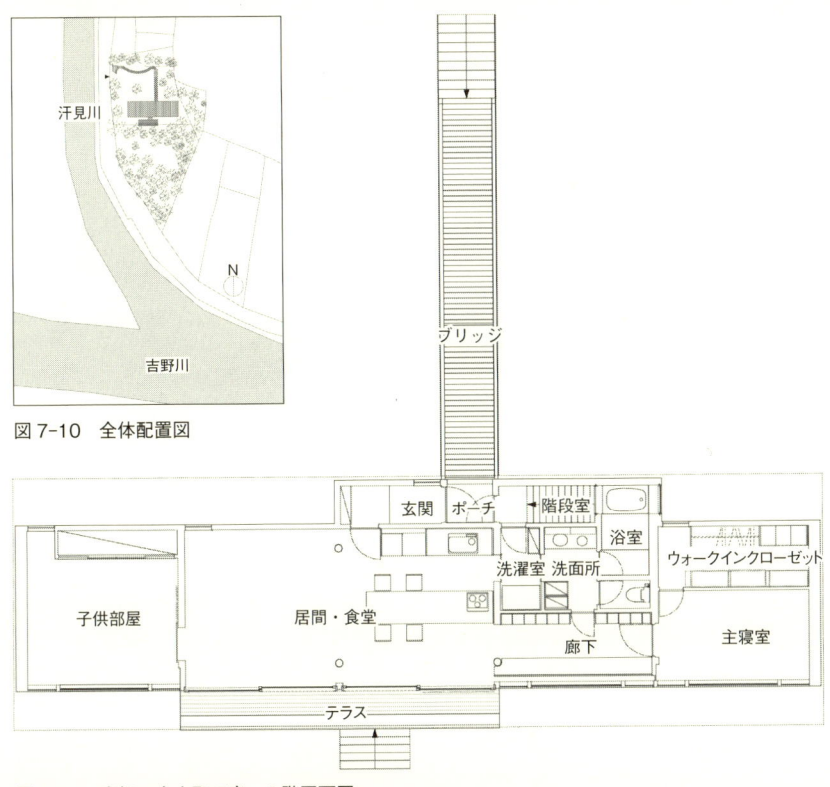

図 7-11　高知・本山町の家、2 階平面図

7-6-1　冬の環境計画

　山中の盆地のような地形から、冬の気温はしばしば氷点下になる寒冷な気候である。1 月の平均気温はおよそ 3℃。新潟なみの寒さであるが、しかし、日射量には恵まれている。南面はほぼ全面が複層ガラス張りで、日射を取り入れる集熱窓でもある。主要なサッシは気密性の高い木製である。断熱・保温性、集熱性は十分だが、石張りのコンクリート（床暖房用）床（厚さ 90㎜）だけでは、やや蓄熱性に欠けるので、両妻壁と、3 ヶ所の間仕切り壁をコンクリートブロック化粧積みとし、室内の熱容量を増やしている（図 7-12）。床暖房用の温水コイルは、2 階床に埋め込まれている。

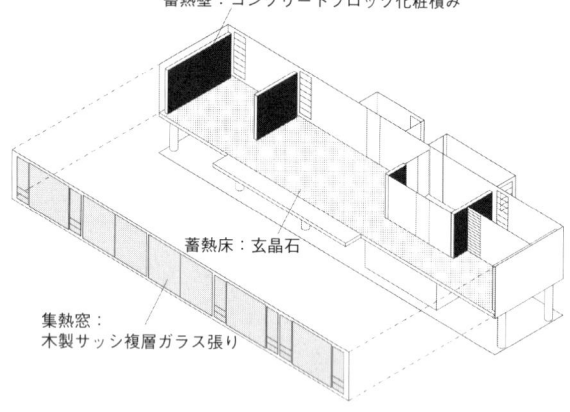

図7-12 集熱窓と蓄熱部位の関係

7-6-2 冬の性能予測

デザインツールを用いて予測された1月の自然室温の変動。暖房を使用しない状態での室温変動は、パッシブソーラー効果を評価するひとつの有力な指標である。熱容量があるため、晴天日の室内最高温度は25℃にとどまり、氷点下4℃に冷え込む早朝でも15℃を保つ（図7-13）。

7-6-3 夏の環境計画

夏の基本は、第一に日射熱の侵入防止、次いで通風換気の工夫がされた。屋根にあたる日射は、銀色の表面で反射され、吸収された熱も置き屋根裏面の空気層から速やかに排出される。その下には200mmの断熱層があり、三重の遮熱構造である。南面の大きなガラス窓は、1.2mのひさしで防護され、前面の栗林は照り返しを防ぐとともに、冷輻射熱源にもなる（図7-14）。

通風換気には3つのモードがある。ひとつは、いわゆる通風で、開口部を開け放ち、風を入れるモード。林を通ってさわやかな風が吹き抜ける。しかし、室外が猛烈に暑かったり湿気が多かったりするときには、大量の

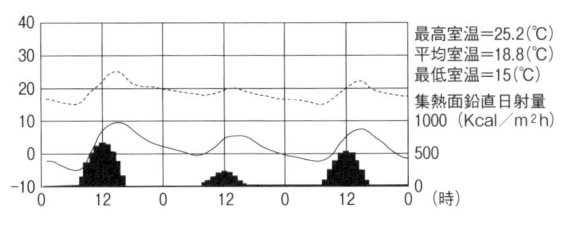

図 7-13　冬の性能予測

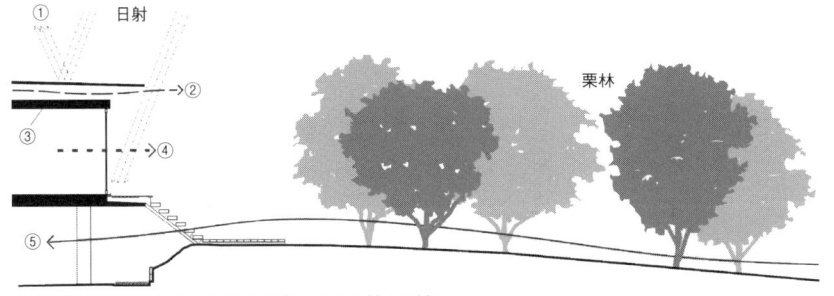

①日射遮蔽・反射：屋根材の亜鉛鋼板により日射を反射する
②屋根裏排熱：置屋根裏面の通気層から熱を排出
③断熱：天井面200mmの断熱層
④冷放射：表面温度の低い樹木への放射によって熱が奪われる
⑤通風・換気：栗林から抜ける風

図 7-14　日射遮蔽のスキーム

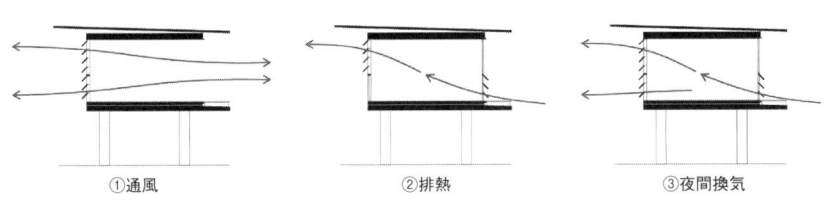

①通風　　　②排熱　　　③夜間換気

図 7-15　通風・換気の3つのモード

外気を入れない方がよい場合もある。そのときには、日中、排熱を行うほどの換気にとどめ、夜間、外気温度が下がるときに大量の換気をする（夜間換気）。冬には日射熱を蓄える建物の熱容量は、このとき冷気を蓄え、翌日の冷却効果をもたらす。冷気を取り入れる地窓、排気のための高窓は複層ガラスのオーニング窓の開閉によって、風量を調節する。高窓は天井面まで開くことが、効率のよい排気のために重要である。季節、時刻に応じて3つのモードが使い分けられる（図7-15）。

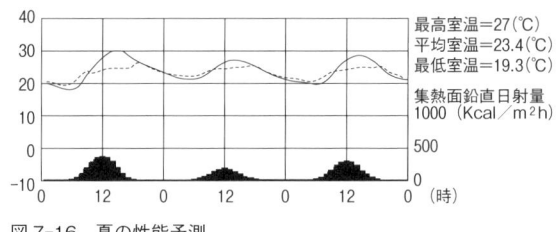

図 7-16　夏の性能予測

7-6-4　夏の性能予測

　図 7-16 は大量の夜間換気を行った場合の 8 月の性能予測。晴天日の夜間の気温は 20℃ほどまで下がる。このとき夜間に蓄冷しておけば翌日の室温は外気のピークよりも 5℃も低い温度に抑えられることがわかる。

さらに学びたい人は……
① 伝統的な環境制御技術について調べてみよう。たとえば朝鮮半島の温突（オンドル）や西アジアの風の塔など。
② 朝起きて夜寝るまで、何にどれだけ電気代を払っているか計算してみよう。
③ エネルギーをすべて自給する住宅を設計してみよう。

【column】

ローエネルギーという発想

パッシブタウン黒部モデル

小玉祐一郎

　21世紀は「環境の時代」といわれる。20世紀は「エネルギーの時代」と呼ばれることがある。大量の安価なエネルギーの供給が可能になり、それを糧に日本の経済は急成長し、都市が変わり、住宅が変わり、生活が変わった。1965年から2008年までの間に、1世帯で消費するエネルギー量は2.2倍になった。給湯が一般化し、冷暖房が普及し、住まいの環境は快適で便利になった。他方で、エネルギー消費に伴う地球環境の劣化に悩まされるようになり、そのジレンマを解くため、第一にエネルギー消費の効率を高め、第二に再生可能エネルギーの開発が強く求められるようになった。第三の方法は、建物の性能を上げ、太陽・風・緑・水といった自然のポテンシャルを生かすことによって、エネルギー需要を根源から減らすことである。太陽・風・緑・水のエネルギーは、電力やガスや石油のようなエネルギーに比べれば、エネルギーとしての質は落ち、用途が限定されるゆえ、ローエネルギーと呼ばれることがあるが、住まいの快適性向上には大いに役立てることが可能だ。建築デザインの力によって、便利だが均質なエアコンの快適さにはない、変化に富む自然の快適さを享受できる魅力もある。なによりも、身の回りに潤沢にあり、また環境を劣化させることがない。

　このプロジェクトでは、第一・第二の方法に加え、第三の方法――パッシブデザインとローエネルギーデザインの可能性を徹底して追求し、真に持続可能な街とすまいを黒部に実現することを目標とする。これからの日本のモデルを黒部に創ることを目標にする。

写真1　パッシブタウン黒部モデル

このような都市や住宅に対するアプローチは、第一・第二の方法に固執する今日の「スマートシティ」のトレンドと大いに異なり、ある意味では対極にあるといえるだろう。ここでは地域に賦与された環境のポテンシャルにこだわるゆえ、地域風土の特性を反映し、人々のライフスタイルに根差した計画が求められる。自然との共生を目指すゆえ、環境のマネージメントが計画に組み込まれ、「アクティブな生活のためのパッシブデザイン」が目標にされる。

　社会のグローバル化が進むほどに、地域性の価値は高まり、情報社会化が進むほどに、第二の自然としての身体の感覚が重視される。21世紀の世界に起きつつある大きなパラダイムシフトへの対応を、黒部から発信する。

図1　採光と風通し

パッシブタウン黒部モデルのコンセプト

■地域計画の視点
①環境的視点
地域に賦与された自然的・文化的環境ポテンシャルの活用
地域の特性（風・水・日射・緑・地形・文化）を生かす
「微気候」をつくり、敷地内・外の環境改善・向上に貢献するランドスケープデザイン
（利風・防風効果、フェーン現象の抑制効果）
②都市的視点
北陸新幹線開業とともに黒部の中心地域の核のひとつとなるまちづくり
外部に開かれ、敷地内に街のにぎわいを取り込む
風景に溶け込み、街と一体化した「入れ子の構造」
■敷地計画の方針
①三方の道路からのアクセスを重視し、敷地内に道路を導入しない
②敷地内の歩車分離を徹底し、駐車場は基本的に屋内・平面置きとする
③外部の人も利用できる広場。子どもたちが安全に遊べる広場
④黒部の豊かな水を活用し、水と緑と空を楽しむ親水空間
⑤季節・時刻によって変化する自然風、太陽の光・熱の享受
⑥低層住宅・中層住宅・コミュニティ施設の融合
■建築計画の方針
①自然や街に開かれた住戸のプログラム・パッシブデザイン
②自然との交感ができる住棟・住戸の設計（入れ子の空間構造）
ポーラスな住棟・内外の緩衝空間としてのテラス・バルコニー・中庭
住民参加・自主管理のできる庭園・農園計画
③街に開かれた雁木モール
④住宅地に組み込まれたコミュニティ施設
⑤住戸は南面配置を基本とし、冬の日射を最大限に活用し夏の日射を効率よく遮断
⑥外断熱とし、RC躯体の熱容量を活用する
⑦この地域の季節風「あいの風」を生かす住棟配置・住戸プラン（通風・排熱・夜間換気の確保）
⑧建物のモードを変換する「窓」の機能を重視
■エネルギー計画の方針
①パッシブデザインによって自然のローエネルギーを活用
暖冷房設備の最小限使用で電力・ガス・石油などのハイエネルギーへの依存を減らす
②地球環境負荷の削減を意図した分散・自立型エネルギーシステムの組み込み
③敷地内の熱・電力バランスを考えた施設導入
④親自然的快適さ（太陽や風・緑・水の楽しみの享受）
⑤アクティブな生活（ライフスタイル）のためのパッシブデザイン

第8章　文化財の保存修復と活用

身近な歴史的建造物の保存活用は21世紀の日本の建築界にとって大切な成長分野のひとつ。そこはいわば知的な新大陸。まだまだ未知のテーマが眠っている。

西澤英和

8-1　文化財とはどんなもの？

　文化財の保存修理や活用について考えよう。「文化財」という言葉は日ごろよく使っているが、改めて考えると、どんなものかはっきりしない。
　そこで『広辞苑』を開くと、次のように書かれている。

>「文化活動の客観的所産としての諸事象または諸事物で文化価値を有するもの。文化財保護法の対象としては、有形文化財・無形文化財・民俗文化財・記念物・伝統的建造物群の5種がある。」

　いよいよ、わからなくなった。いろんな人に聞いてみたが、答えはまちまち。でも「文化財」の概念の起こりについては、どうも次のような経緯があるらしい。
　それは、いまから100年ほど前、欧米列強の強硬なアジア進出のなか、日本もいやおうなくその渦に巻き込まれていった時代のこと。わが国は限られた資源や富の制約のなかで、この事態にどう立ち向かうかという困難な課題に直面せざるをえなくなった。そのためには、まずは自国の力——「国力」あるいは「富」、しいていえ

ば「実力」がどれくらいなのかをはっきりさせる必要があると考えたらしい。

その際、国の「富（ストック）」すなわち「資産」の概念を2つに大きく分けたようだ。ひとつは、工場、鉄道、農業、鉱山など、鉱工業資材や食料など実体としての富を生み出すものを「生産財」と定義。

もうひとつは美術工芸、社寺仏閣、伝統芸能などで、社会を文化的に豊かにするような「資産」。それらを「文化財」と総称したらしいのである。

これは大変すばらしい考え方といえる。これら「文化財」の大部分は日本人が長い歴史のなかで培ってきた「国民共通の資産」——すなわち「歴史資産」といえるものである。このような「文化財」をさらに分類すると、先の広辞苑の説明のように、

① 建物などの有形文化財
② 音楽・演劇やそれらの優れた技能を有する人の無形文化財
③ お祭りや伝統芸能などの民俗文化財
④ 遺跡などの記念物
⑤ 昔の町並みに代表される伝統的建造物群

となる。

いまではさらに、長年にわたって育まれてきた棚田や田園風景なども文化財として位置付けられるようになった（表8-1）。

文化財について、もうひとつ別の見方をしてみよう。

最近、私たちの周りは株価が上がったの、金利がどうの、地価がどうのと、明けても暮れてもお金の話。多く

表8-1 生産財と文化財の考え方

生産財⇒目に見える富を直接生産するもの

文化財⇒目に見えないが文化を豊かにする富

表8-2　個人の資産と社会共通の資産

個人の財産	土地・建物、預貯金・株式、骨董など	← countable
社会共通の財産	森林・湖・干潟など	→自然の環境
	歴史的な町並み・建物・田園風景	→人のつくった歴史資産

の人は自分の「財産」をいかに増やすかということに齷齪しているように思えてならない。でも「財産」とはそんなものばかりだろうか？

　財産を表8-2のように「個人の財産」と「社会共通の財産」の2つに分けて考えてみてはどうだろうか？

　「個人の財産」とは、土地や建物などの不動産、預貯金や株券などの金融資産。人によっては書画骨董などもあるかもしれない。これらはその時々の相場に応じてお金に換算することができる。その意味で「定量化できる（countable）富」。大小比較が可能である。金持ち度を比べることもできる。だから競争になるのだろう。

　一方、「社会共通の財産」というのは、国や社会が皆で共有できる財産のこと。窓を開けると目の前に広がる美しい山並みなどの——「自然環境」もあれば、昔からの落ち着いた町並みや田園風景など人がつくりあげた「歴史的な環境」もある。でも、これらはお金で計ることはできない。その意味で「数量化できない（uncountable）富」と呼べると思う。

　「個人の財産」を増やすことは確かに大切である。でも見方を少しかえると、美しい自然や素晴らしい歴史的な町並みなど「社会共通の財産」を増進することはもっと大切かもしれない。

　人々は何を望んでいるのだろうか？　おそらく、美しい町並み、住み心地のよいしっかりした住宅、人々の誇りとして永く残る芸術性豊かな建築などではないかと思う。これらはいずれも「社会共通の財産」をつくることに関係しているようである。

そう考えると、建築の職能は、とても社会性が大きいことがわかる。だから、建築人は自分のためではなく、社会のために仕事をするという使命感と誇りを持たなければいけないと思う。

　このような思いを心の片隅にいだきながら、「社会共通の資産」──、歴史によって育まれてきた建物、なかでもお爺さんの時代のちょっと古びた身近な建物などをよりよく維持し楽しく使い続けていくことは、大切である。そんな活動の一端を気楽に紹介したいと思う。

8-2　文化財建物の修復

　テレビなどで紹介される京都や奈良の寺社仏閣、あるいは津和野や倉敷などの歴史的な町並みはとても美しく整備されているので、私たちは歴史的な建物は本当に長持ちするものだなあと感心する。解説書にも、このお寺はいまから何百年前につくられたとか書いてあるので、何もしなくても建物は何世代も持ってきたのだと考えてしまう。

　でも、実際はそうではない。日本の古い建物は地震や台風、洪水、落雷などの自然災害に加え、戦争などによって時に大きな被害を受け、そのつど修理されてきたのである。何百年もの間、何もせずに残ってきたのでは決してないのである。これは、煉瓦や石積みなど木造に比べてはるかに耐久性に富む材料でつくられている西洋建築でも同様である。ヨーロッパの歴史的な町並みを目にすると、石造りは丈夫なので建物は何千年も持ってきたのだと思うが、じつはほとんどの都市は第二次大戦で徹底的に破壊された後、戦後営々と修復を続けて、歴史的な美しい景観を徐々に蘇らせてきたのである。そのような修復作業はヨーロッパのいたるところでいまも続けられている。

建物は、木造であれ組積造であれ、修理や修復の地道な努力のおかげで現在まで残ってきたことを忘れてはならない。ひとつの世代がその努力を怠ると、次の時代に歴史資産を引きついでいくことができない本当に危い世界なのである。

8-2-1 明治時代の奈良の寺の姿

少し前置きが長くなったが、いまから100年ほど前の奈良の寺がどのような状態だったか紹介しよう。写真8-1は明治前半の薬師寺東塔の姿、写真8-2は現在の姿である。

比べてみると、現在と100年ほど前の姿はずいぶん違うことに気付く。明治の初めのころには、軒が垂れてたくさんの支柱Ⓐで何とか屋根を支えていたので、やや見苦しい感じだったようである。ただ、現在は2層や3層の裳階といわれる部分Ⓑは白壁になっているが、昔はどうやら連子窓と呼ばれる窓があり、それらは、雨戸で覆われていたらしい。美術史家のフェノロサは東塔を「凍れる音楽」と讃えたが、そのころの塔は、ずいぶん傷んでいたのである。彼は現在とはまったく別の酷く傷んだ塔の姿に白鳳の美を見出したのである。

じつは、国宝薬師寺東塔は明治30年代前半（1890年代後半）に8世紀初頭に創建されて以来初めてといえる解体修理が行われた結果、往年の姿によみがえったのである。

明治初頭に撮影された奈良の古社寺の写真を見ると、多くの建物が東塔のように傾き、屋根が波打っていまにも倒れそうになっていたことに驚かされる。どうもこれは幕末の奈良を襲った激しい直下型地震で被害を受けたためらしい。

ペリー来航の翌年の安政元（1854）年7月7日（旧暦6月13日）ごろから、伊賀上野を中心に強い地震が

写真8-1　薬師寺東塔外観写真
（東京都立中央図書館木子文庫蔵）

写真8-2　現在の薬師寺東塔
（北西より）

発生し始めた。この地震は、収まるどころか日を追って激しさを増し、ついに15日午前2時ごろ上野盆地（M7.2）と四日市付近で（M6.8）の2つの巨大な直下型地震がほぼ同時に発生。さらに午前7時過ぎには笠置・奈良盆地でM6.8の直下型地震が連動したのである。午前7時ごろの奈良盆地を震源とする地震では倒壊家屋が3割を越えたとの報告がある。おそらく、奈良の多くの古社寺はこの激しい直下型地震の本震に加えて、その後、何ヶ月も続いた強い余震で大被害を被ったようだ。

　明治になってからは、事態はさらに悪くなった。廃仏毀釈の風潮のなか、大きく損傷した社寺建築は放置されて荒れ放題となり、倒壊したり無残に解体除却された古社寺が多かった。

　そんななか、さらに追い打ちをかけるように、明治前半の近畿は巨大台風、そして大地震に見舞われた。1891（明治24）年10月28日には史上最大の内陸直下型地震といわれる濃尾震災（M8.2）の影響を受けて、奈良の歴史的な建物の被害は一挙に進んで、本当に酷い状態になってしまったらしいのである。

　もはや、このまま放置することはできないという危機感のなかで、1897（明治30）年に古社寺保存法という法律ができた。これは、わが国の歴史的建造物を保存するための法律で、現在の文化財保護法の先駆けとなった。この法律によって、社寺建築の修理と並行して学術的な研究が進み始めた。国宝薬師寺東塔の大修理はこの法律が制定されてまもなく行われたものだったのである。

8-2-2　東大寺大仏殿の明治大修理

　そんな明治時代の代表的な修理事業として特筆すべきものに東大寺大仏殿がある。写真8-3はいまの姿。写真8-4は明治大修理を施される直前の状態である。ずいぶ

写真 8-3　現在の東大寺大仏殿

写真 8-4　明治大修理前の東大寺大仏殿（Kaneta, K., Structural Reinforcement of Historic Wooden Temples on Japan. *APT* Vol. 12 No. 1, 1980, pp. 75-91）

ん違うのに驚くのではないだろうか？

　この大仏殿は、江戸時代の半ば、18世紀前半に天竺様式で再建されたが、写真8-4、図8-1に示すように、19世紀末ごろには上下層の4隅に控柱Ⓐを建てて、辛うじて倒壊を防いでいたような状態で、軒先Ⓑは波打ち、屋根は垂れ、内部の大梁は30cm以上も撓(たわ)んで危険な状態になっていた。また西側の「しび」Ⓒは欠落し、とくに隅の軒組は基部から大きく沈下するとともに、側柱の根元も上下に大きく変形していたのである。

　また1885（明治18）年7月の豪雨は淀川と大和川が

図 8-1　東大寺大仏殿（Kaneta, K., *op. sit.*）

決壊して大阪市内の橋がことごとく流失するほどの激しさだったが、このとき大仏殿の北東・南西隅と正面の唐破風Ⓓの庇が大破。損傷した屋根からは空が望め、大量の雨が滝のように流入するまでになっていたとの記録がある。もはやここまで傷んだ以上、もう大仏殿は直せないので、お堂を取り壊して、鎌倉の大仏様のように露座——つまり雨晒しにするしかないという世論が巻き起こったのである。そのような論陣を大いにはった人物として明治の文芸評論家、高山樗牛(ちょぎゅう)が知られている。

　大仏殿が、再建後わずか200年ほどで、このように傷んだ理由は何だったのだろうか？　くわしくは述べないが、ひとつには18世紀に再建されたとき、世界最大規模の大屋根を支えるだけの梁の大材がもはや日本にはなかったからだと考えられる。

　図8-2は昔の大仏殿の断面図である。大仏がおられる内陣の屋根を支える梁Ⓔは長さ約23m、重さ23tもの巨大な松。これは現在の宮崎県の霧島国立公園内の白鳥神社に生えていた巨木で、鹿児島の志布志湾で千石船に載せるために、いったん千石船を海に沈めた後、干満の差を利用して海に2本の巨木を浮かべて船に載せ、それから海水を汲み出して船を浮かべたのである。その後、船は豊後水道、瀬戸内海を経て大阪にいたり、木津川の河口で今度は鹿児島とは逆の方法で巨木を海上に降ろし、

図8-2　東大寺大仏殿の断面図（Kaneta, K., *op. sit.*）

今度は筏をつくって淀川から奈良県の木津まで遡上させたという。このころの船にはエンジンがない。川を遡るためには、船にロープを結わえて、川岸から何千人もの人たちが総出で引っ張ったのである。

しかし、これほどの大木Ⓔでも、屋根の重さには十分対抗できず、断面図に示す方杖Ⓕという部材、それにつながる長い柱Ⓖが、大きく撓んで屋根が徐々に陥没し、これによってさまざまな障害が建物全体に及んだと考えられる。

東大寺大仏殿の大修理は 1907（明治 40）年 5 月に本格着工、1913（大正 2）年 6 月に 7 ヶ年の工期をもって竣工した。この工事では木材だけで構築するにはあまりに屋根荷重が大きいので、伝統的な木造の技法を尊重しながら、鉄骨という当時最新の構造技術を併用して、構造補強された。

つまり、明治の大修理では創建以来 200 年間に生じた木造骨組みの腐朽・損傷、あるいは荷重によって変形した木造部分を解体して、部材を補修するとともに、世界でも例を見ない大規模な鉄骨トラスによる構造対策が採用されたのである。

図 8-3 はその概要である。明治大修理では図に示すように、大虹梁を支持していた方杖Ⓕを撤去し、鉄骨のトラスⒽを大虹梁Ⓔの下に東西および南北の方向に井桁状に設置して、大屋根の荷重を受けるようにした。また、大屋根の軒先付近には元から設置されていた筋交いの手法に倣って、数多くの斜め材で固めたのである。

一方、柱については、すでに江戸時代に再建されたとき、当時の棟梁は将来の修理を念頭に置いていたのだろうか、大仏殿の木造柱は 1 本の木材ではつくらず、図 8-4 のように芯木Ⓘというべき 12 角形の柱の周囲に 12 枚の添え柱Ⓙを大きな釘Ⓚと帯鉄Ⓛで束ねた「桶側造り」という特殊な構造でつくられていた。一種の「集成

図8-3　東大寺大仏殿の明治大修理の概要（Kaneta, K., *op. sit.*）

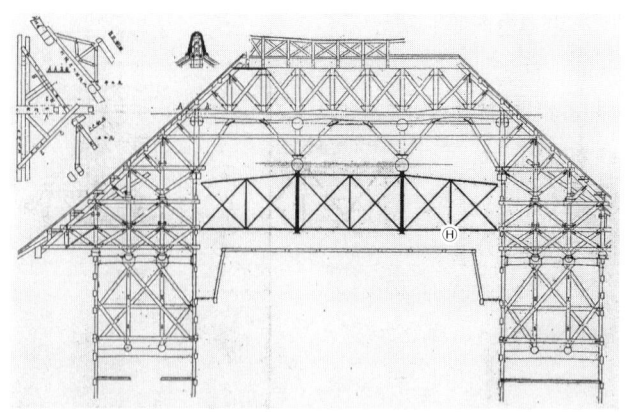

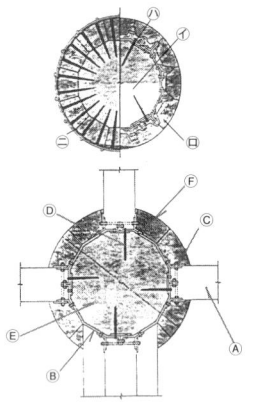

図8-4　東大寺大仏殿の木造柱。上図は江戸時代につくられた当初の桶側造り。下図は明治修理で採用された桶側造り（Kaneta, K., *op. sit.*）

木材」がいまから300年もの昔に使われていたことに驚かされるが、明治修理ではその特色を活かして図8-4のように芯木の周囲に鉄骨の補強柱を添わせた後、12枚の側の木材を元の通りに取り付けたのだった。先に述べた鉄骨トラスは天井裏に隠れ、また柱を補強する鉄骨も外からは見えないので、竣工当時の姿がそのまま復元できたのである。

　余談であるが、このように不可能とも思える大工事がぶじ完了したとき、大仏を露座にすべしと主張した高山は、自分の主張には非があったと堂々と認めた。その辺にも明治の人たちの"武士道精神"を見る思いがする。

　東大寺大仏殿がいまから100年前に消滅の瀬戸際にあったことを知る人はまずないだろうが、私たちがいま、世界最大の木造建造物──世界遺産・国宝東大寺大仏殿を目にすることができるのは、じつは当時の優れた保存修理技術とそれを支えた多くの人々の努力の賜物だったのである。

8-2-3　どれくらい傷んだ建築を修理してきたのか？

　激しい地震などに見舞われると、あまり修理されていなくて、柱が腐ったまま放置されていた建物などに大きな被害が発生することが多い。地震後テレビを見ていると、建物が傾いたり、屋根瓦が落ちたりしていると、耐震構造の専門家といわれる人たちが出てきて、この建物は倒壊して危険だ、修理することはできない、解体して新築する以外にないと口をそろえて言うのだが、これは本当に正しいのかなと私はいつも疑問に思う。結論からいうと、日本の伝統的な木造建築は火災でなくなってしまわない限り、一見ひどく破壊したように見えても、じつはさほど大きな費用をかけなくても容易に修復できるようにつくられているからである。

　一例を示そう。写真 8-5 は神奈川県にある国重要文化財燈明寺本堂である。この建物はもと京都府加茂町にあったが、明治以降お寺は荒れ果てて、1902（明治35）年に神奈川の三渓園に移築された。しかしながら、昭和の初めには無住となり、戦後相次いだ台風の影響もあって、写真 8-6 のような状態になってしまった。普通の人はここまでひどく傷んだらもう直せないと諦めるかもしれないが、そこが文化財の修理技術の凄いところである。残った部材の形状などを調べ、痕跡や材料を分析。

写真 8-5　現在の燈明寺本堂

写真 8-6　かつての燈明寺本堂の姿。昭和 23 〜 4 年ごろの解体修理直前の状況

写真 8-7　解体修理後の姿

　さらに建築史の知識をもとに、傷んだ部材ですら可能な限り修繕して残し、写真 8-7 のような姿に修復されたのである。
　これは何も伝統的な木造建築に限ったことではない。いまから 10 年余り前に起こった兵庫県南部地震でも、甚大な被害を受けた歴史的な建物がいくつも修理された。その代表例に国重要文化財の十五番館がある。この建物は 1877（明治 10）年ごろに米国の領事館として建設されたレンガ併用の洋風木造建築だったが、神戸の震災で写真 8-8 のように完全に崩れ落ちてしまった。しかしながら、地震後、すべての部材を取り出して修理。写真

8-9のように元の姿に修復されたのである。もっとも今度は直下型地震でもびくともしないように十分な耐震対策が施されたことは、いうまでもない。

　余談だが、神戸の震災は文化財修理のあり方に大きな警鐘をならした。それまでの文化財建造物の保存修理事業では、可能な限り古い部材を残し、建物をもとの姿に戻すことに主眼を置いてきた。そして防災というと防火対策が主眼だったのである。いいかえると東大寺大仏殿のような例はあるが、構造的に補強することは昔の姿を損なうことにつながりかねないということもあって、あまり行われてこなかった。

　その理由のひとつは、わが国の伝統木造建築は過去幾度となく、激しい地震の試練に見舞われ、そのつど棟梁は建物の耐震性を改善するための努力を営々と続けてきたために、腐った木材を部分的に取り替えたりして、建物が当初持っていた実力を発揮できるようにすれば──つまりしっかり修復すれば、まず大きな被害を受けることはないという経験則があったからだと思われる。確かに、神戸の直下型地震の被害を見ても、しっかりと維持修理された社寺建築にはほとんど被害はなかった。手入れのされていない、いわば放置された歴史的建造物に被害が集中したのである。

　しかしながら、この十五番館に見られるように、明治以降になると地震のない西洋建築の技術が導入されたり、

写真 8-8　震災で崩壊した十五番館（神戸市）　　写真 8-9　修復された十五番館

新しい工学理論などが次々と採用されたりした結果、実際には地震という自然の厳しいテストを受けないままに、あるいはその構造の特質を十分理解しないままつくられた建物が多くなった。いまではこのような明治以降に建てられた近代建築が歴史的建造物のなかで大きな比重を占めるようになってきた。

このように、耐震性について実績のないままつくられた新しい形式の建物、あるいは正統的な伝統建築にアンバランスなかたちで洋風技術を取り入れた伝統風建築などには危うさがつきまとうので、適切な耐震補強を施すことが必要だ。

8-3　歴史的建造物

1998（平成10）年の住宅統計調査によると、現在わが国の家屋数は4390万戸——人口2.8人に1戸といわれている。そのうちどれくらい伝統木造家屋——大雑把には戦前の住宅が残っているのか？『新版　図説・近代日本住宅史』の記述を次に引用しよう。

> 「戦前に建築された住宅は164万6千戸が残っているが、これは過去27年に460万戸が取り壊された末の数字である。平成5年から10年の5年間では50万戸の消滅であり、近い将来戦前に建築された住宅はほとんど見られなくなる事態も予想されうる。」[*1]

*1　内田青蔵・大川三雄・藤谷陽悦『新版　図説・近代日本住宅史』鹿島出版会、2008、42頁。

戦前につくられた家屋の解体を年間10万戸と仮定すると、2006（平成18）年には80万戸程度しか残っていないと予測される。これは全家屋戸数4390万戸の2%——50戸に1戸しか残っていないことを意味する。このまま放置すると、日本の伝統的な木造家屋はその優れ

た技法とともに、あと10年も経ずして、完全に消滅するだろう。状況はこれほどまでに危機的である。

ところで、現在わが国にはどれくらいの歴史的建造物が保存され、活用されているのだろうか？　じつは、英国では約40万棟。また、日本の約2倍の面積の米国のカリフォルニア州だけで10万棟が歴史的建造物として登録され、積極的な保存活用が進められている。驚くべきはドイツである。第二次世界大戦末期の激しい地上戦で壊滅的な被害を受けたこの国で、保存活用されている歴史的建造物は現在約100万戸に達しているのである。

一方、わが国はどうだろうか？　先に述べたが、日本はいまから約110年ほど前の、1897（明治30）年に「古社寺保存法」が制定されて、廃仏毀釈や行き過ぎた欧化主義の風潮のなかで壊滅の危機にあった、奈良や京都などに残る由緒ある古建築などの保存対策が始まった。このような歴史的建築物の保存に関する立法化は世界的に見ても早い時期に属するといわれ、その後、歴史的建造物の保護に関する法律は戦前戦後を通して数次の改正が行われた。しかしながら実態としては、現在までに国重要文化財として指定されたのは、わずか約4300棟に過ぎないのである。

このような流れのなか、歴史的建造物の保存活用に大きな画期となりうるのが「登録有形文化財」制度である。きっかけとなったのは1995（平成7）年の兵庫県南部地震。この地域には明治以降の近代建築をはじめ数多くの歴史資産があったが、これらが激しい直下型地震で大被害を受けた。

しかしながら、地震直後に歴史的建造物がいったいどのような被害を受けたのか調べようとしたが、じつは、どこに、どのような建物があるのかすらわからなかったのである。危機管理に不可欠な歴史的建造物の台帳すらつくられていなかったからである。そのため、地震後、

大勢の研究者や学生が歴史的建造物の被害調査に出向いたが、十分な成果を挙げることはできなかった。こうして、多くの歴史資産が省みられることもなく、次々と解体除却されるなど、取り返しのつかない事態を招いたのである。

　そのような苦い経験を通して、地震の翌年に導入されたのが登録有形文化財制度である。くわしいことは別として、基本的には50年以上前につくられた建物や工作物を対象に、従来は文化財としてあまり取り上げられてこなかった、工場や交通施設、土木構造物など日本の近代化に貢献した施設などを含め、地域の歴史的な景観に寄与するなど、ちょっと見所のある身近な建物を幅広く把握し、保存活用に役立てることができるようになった。

　従来は文化財というと、立派だが自分とは縁のないものと思われていたかもしれない。しかし、いまでは自分のお爺さんやお婆さんが生まれたころの古びた建物などが身近な歴史資産として認められ、保護すべき国民共通の財産として位置づけられるようになった。人々の価値観が大きく変わり始めたといえよう。こうして、日本でもようやく欧米各国と同じように、多くの歴史資産を幅広く保全し活用しうるシステムができあがってきたといえそうである。

　もっとも、登録文化財制度が始まって約10年を経た今日、登録文化財の数は約5500件。100年で4400棟が指定された国の重要文化財に比べると、その約10倍のペースで伸びているのは事実であるが、自治体が独自に指定している文化財をすべてあわせても、総数はわずかに約1万2000戸。前述のように欧米の先進国ではいずれも、数十万棟の建物を保護し、活用するためのプログラムを国をあげて豊富に整えているのに比べると、わが国がいかに遅れているかが実感されると思う。

　いま残っている戦前の家屋は多くて80万棟。この数

字の深刻な意味をもう一度考える必要があろう。わが国に現在残っているすべての戦前建築を文化財に登録しても、もはやドイツの100万棟という数字には及ばないのである。

　このような数字を前に、いままさに絶滅の淵にある伝統建築の保存やそれを支える伝統技術の維持継承発展を図るために、日本人は果たして真剣に取り組んでいるのだろうかと思う。神戸の震災では多くの木造住宅が倒壊し、多くの人命が失われたのは事実である。この原因について、木造の専門家の人たちは瓦が重い、土壁が悪い、あるいは伝統木造建築には耐震性がないなどと執拗に主張した。そしていまも多くの人々はそのように信じて疑わない。だが、このような専門家の主張は正しいのだろうか？

　そもそも神戸は戦災都市。市街地の大半は第二次大戦末期の無差別爆撃で焼失したという歴史的な事実を忘れてはならない。実際には震災で大被害を出そうにも、神戸には戦前からの伝統的な木造家屋はほとんど存在しなかったのである。あったのは、戦後に制定された建築基準法や住宅金融公庫仕様、あるいは建築学会規準に準拠した戦後の木造家屋ばかり。それらも、耐用年数わずか二十数年といわれるなかで、戦後50年の間に2回は建て替わっていたのである。誰が考えてもわかる話であるが、専門家が流布させた「伝統木造悪者論」ともいう言われなき風評によって、地震後に伝統木造建築物の解体にいっそうの拍車が掛かったのは周知の通りである。

　専門家の罪は限りなく重い。

8-4　歴史資産の保存活用が目指すもの

　愚痴はこの辺にして、最後に私たちが目指していることをお話しして結びにしたいと思う。

いま私たちの街を見渡すと、傷んで見すぼらしくなり、朽ちるままに放置されている民家や町家を目にすることはないだろうか？

　この姿は、じつは先に写真で示したように、いまから100年前の奈良の古社寺が荒れるままに放置されていたのとよく似ているように思えてならない。その時代に住む人は身近な歴史的な資産の意義についてあまり意識をしないものである。要するにその大切さに気づかず目の前のありふれた古い家屋などには関心を示さない。でも、100年後の人たちは、私たちには見慣れた町並みを、かけがえのない歴史資産として評価するに違いないのである。

　人は、前の世代の歴史資産を次の世代に引き継ぐことによって、文化的に豊かになってきたのだと思う。私たちを育んでくれた先人の歴史的な建物は、次の世代への贈り物として、良好な状態に維持して引き継いでいくことが大切だと思う。

　ところで、文化財修復というのは国や自治体が行うものであって、自分たちには関係ないとの思い込みがあるが、これは少数の国宝や重要文化財の話である。確かに、国宝や重要文化財などは、日本の宝というのではなく、人類共通の資産ともいえるものである。そのため、規模や技法を考えても、個人の手に負えるものではない。公的な保全措置がないと維持できないのは事実である。

　でも、いま目を向けるべきは登録文化財。その大多数を占める民家などは、もともと個人が自力でつくったものである。したがって、これらを修理し保存活用するのに、国や自治体に頼る必要はないはずである。

　ここに示すのは、茨城県の佐原市の重要伝統的建造物群保存地区で行われた伝統木造家屋の修復保存の事例である。佐原市のパンフレットから紹介しよう。この地区の町角に写真8-10のように誰が見てもひどく傷んでど

写真 8-10　重要伝統的建造物群保存地区の伝統木造家屋（佐原市）

写真 8-11　修復された家屋

うしようもないとしか見えない古びた建物があったが、調査に基づいて元の姿に修復したところ、写真 8-11 のような美しい姿が蘇った。びっくりするほどの変わりようで、このお店はとても繁盛している。

　写真 8-12 は、道路に面した店である。たぶん商売がきくということで、戦後に大きな看板を掲げ、入り口には 5 枚のガラス戸をはめ込んだ。そのころは、伝統的な外観よりも、この方がモダンでよいという時代だったが、その結果、町並みに趣がなくなってしまった。これをもとの姿に修復したのが写真 8-13 である。2 階の大きな看板を撤去して格子と戸袋を復元、2 階の軒と破風板を新しくして、もとの装飾も加えている。注目すべきは 1 階正面左側から 2 枚目の引き戸の脇に柱Ⓐが添えられていることである。この地域では建物の構造強度を

写真 8-12　大きな看板を掲げた伝統木造家屋（佐原市）

写真 8-13　修復された家屋

第 8 章　文化財の保存修復と活用

高めるために、店の前に一種の補強柱を設置する慣わしがあったといわれているが、それらはガラス戸や一階をガレージにして使うには邪魔だということで撤去されたらしい。しかしながら今回の修復に際して、昔の人の知恵を生かして補強柱を復元したことで、建物の趣だけではなく構造強度も改善できたのである。

　このような佐原の事例には学ぶところが多いと思う。いま木造家屋の耐震性の改善が叫ばれているが、多くの場合は耐震対策にまでは手がまわらないのが実情である。私たちは伝統建築の知恵を生かし、地域の大工さんや左官屋さん、屋根屋さんが慣れ親しんだ方法で町並み景観を保全しながら、同時に耐震性を改善できるようにしようとさまざまな現地調査や実験を行っている。

　さらに学びたい人は……
① 欧米には古い歴史的な町並みがいたるところに残されているのに、なぜわが国では魅力的な町並みが消えていくのだろう？　その背景を考えてみよう。
② 2014年現在、全国の平均空家率は14％。じつに7戸に1戸が空き家。さらに地方ではもっと激しくて、賃貸家屋の空き家率は30％を超え始めている。空き家を少なくして、町の賑わいを取り戻す方策を考えてみよう。
③ 若い人たちが親の住宅を引き継いでいけば、無理をしなくてもさらにもう1戸くらい住宅を手に入れることができるのではないだろうか？　そんな時代ではどんな面白いことができるか考えてみよう。

【column】

文化的景観

布野修司

　ユネスコの世界遺産委員会が「世界遺産条約履行のための作業指針」のなかに「文化的景観」の概念を盛り込んだのは 1992 年である。ユネスコの文化的景観には、庭園のように人間が自然のなかにつくりだした景色、あるいは田園や牧場のように産業と深く結びついた景観、さらには自然それ自体にほとんど手を加えていなくとも、人間がそこに文化的な意義を付与したもの（宗教上の聖地とされた山など）が含まれる。文化的景観として登録された世界遺産の第一号は、トンガリロ国立公園（ニュージーランド）である[*1]。日本もこの流れを受け、「文化的景観」を有形文化財、無形文化財、民俗文化財、記念物、伝統的建造物群に続く 6 つめのカテゴリーとして文化財保護法に取り入れることになるが（2004 年）、新たに保護の対象とした「文化的景観」は、「地域における人々の生活又は生業及び当該風土により形成された景観地で我が国民の生活又は生業の理解のために欠くことのできないもの」と定義される[*2]。

　アラビア半島のオアシス都市に住む人々は、沙漠に遠足に行くのを楽しみにしているという。日本人の感覚からすると、とても理解できない。しかし、世界にはさまざまな土地そして景観がある。景観とは「土地の姿」であり、日本にも北から南まで、さまざまな景観がある。「日本の景観」ということで一括できるかどうかは日本文化の問題となる。「日本」を、どこか別の地域「○○」（たとえばアラビア半島、たとえばブラジル）に置き換えても、基本的に同じである。土地を越えて伝播するものが「文明」であるとすれば、土地に拘束されるのが「文化」である。景観を考えることは、日本のみならず世界の「土地の姿」を考えることである。

風水

　中国には古来、風水説がある。土地をどう捉えるか、どうかたちづくるかについて、きわめて実践的な知であり術の体系とされるのが風水説である。中国で生まれ、朝鮮半島、日本、台湾、フィリピン、ヴェトナムなど、その影響圏は中国世界周縁に拡がる。「風水」は、中国で「地理」「地学」ともいう。また、「堪輿（かんよ）」「青烏（せいう）」「陰陽」「山」ともいう。「地理」は「天文」に対応する。「地」すなわち山や川など大地の「理」を見極めることをいう。「堪輿」は、もともと吉日選びの占法で、堪は天道、輿は地道を意味する。「陰陽」は、風水の基礎となる「陰陽論」からきており、「青烏」は、『青烏経』という、伝説上の風水師・青烏子に仮託された風水書に由来する。「山」は、「山師」の「山」である。山を歩いて（「遊山」「踏山」）、鉱脈、水脈などを見つけるのが「山師」である。

　「風水」は、「風」と「水」であり、端的には気候を意味する。風水の古典とされる郭璞（かくはく）（276～324）の『葬経』に「風水的首要原則是得水、次為蔵風」という有名な典拠があるが、風水の基本原理を一言で言い表すのが「蔵風得水」（風をたくわえて水を得る）である。また、風水の中心概念である「気」は、「夫陰陽之気噫為風、弁為動、斗為雷、降為雨、行乎地中而為生気」、陰陽の「気」が風を起こし、動きを起こし、雷を鳴らし、雨を降らし地中に入って「生気」となる、と説明される。

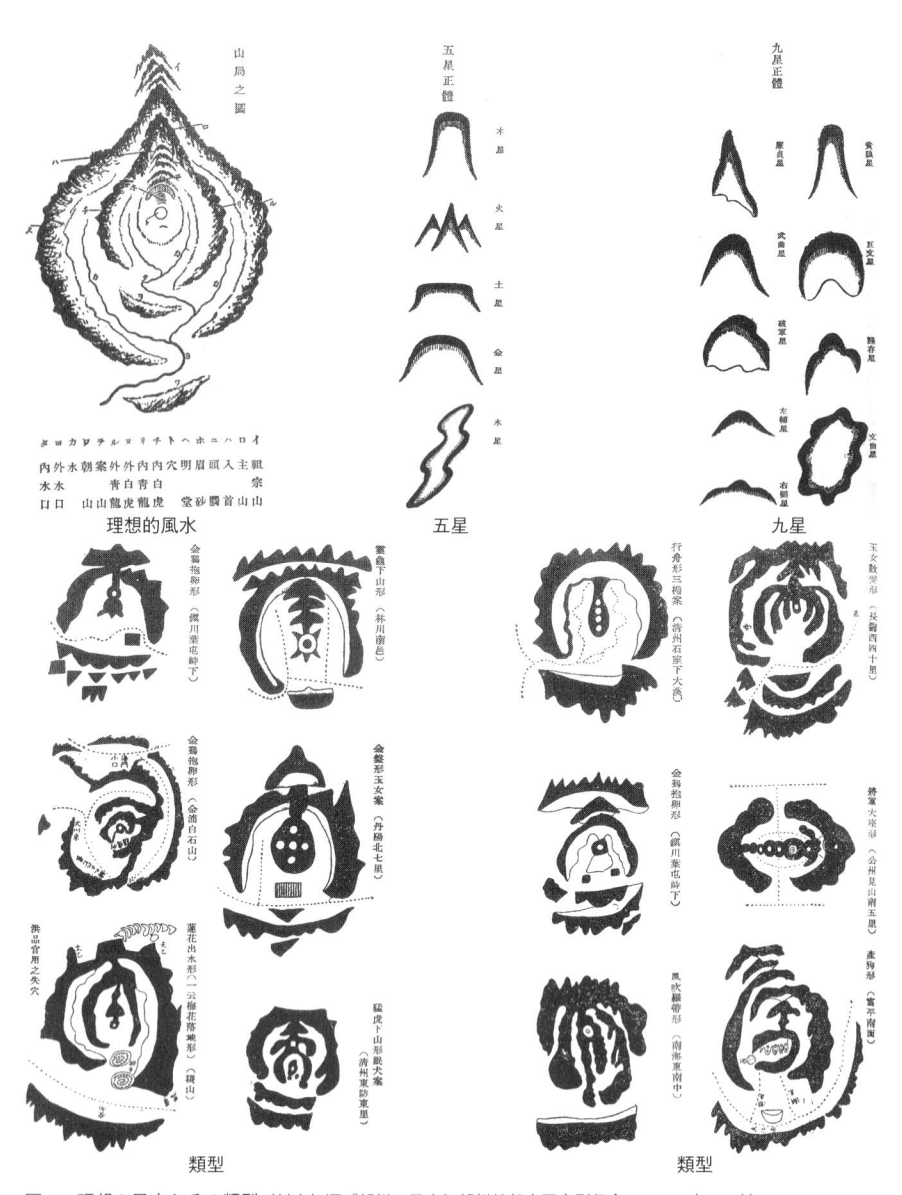

図1　理想の風水とその類型（村山知順『朝鮮の風水』朝鮮総督府国書刊行会、1972（1931））

風水説は、この「気」論を核に、陰陽・五行説、易の八卦説を取り込む。管輅（208〜256）ならびに上述の郭璞が風水説を体系化し、とくに江西と福建に風水家が多く輩出し流派をなした。地勢判断を重視したのが形（勢学）派（江西学派）で、羅経（羅盤）判断を重視したのが（原）理（学）派（福建学派）である。

風水説は、近代においては「迷信」あるいは「疑似科学」すなわち科学的根拠に欠けるものとして位置づけられてきたが、この間、その見

直しが進められ、建築、都市計画に関連しては、風水説を環境工学的に読み直す多くの書物が著されつつある。風水説の理論的諸問題についてはそうした少なからぬ書物に譲ろう。

風土記

「風水」とともに「風土」という言葉がある。すぐさま思い起こされるのは「風土記」であろう。唯一の完本である『出雲風土記』を見ると、まず出雲国の地域区分がなされ、それぞれの「郡」「郷」について、その地名のいわれ、地形、産物などが列挙されている。まさに「土地の姿」である。「風」は、空気の流れであるが、季節によって異なり、さまざまな気象現象を引き起こす。風土は、単なる土地の状態というより、土地の生命力を意味する。土地は、天地の交合によって天から与えられた光や熱、雨水などに恵まれているが、生命を培うこれらの力が地上を吹く風に宿ると考えられてきたのである。

風土すなわち土地の生命力が土地ごとに異なるのは当然である。『後漢書』にはそうした用法が見え、2世紀末には『冀州風土記』など、風土記という言葉を用いる地誌が現れる。風土という言葉は、英語にはクライメイト climate（気候）と訳される。その語源であるクリマ Klima は、古代ギリシアで傾きや傾斜を意味した。それが気候や気候帯を意味することになったのは、太陽光線と水平面とのなす角度が場所ごとに変わることからである。風土をどう捉えるかについては、あらゆる学問分野が関与する。景観あるいは風景、自然あるいは風土という言葉をめぐる著作に数限りがないのは、土地のあり方ひいては社会の根底、基盤に関わるものがそこにあるからである。

八景

江戸時代の半ば、享保年間に、「五機内」の「国」について、それぞれ、その沿革、範囲、道路、形勝、風俗を、また、郡ごとに、郷名、村里、山川、物産、神社、陵墓、寺院、古蹟、氏族などを記述した「五畿内」に関する最初の総合的地誌となる『日本輿地通志畿内部』（『五機内志』）全61巻（1734）がまとめられている。風土、風水によって、土地あるいは地域を把握する伝統は、江戸時代にも継承されていることを知ることができる。

そして、近世末にかけて、日本の景観享受のひとつの作法ができあがってくる。まず、「近江八景」を先駆として、景勝地を数え上げることが行われだす。それとともに葛飾北斎（1760～1849）の『富嶽三十六景』のような風景画が登場する。そして、景勝地を比較観察して、それぞれの価値や品格を論評する、古川古松軒（1726～1807）の『西遊雑記』（1783頃）、『東遊雑記』（1788頃）といった著作が現れ始める。

「近江八景」は、中国の「瀟湘八景」[*3]あるいは「西湖十景」などにならったものである。「瀟湘八景」とは、洞庭湖（湖南省）に流入する瀟、湘二水を中心とする江南の景観が、宋代に、画題として、詩的な名称とともに8つにまとめられたものをいう。

『日本風景論』

日本の風景に関する古典的著作として決まって言及されるのが、志賀重昂（1863～1927）の『日本風景論』（1894）である。

『日本風景論』は、日本風景の特性を大きく「日本には気候、海流の多変多様なる事」（2章）、「日本には水蒸気の多量なる事」（3章）、「日本には火山岩の多々なる事」（4章）、「日本には流水の浸食激烈なる事」（5章）、と4項目に分けて記述するが、ひたすら日本の風景を美しい、と唱える。志賀は、平均気温や降水量の分布図を示したこの著書によって、日本の近代地理学の祖とも目される。志賀重昂は、1886年に、海軍兵学校の練習艦「筑波」に従軍記者として乗り込み、10ヶ月にわたって、カロリン諸島、オーストラリア、ニュージーランド、フィジー、

サモア、ハワイ諸島をめぐっている。その後も、志賀は、台湾、福建、江南（1899）、南樺太（1905）などへの踏査を続けるが、1910年には、アフリカ、南アメリカ、ヨーロッパなど世界周遊の旅を行っている。また、1912年には、アメリカ、カナダにも渡り、1922年には、世界周遊の旅を再び行っている。志賀の一連の著作は、当時の日本人としては類のない広範な世界見聞に基づくものであった。

世界の風土を大きく「モンスーン的風土」「沙漠的風土」「牧場的風土」の3つに分けて論じたのが、風土論の古典とされる和辻哲郎の『風土』（1935）である。この3類型は、土地の姿をもう少し細かく見ようとするものにとっては、いささか大まかであるが、沙漠型という一項を介在させることにおいて、西欧 vs 日本という単純な二項対立は逃れており、戦後の、梅棹忠夫の「文明の生態史観」、中尾佐助・上山春平らの「照葉樹林文化論」などにつながっていく。高谷好一の「世界単位論」などを含めて、キーワードとなるのが、風土であり、生態圏である。

景観の構造

風景の基礎となる土地の物理的形状の視覚的構造、すなわち景観の構造を明らかにするのが、樋口忠彦の『景観の構造』（1979）であり、『日本の景観』（1981）である。

『景観の構造』は、第一に「ランドスケープの視覚的構造」を問題にしている。すなわち、景観の視覚的見え方を、①可視・不可視、②距離、③視線入射角、④不可視深度、⑤俯角、⑥仰角、⑦奥行、⑧日照による陰陽度、の8つの指標において捉える。

視覚の対象としての景観は、まず、見えるか見えないかが問題である（①）。景観は、視点からの距離によって異なり（②）、近景、中景、遠景といった区別が一般的に行われる。この距離による見え方は、空気が乾燥し澄みきった日には遠くの山々が近くに見えるなど、天候や大気の汚濁度によって異なる。この原理を活かした「空気遠近法」という絵画の手法は古くから用いられてきた。視線入射角とは、面的要素と視線とのなす角度をいう（③）。視線に対して平行な面は見にくく、垂直な面は見やすい。不可視深度あるいは不可視領域というのは、視点の前にある対象物によって、視点からある地点（領域）がどの程度見えないかを示す指標である（④）。俯角（⑤）、仰角（⑥）は、俯瞰景、仰観景に関わる。奥行（⑦）は、連続的平面の前後の見え方に関わる。日照による陰影度（⑧）も遠近に関わる。

『景観の構造』は、続いて、「日本において見られる地形の類型を7つに分類する。すなわち、①水分神社型、②秋津洲やまと型、③八葉蓮華型、④蔵風得水型、⑤隠国（隠処）型、⑥神奈備山型、⑦国見山型の7つである。①は山々や丘陵の間を川が抜け、山地から山麓の緩傾斜地に移って平地に開ける景観、②は四周を山々に取り囲まれた平野部の景観、③は同じように四周を山々に取り囲まれるが、平野部からは隔絶した山中の聖地、④は風水にいう「蔵風得水」のかたち、三方を山々に囲まれ南に拓いた景観、⑤は峡谷の上流に奥まった空間、⑥は神奈備山として仰ぎ見られる景観、⑦は山・丘陵から見下ろす景観である。

地形は、あらゆる人工構築物が「図」として立ち現れてくる「地」であり、土地の景観を考える上では、まず、地形のあり方、地形の空間的構成を問題にする必要がある。自然の地形は、必ずしも、単なる「地」ではなく、「図」としての意味を付与され、人工構築物（神社、仏閣、集落、都市）の建設にあたっては、地形のあり方を前提として選地がなされ、設計されるのが一般的であった。『景観の構造』で示された日本の地形の7つの空間的型は、歴史的・伝統的に大きな意味を持ち、日本の心象風景となってきた。

都市景観

 以上のように、日本の風景、景観をめぐる諸説、議論は、基本的には、自然景観を対象とするものであった。

 日本の景観の歴史的層を大きく振り返ると、第一の景観層は、日本列島の太古に遡る自然景観の基層である。『風土記』が記載した世界の景観は縄文時代に遡るが、それ以前の日本列島の景観は、「日本」という枠組みが形成される以前の景観の古層である。

 そして、稲作が開始され、日本の農耕文化がほぼひとつの文明の完成に達した時点で現れた景観が第二の景観層である。18世紀末から19世紀初頭の日本には、わずかばかりの畜力のほかは、すべて人力でつくりあげた景観ができあがっていた。今日、日本の景観の原点として振り返られるのはこの景観層である。

 明治に入って、日本の景観に新たな要素として、西欧風の建造物が持ち込まれる。開港地と呼ばれた港町（築地、横浜、神戸、長崎、新潟など）に諸外国との外交、交易のために建てられた諸施設がその先駆である。大工棟梁の清水嘉吉が木造で西洋風の建物として建てた「築地ホテル」は「擬洋風」と呼ばれる。やがて、銀座煉瓦街の建設や日比谷官庁集中計画など、洋風の都市計画が始められた。また、産業基盤を支える道路整備や鉄道の敷設、ダムの建設などが日本の国土を大きく変えていく端緒となった。この新たな都市景観の誕生が日本の景観の第三の景観層を形成することになる。

 江戸時代までの都市の景観は、江戸、大阪、京都といった大都市も含めて、第二の景観層に溶け込んでいたと見ていい。人口百万人を擁した江戸にしても「世界最大の村落」といわれるように、農村的景観に包まれていたし、街並み景観をかたちづくる建物も、木、土、石、紙など基本的に自然材料によってつくられていたから、その色彩にしても一定の調和が保たれていた。そして、この都市景観は、少なくとも昭和戦前期まで緩やかに維持されていた。

 西欧においても、ランドスケープをもとにしてシティスケープという言葉が初めて用いられたのは1856年、タウンスケープにいたっては1880年という。都市計画 Town Planning, City Planning, Urban Planning という用語は、さらに新しく、都市のレイアウト The Laying Out of Town という言葉が初めて使われたのは1890年のことだった。都市景観が問題になるのは20世紀以降のことである。

 明治に入って、まったく新たな建築様式が持ち込まれ、定着していくことになるが、鉄とガラスとコンクリートによる建築が一般化していくのは1930年代以降である。日本の近代建築は、明治期をその揺籃の過程とし、昭和の初めには、ほぼその基礎を確立することになる。そして、日本の近代建築は、15年戦争期によってその歩みを中断され、戦後になって全面開花することになる。

注

*1　日本の世界文化遺産、紀伊山地の霊場と参詣道（2004）、そして石見銀山遺跡（2007）、さらに富士山（2013）も文化的景観として登録されたものである。

*2　2006年に、滋賀県近江八幡市の「近江八幡の水郷」が重要文化的景観第一号。以後、2014年3月現在で合計43件が選定されている。

*3　瀟湘とは、洞庭湖から瀟水と湘水が合流する辺りまでの湖南省長沙一帯をいう。風光明媚で知られるが、さまざまな伝説や神話にも彩られる。桃源郷の伝説もこの一帯から生まれた。

【コラム】文化的景観

第9章　作品としての都市——都市組織と建築

建築をつくることが都市をつくることにどう結びつくのかという視点から都市について考えたい。そもそも都市とは何か、その起源と歴史を大きく振り返り、現代都市の行方を展望する。そして、都市のかたちを生む都市計画の基本的作法について理解し、身近な街（都市組織）をつくっていく方向を確認したい。

布野修司

9-1　生きている作品

都市はひとつの作品である。

都市はさまざまな主体によってつくられる。そういう意味では、集団による作品である。一人の天才によって都市全体の計画が提案されることはもちろんある。また、アンコール・トム[*1]のような古代の都市がそうであるように、それぞれの地域においてコスモロジー（世界観、宇宙観）に基づいて都市が理念的に建設されることも行われてきた。

しかし、実際の都市建設には無数の人々が関わる。そして、理念通りに都市が完成されることはむしろ稀である。たとえば、中国隋唐の都、長安[*2]にしても、それを模したとされる平安京にしても、その計画の全体が完成する前にそのかたちを変えていった。20世紀後半に首都として建設されたブラジリア[*3]にしても、チャンディガール[*4]（図9-1）にしても、当初はスクォッター[*5]たちが建設予定の空地を占拠する事態を招いた。理念は理念として、それがそのまま実現するとは限らないのである。

都市はまた歴史の作品である。

都市の建設は一朝一夕にできるものではない。また、

*1　カンボジア、シェムリアップに、12世紀後半ジャヤヴァルマンVII世によって建設された都城。一辺約3kmの正方形で、中心にバイヨン寺院が位置し、全体はヒンドゥー都城の理念に従って建設されたと考えられている。ただ、街区構成などまだ未発掘である。

*2　隋唐長安は、中国の歴史において最も体系的に計画され建設された都城である。隋の文帝（楊堅）（581〜604）が建設した大興城がそのもとになっている。その設計を担当したのは宇文愷（555〜612）という天才建築家である。宇文愷は洛陽城の設計も行い、各種宮殿や運河など数多くの土木、建築工事に関わった。のみならず、「大張」という数千人が座る巨大な移動式、組立式天幕建築、「観風行殿」なる回転式スカイラウンジ、「観文殿」という自動扉、自動開閉式の書架を設計したとされる。宇文愷は、あたかもルネサンスのダ・ヴィンチやミケランジェロのような万能人にも比すべき存在で、漏刻（水時計）も制作している。

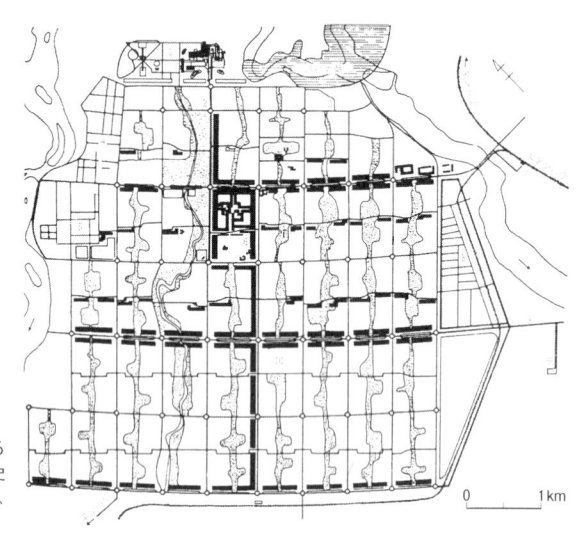

図 9-1　ル・コルビュジエによるチャンディガールの計画図（都市史図集編集委員会『都市史図集』彰国社、1999）

*3　ブラジルの首都。1957年に行われた設計競技で選ばれたブラジル人建築家ルシオ・コスタ（1902～1998）による計画。国会議事堂、大聖堂など主要な建築はオスカー・ニーマイヤー（1907～2012）による。建設開始半世紀も経ずして1987年に世界文化遺産に登録された。

*4　インド・パンジャブ州の州都。インドが大英帝国の支配を脱し、分離独立したあと逸早く計画された。最初のマスタープランはアルバート・マイヤーとマシュー・ノヴィッキによって計画されたが、ノヴィッキが不慮の事故により死亡し、1950年にル・コルビュジエがその後を引き継いだ。

*5　squatter。しゃがみ込むsquatという英語に由来する。土地の権利を持たず公共用地や他人が所有する土地を占拠して居住するものをいう。発展途上地域の急激な都市化によって大量のスクォッターが発生したことから、スクォッター・セツルメントという言葉が一般的に用いられるよう

完成ということもない。人々によって日々手が加えられ、時代とともに変化していく。

　そこで、都市はひとつの書物に例えられる。あるいは、さまざまな集団の営みが絡み合った、ひとつの織物に例えられる。まちを歩けば、あらゆる場所に歴史が刻まれている。さまざまな出来事、活動、事件の記憶が書き込まれている。都市は、無数の物語を含み込んだ巨大な書物である。この書物をどう読むのか、いかに書き継ぐかが、われわれにとってのテーマとなる。すなわち、この書物は完結した物語ではない。日々書き続けられる書物である。

　都市は生きている作品である。

　都市に住む人々によって日々都市はつくられる。都市に住むこと自体が、住民それぞれの表現であり、都市という作品への参加である。誰も住まない遺跡と化した都市、廃墟となった都市そのものは、ここでの対象ではない。たとえ、世界文化遺産に登録されたり、伝統的建造物群保存地区に指定されたりする都市でも、いまここに生きている都市住民によって価値づけられ意義づけられ

るのであって、そうした意味で都市は生きている。

　都市が集団の、歴史の、そして都市住民の生きた作品であることをまず確認することによって強調したいのは、都市計画が、都市に住む人々にとって、きわめて身近なものであることである。都市という作品にすべての人が関わっているということである。都市は、現在を生きている都市住民のものである。都市生活者にとって価値と意味を持たなければ、これまでの都市は変えなければならない。都市の未来はわれわれが握っているのである。場合によっては、都市の歴史を抹殺し、都市自体を廃棄してしまうことも可能である。問題は、人々の依拠する価値とは何かである。

　前提となるのは、実際にそれぞれの都市に住み、都市空間を使用する人々の価値観を尊重することである。また、地域社会の住民たちの意向を大切にすることである。つまり、土地や建物を「商品」と見なし、都市開発を投資の対象とすることを第一義的には考えないということである。実際に、今日の都市のあり方を大きく規定しているのは経済的価値であり、資本の論理である。現実の都市計画は市場原理を無視しては成り立たない。しかし、少なくとも、都市生活者の日常生活を考えることを出発点にしたい、地域社会の判断をベースに置きたい、ということである。生活者の要求が的確に踏まえられなければ市場も成り立たない。また、さまざまなプロジェクトも地域社会の了解が得られなければ成功しないのである。

　都市は、それ自体閉じた世界としては成り立たない。国などの上位組織や他都市、あるいは後背地との関係の上に都市は成り立っている。すなわち、一時的に観光客として都市を訪れる人によっても、近郊に住む人によっても都市は支えられている。今日では生まれてから死ぬまで同じ都市に住み続ける人の方が珍しいだろう。多様な価値観を持った人々が共存するのが都市である。

になった。学術用語として、マージナル・セツルメントも用いられる。先進諸国のスラムとは異なり、農村的コミュニティの共同体組織は維持されることが一般的で、それぞれ固有の言葉で呼ばれる。一般的には都市村落 urban village といわれる。

都市は、そうした意味では、ひとつのメディア（媒介物）である。さまざまな人々が共に住むための、またコミュニケーションするための手段である。だから、都市には、なんらかの仕組み、制度が必要とされる。すなわち、日常生活を共にするためにそれなりのルールが必要である。自分の所有地だからといって、法律さえ守れば自由だといって、好き勝手な建物を建てていいわけではない。近隣との関係は大切である。

　以上のように、都市の景観は、都市に住み続ける人たちの表現であり、作品であり、歴史的資産である。

9-2　都市という言葉

　まず、都市という言葉の意味を詮索してみよう。

　日本語の「都市」というのは、「都（みやこ）」と「市（いち）」を合成した造語であって、古来ある言葉ではない。「都」は、いうまでもなく、王権の所在地、天皇、首長の居所である。古代においては必ずしも固定的な場所ではなかった。ほかに「宮都」あるいは「都城」[*6]という言葉が使われる。都市といっても特殊な都市である。

　「市」というのは、物が交換される市場であるが、物だけでなく、人々の自由な交渉の場でもある。日常の生活や秩序とは区別される「無縁」の空間をも意味した。「市」の機能は、都市のひとつの本質的特性である。

　「町（まち・ちょう）」という言葉は、文字どおり、もともと田地の区画を意味したが、やがて「都」の条坊の一区画を指すようになった。都、市、町のほかにも、「津」「泊」「浜」「渡」「関」「宿」など、都市的集住の場を示す多様な語が日本語にある。

　中国語では「城市」という。府、州、県といった行政単位の中核都市が「城市」である。「都城」というのは「都」すなわち王都（首都）について使われる。「城」の字が使

*6　中国の史書で用いられる「都」あるいは「都城」は「都市国家」の時代ないし「領域国家」の時代における諸侯また卿（けい）・大夫（たいふ）の都市をいう。王の都である「王城」とははっきり分けられていた。漢代の文献でも、「都」は、みやこの長安を除いた地方の大都市を意味した。すなわち、「都城」は、中国古代において「王権の所在地としての都市」ではなかった。「都城」が天子の場所を一義的に意味するようになるのは明末以降のことである（顧炎武『日知録』）。

われるのが中国都市の形態の特徴を示している。中国の都市はそもそも城壁で囲われるものなのである。中国の都城制を日本は導入するが、中国あるいは西欧の都市と日本の都市が決定的に異なるのは「城壁」の有無であろう。

　西欧ではどうか。ギリシャのポリス、ローマのキヴィタス civitas がすぐ思い浮かぶ。ラテン語のキヴィタスは、シティ city、シテ cite、チッタ citta などの語源であるが、日本や中国の都市の概念と異なる。キヴィタスとは、第一義的には、自由な市民の共同体を指す。また、その成員権（市民権）を持つものの集まりをいう。奴隷は含まれない。そして、一定の土地のまとまりを意味しない。人の集団が問題である。その成員の住む集落やテリトリーを含めた地域全体がキヴィタスである。そうした意味では、キヴィタスは、都市というより「国（くに）」＝都市国家といった方がいい。キヴィタス群がローマ帝国をつくり、ローマ市民の一部が各地に送られて形成したのが、キヴィタス類似の「植民都市（コロニア colonia）」である。

　ギリシャのポリス polis は、同じように都市国家と訳され、キヴィタスに対応する語とされるが、語源は不明らしい。城壁都市を指す場合、その中心のアクロポリスのみを指す場合、城壁がなくてある領域を指す場合などいろいろある。

　ラテン語には、もうひとつウルブス urbs という語、概念がある。農村に対する「都会」という意味だ。アーバン urban の語源である。ウルブスというのは、もともと、エトルリア地域で他と聖別された区域としての「ローマ市」を意味したのであるが、次第に一般的に使われるようになったという。さらに、オピドゥム oppidum という語がある。「城砦」を意味する。

　ペルシャ語ではシャフル、トルコ語ではシェヒル、もしくはケントという。シャフルは、王権、王国、帝国と

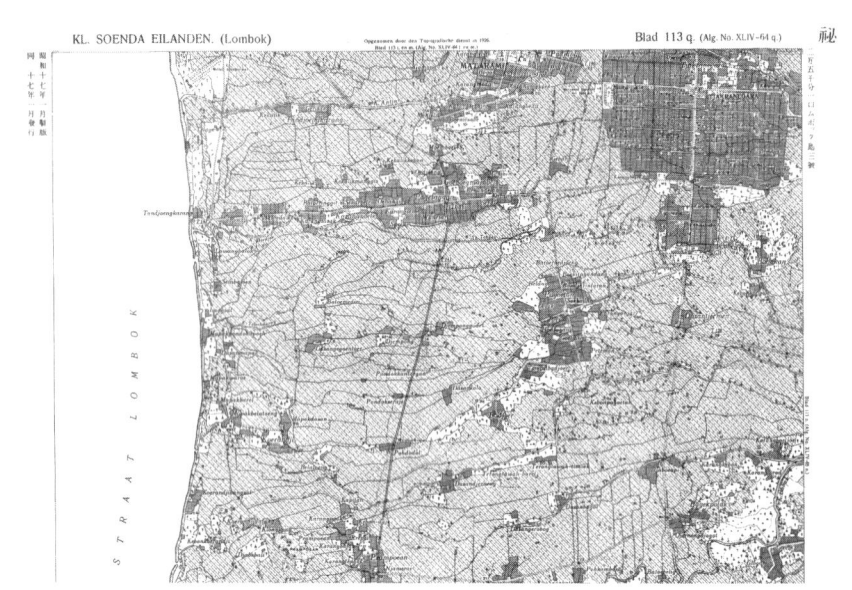

図 9-2　チャクラヌガラ、ロンボク島地図（1942 年）
（布野修司『曼荼羅都市――ヒンドゥー都市の空間理念とその変容』京都大学学術出版会、2006）

　同じ語源に由来するという。「都」の意であろう。後には「地方」という意味を持つようになるという。インドには、ナガラ（都市）、プラ（都市、町）、ドゥルガ（城塞都市）、ニガマ（市場町）といった語、概念がある。インドネシアでは、一般に都市・町をコタ kota という。サンスクリットでは城砦都市を意味する。面白いことに、ヒンドゥーの影響の強い、インドネシアのロンボク島にチャクラヌガラという都市がある（図9-2）。また、ヌガラ negara というと、東南アジア一帯で使われているが、少しずつニュアンスが異なるように見える。ジャワでは内陸の都市国家を意味し、大陸部では沿岸部の交易都市を指す。また、インドでプル pur というとジャイプル、ウダイプルといって都市のことであるが、バリやロンボクでプラ pura というと寺のことであり、プリ puri というとその祭祀集団の屋敷地をいう。

　こうして都市という言葉の意味を探ってみるだけでも、その多様な特性を知ることができる。

9-3　都市の起源

　都市はいつどこで誕生したのか。都市の起源はどのように考えられてきたのか。ものごとの起源について考えることはその本質を深く考えさせるが、都市の起源についてもそうである。

　古代の都市と考えられる遺構（数多くの住居址など）が発見された場合、これが都市かどうかはどう判定されるのであろうか。"Urban Revolution"（都市革命）[*7]という論文を書いた考古学者のG.チャイルドは、発見された遺跡を都市とする条件として次の10項目をあげる。①規模（人口集住）、②居住者の層化（工人、商人、役人、神官、農民）、③租税（神や君主に献上する生産物）、④記念建造物、⑤手工業を免除された支配階級、⑥文字（情報記録の体系）、⑦実用的科学技術の発展、⑧芸術と芸術家、⑨長距離交易（定期的輸入）、⑩専門工人。

　規模が大きいといっても相対的である。G.チャイルドの場合、分業と階層分化（②③⑤⑧⑩）を重視している。租税、文字といった社会関係に関わる要素も注目される。

　"The City Shaped"（形成された都市）[*8]を書いた建築史家のS.コストフ[*9]も、都市とは何かをめぐって、いくつかの要素を列挙している。[*10] Ⓐ活力ある群衆 Energized Crowding、Ⓑ都市クラスター Urban Clusters、Ⓒ物理的境界 Physical Circumscription、Ⓓ用途分化 Differentiation of Uses、Ⓔ都市資源 Urban Resources、Ⓕ書かれた記録 Written Records、Ⓖ都市と田舎（後背地）City and Countryside、Ⓗ記念建造物 Monumental Framework、Ⓘ建造物と市民 Buildings and People。都市は単独で存在するのではなく他の都市とヒエラルキカルな関係を持つ（Ⓑ）、また、必ず後背地との関係において存在する（Ⓖ）といった視点が重要である。

[*7] Childe, V. Gordon, The Urban Revolution. *Town Planning Review* 21: 3-17, 1950.

[*8] Kostof, Spiro, *The City Shaped: Urban Patterns and Meanings Through History*, Bullfinch Press 1991.

[*9] イスタンブル生まれ。1936〜1991。エール大学卒業。カリフォルニア大学バークレーで教鞭をとった。アメリカを代表する建築史家として活躍。"The Architect: Chapters in the History of the Profession"、"America by Design"、"The City Assembled: Elements of Urban Form through History"など。邦訳は『建築全史──背景と意味』鈴木博之訳、住まいの図書館出版局、1990（*A History of Architecture: Settings and Rituals*, 1985）。

[*10] S.コストフは、シカゴ派の都市社会学者L.ワースの「都市とは社会的に異質な個人が集まる、比較的大きな密度の高い恒常的な居住地である」、そして都市文明批評家L.マンフォードの「都市とは地域社会の権力と文化の最大の凝集点である」をまず引いている。

高密度の集住、分業、階層化と棲み分け、物資、資本、技術の集中、権力、宗教の中心といった特性が共通してあげられるが、そうした要素が形成されていく過程をめぐって、すなわち都市の発生、その起源をめぐってもさまざまな議論がある。

　古来、採集狩猟の時代から、人々は集落を形成してきたと考えられている。しかし、その集落の規模が大きくなることで都市が発生するわけではない。都市の発生にはある契機が必要である。穀物栽培のための定住である。

　都市の発生は一般的には農耕の発生と結びつけられて理解される。天水利用による農耕の開始によって定住的な集落がつくられる。そして、灌漑技術の発展による生産力の増大が決定的であった。集落規模は急速に拡大し、その数が増すとともに、それを束ねるネットワークの中心・結節点としての都市の誕生にいたる、というのが一般的な説明である。この農耕革命による生産力の増大と余剰生産物によって都市の誕生を説明するのが剰余説である。

　そうした生産力理論に基づくⒶ剰余説に対して、Ⓑ市場説、Ⓒ軍事（防御）説、Ⓓ宗教（神殿都市）説、Ⓔ政治権力説など、さまざまな起源説がある。Ⓑ市場説は、交換の必要性が都市を必要としたということで、まさに都市の本質に関わる。Ⓒ軍事（防御）説は、余剰生産物をめぐる争いに対処するために集住して城壁で取り囲む都市が発生したとする。城壁の存在が不可欠ということになるが、これを絶対の条件とすると、城壁を持たない日本の都市は都市の定義から外れることになる。Ⓓ宗教（神殿都市）説は、宗教的権威の周辺に人々が集住することによって都市が成立したとする。社寺仏閣の門前町がそうであるが、古来、神殿を中心にした都市は少なくない。

　都市を権力の空間的装置とする見方（Ⓔ）も都市の本

*11　藤田弘夫『都市の論理』中公新書、1993。

*12　農耕起源に関するこれまでの議論は西アジアの状況をもとにしており、他の地域でも通用するとは限らないが、①氷河期終了後の完新世に気候が温暖化し、か

質を突いている。藤田弘夫の『都市の論理*11』のように、都市の起源を権力の発生と同時と考えるとすれば、都市の発生と国家の発生は同じである（都市国家）。この場合、余剰は最初から社会的余剰である。すなわち都市住民のために生産物を強制的に移動させるのが権力である。農耕集落から自然に都市へ発展するという一般的な見方（Ⓐ）に対して、さまざまな理由で採集狩猟生活を継続できずに定住を余儀なくされたために農耕が始まったという見方もある。定住革命説である。

　何事も起源をめぐる議論は多くのことを深く考えさせるが、都市の起源についての議論も都市について考える多くのヒントを与えてくれる。

　新人類（ホモ・サピエンス）の起源とその拡散をめぐる定説はまだないが、アフリカ・イブ仮説によれば、およそ13万年前にアフリカを出立したホモ・サピエンスは、まず西アジアに向かい、そこからいくつかのルートでユーラシア各地に広がり、さらにベーリング海峡を渡ってアメリカ大陸へ向かったとされる。そして、およそ1万年前ごろに西アジアで農耕が開始され*12、やがて都市文明が生まれる。現在のところ世界最古の都市遺跡と考えられているのは、パレスティナのイェリコ*13あるいは小アジアのチャタル・ヒュユク*14である。紀元前6500年から5500年ごろの都市遺跡とされる。

　古代の都市文明は、いずれも、栽培植物としての穀物を持っている。「肥沃な三日月地帯」として知られるメソポタミアは大麦と小麦だ。考古学的な遺構によると、灌漑技術が発明されたのは紀元前5500年ごろだという。それとともに集落の規模は飛躍的に大きくなり、またその数も増えた。そうしたなかから、ウル*15やウルク*16といった都市国家が生まれてくる。バビロニア南部のシュメールの地に最初の都市国家が勃興したのは、紀元前4000年紀末ないし3000年紀初めごろだという。

つ湿潤のままに安定化しなければ、また、②意図的な植えつけ作業と栽培の季節性がなければ、農耕は発生しなかったと考えられている。農耕発生の諸理論には、Ⓐ自然条件などが恵まれていたとする「ゆたかさ説」、Ⓑ乾燥化など環境条件の変化や人口増加などが農耕を必要としたという「ストレス説」、Ⓒ植物と人間の共進化、無意識的ダーウィン的「淘汰説」などがある。

*13　Jericho エリコ、ジェリコ。ヨルダン川西岸地区、死海の北西部に位置する。19世紀後半以降、ヨーロッパの考古学者によって調査が行われ、1952年にイギリスのキャスリーン・ケニヨン（Kathleen Kenyon）らが行った調査で、紀元前8000年紀には城壁集落が存在したことが確認された。初期の町は新石器時代の小規模な定住集落で、メソポタミアの都市文明とはつながらないとされている。

*14　アナトリア南部の都市遺構。1958年に発見され、1961〜65年にかけてジェームス・メラート（James Mellaart）によって発掘調査されて、世界的に知られるようになった。最古層は紀元前7500年に遡るとされる。最古の都市遺構ともされたが、メラートは巨大な村落とする。

*15　古代メソポタミアシュメールの都市遺構。アブラハムはウルに生まれたとされる（旧約聖書）。起源は紀元前5000年紀とされ、都市が本格的に拡張を始めるのは紀元前4000年紀に入ってからとされる。

*16　イラク・サマーワのワルカ遺跡。都市神はイナンナ。旧約聖書にはエレクとして登場する。19世紀半ばに発見。最も初期の楔形文字がウルクから発見されている。

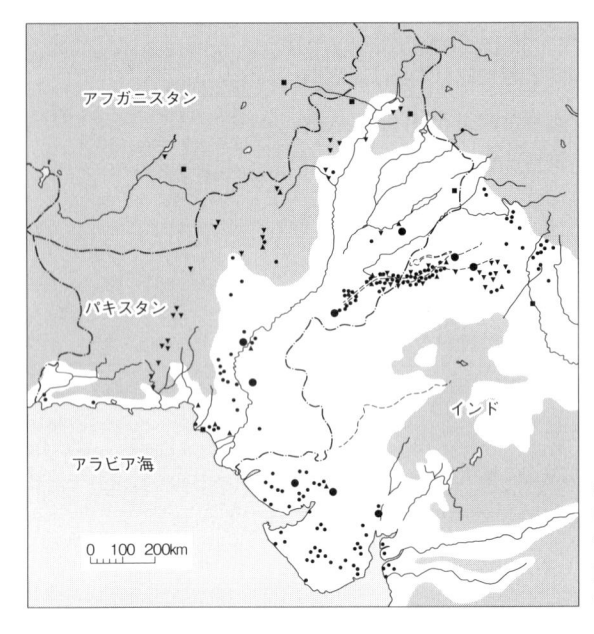

図9-3 インダス文明の諸都市分布（布野、前掲書）

凡例：
▼ 先ハラッパー期/バローチスターン諸文化の遺跡
▲ 先〜真ハラッパー期の遺跡
● ハラッパー期の遺跡
● インダス文明の都市遺跡
■ 現代の都市
　 標高400m以上の地

　古代エジプトの場合、古王国期の統一王朝最初の都メンフィスなど現在と同じ場所に古代都市が造られており、その実態はよくわからないらしい。ただ、興味深いのは、城壁を持たないことだ。また、ネクロポリス（埋葬都市、死者の都市）が造られているのも特徴的である。クフ王など三大ピラミッドで著名なギザはネクロポリスである。

　インド亜大陸に最初に都市が出現したのは、紀元前2300年ごろである。インダス川流域のハラッパー、モエンジョ・ダーロの二大都市に代表される諸都市がそうだ（図9-3）。インダス文明は、一説によると森林資源の涸渇による環境問題のために滅亡したとされる。紀元前1700年ごろから衰退し消滅するが、紀元前6世紀ごろに再びいくつかの都市が現れている。マウリヤ帝国の首都パータリプトラがその代表である。

　中国における城郭都市の出現は、紀元前1500年の殷代のこととされる。それ以前は、邑（ゆう）という都市国家的集落が中心であった。紀元前4、3世紀になると黄河下流

域でいくつかの巨大城市が発生する。斉の臨淄、趙の邯鄲がそうである。国都としては前漢の長安、後漢・曹魏の洛陽、北魏の洛陽、隋唐の長安、洛陽については、わが国の都城、宮都との関連でわれわれには親しいところである。最近の発掘事例から、揚子江流域でも都市文明の存在があったのではないか、という説も出てきた。揚子江は稲作文明、黄河は麦の文明である。

9-4　都市の世界史

都市文明の成立とともに、人類はその歴史を歩み始めるが、現代都市のあり方を確認するために、今日にいたる都市の歴史を一気に振り返ってみよう。

かつては、西欧の都市概念をもとにして、古代都市、中世都市、近世都市、近代都市のように歴史の時代区分に応じた段階区分が行われてきた。また、生産様式をアジア的、奴隷的、封建的、資本主義的、社会主義的という段階に分ける社会経済史観に基づいた区分によって都市の類型化[*17]が行われてきた。しかし、都市の形態は必ずしも歴史的区分や経済的発展段階にあわせて変化するわけではない。都市の形態を変えるのは、都市生活のあり方であり、それを支える社会の仕組み、そして科学技術のあり方である。

原初的な都市形成の諸段階については、「紙上考古学」と称する古文献をもとにした宮崎市定による中国都城の起源とその発展段階についての図式化がわかりやすい（図9-4）[*18]。まず、小高い丘に城が建てられ、周囲に人民が散居する山城式（第三式）が成立する→そして、その周囲に郭を廻らす城主郭従式（第二変式（イ））が現れ→城郭が二重に囲われる内城外郭式（第二式）[*19]が成立する。並行して→内城の城壁がはっきりしなくなる城従郭主式（第二変式（ロ））となり→城壁（城＝郭一体）式（第一式）

*17　M.ウエーバーの『都市の類型学』17（経済と社会　第二部「経済と社会的・秩序および力」第九章「支配の社会学」第八節「非正統的支配」）。すべての都市に共通しているのは、ただ一事、大「聚落（オルトシャフト）」であることである、その本質は「市場定住地」である、という定義から始めて、M.ウエーバーは、まず「消費者都市」と「生産者都市」を区別する。また「工業都市」「商人都市」「農業市民都市」という類型を区別している。さらに要塞の有無を論じて「要塞と市場の統一体としての都市」という概念を提出する。M.ウエーバーの都市類型論の核にあるのは「西洋における都市『ゲマインデ』の団体的性格と『市民』の身分的資格」そして「東洋におけるこの両概念の欠如」という視点である。すなわち、「都市ゲマインデ」と「市民」からなるのが都市である。そして「都市ゲマインデ」は、①防御施設、②市場、③裁判所を持ち、さらに④団体として、⑤自律性、自主性を持つのが条件である。

*18　宮崎市定「中国都城の起源異説」（1933年）、『宮崎市定全集3　古代』岩波書店、1991。

*19　宮崎は触れないが、『管子』度地篇に「内為之城、城外為之郭」「天子中而処、謂因天之固、帰地之利」などとあり、内城に天子の居所があり、外郭に庶民が住んでいたことが推定できるのが内城外郭式である。

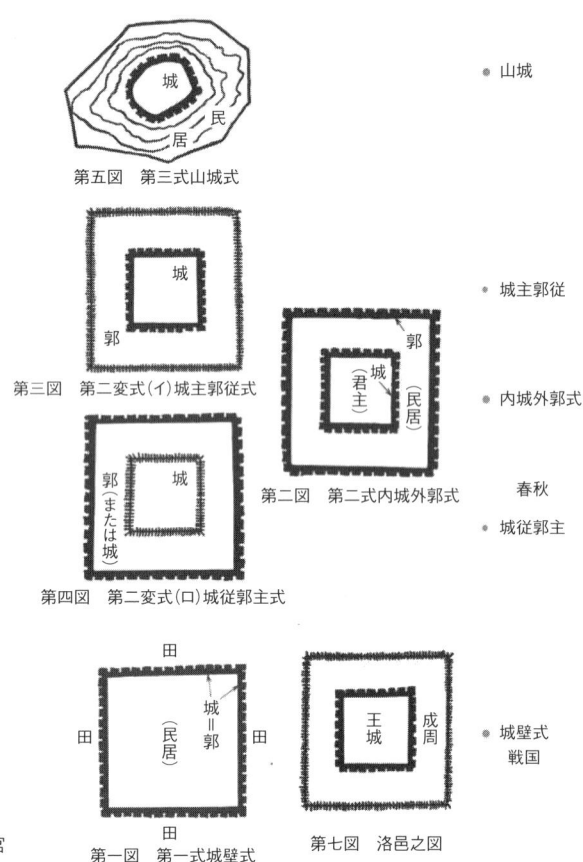

図 9-4 中国都市の発展モデル、宮崎市定「紙上考古学」（＊18 より）

が生まれる、という発展図式である。文献上では、城壁（城＝郭一体）式は、戦国時代以後あるいは秦漢以後に多く、内城外郭式は春秋時代に多いことから、原型として山城式を想定して、都市の発展過程を推定するのである。この宮崎の都市発展モデルのうち、城郭が二重に囲われる内城外郭式（第二式）は考古学的遺構としてはほとんど見られないが、城郭＝城＋郭の構成ということであれば、ヨーロッパでもインドでも一般的に見られる。

都市の歴史の第一の画期となるのは、火器の誕生による攻城法の変化であり、それに対応する築城術の変化である。15 世紀がその転換期となる。火器、すなわち、火薬による銃や大砲の出現以前は、攻撃より防御が築城

の基本であった。そして、戦いを制したのは騎馬の技術であった。史上最も騎馬戦に長けたのはモンゴルであり、モンゴルが建てた大モンゴルウルスがユーラシア大陸のほとんどを支配するにいたるのは13世紀前半のことである。

　西洋の城郭都市は古代ローマ帝国の築城術などを基礎として発達してきた。12世紀から13世紀にかけて、十字軍経由で東方イスラーム世界の築城術が導入され、またビザンツ帝国の築城方式の影響も受けて、西洋の築城術は15世紀には成熟の域に達する。しかし、火薬と火器、火器装備船の出現はその成熟を無意味なものとしてしまう。ヨーロッパで火薬兵器がつくられるのは1320年代のことである。火薬そのものの発明は、もちろんそれ以前に遡り、中国で発明され、イスラーム世界を通じてヨーロッパにもたらされたと考えられている。火薬の知識を最初に書物にしたのはロジャー・ベーコンで、戦争で最初に大砲が使われたのは1331年のイタリア北東部のチヴィダーレ攻城戦で、エドワードIII世のクレシー（カレー）出兵（1346年）、ポルトガルのジョアンI世によるアルジュバロタの戦い（1385年）などで火器が用いられたことが知られる。ヨーロッパで火器が重要な役割を果たした最初の戦争は、ボヘミア全体を巻き込んだ内乱で、戦車や装甲車が考案され機動戦が展開されたフス戦争（1419〜1434年）である。続いて、百年戦争（1328/37〜1453年）の最終段階で、大砲と砲兵隊が鍵を握った。そして、レコンキスタを完了させたグラナダ王国攻略戦（1492年）において大砲が威力を発揮した。15世紀から16世紀にかけて、ルネサンス期の建築家たちは理想都市の計画案をさまざまに描くが、その背景にあったのは火器への対処である。死角がないように稜堡の配置などに幾何学が必要とされるのである。

　グラナダ攻略以降、スペインは、「新世界」のコンキ

*20　バート・S・ホール『火器の誕生とヨーロッパの戦争』市場泰男訳、平凡社、1999。火器がいつ出現したかについては議論があるが、1320年代にはありふれたものになっており、gun、cannonといった言葉は1930年代末から使われるようになったとされる。

*21　文献上の記録として、火薬の処方が書かれるのは宋の時代（11世紀）であるが、科学史家J.ニーダムらは漢以前から用いられていたと考えている。

*22　ロジャー・ベーコン『芸術と自然の秘密の業についての手紙』（1267）。

スタ（征服）に向かうことになる。火器による攻城戦の新局面と西欧列強の海外進出は並行するのである。植民地建設を可能にしたのは造船術や航海術とともに火器であった。西欧列強による植民都市の建設過程は、都市の誕生、形成の過程を想起させてくれる。すなわち、既存の都市が存在する場合と処女地の場合とで異なるが、最初期には現地住民との交易のためにロッジ（宿所）そして商館（ファクトリー）が設けられる。次の段階では、商館は要塞化され、さらにその周辺に現地住民および西欧人の居住する郭域が形成され、さらに全体が城壁で囲まれる段階へ発展していくのである。植民都市の歴史をめぐっては『近代世界システムと植民都市』[*23]他に譲ろう。

　そして、次の第二の画期が世界都市史の上で決定的である。すなわち、それは産業化の段階である。産業革命によって、都市と農村の関係は、それ以前とまったく異なっていく。都市への工場立地は農村から大量の人口移動をもたらし、食糧供給という点においては一定の関係にあった都市とその後背地の農村の関係は分裂するのである。また、蒸気船、蒸気機関車の出現による交通手段とその体系の転換が決定的である。

　ロンドンなどヨーロッパの主要都市の人口増加は著しく、その内部に「スラム」を孕むことになる。また、人口増加は都市郊外へのスプロール現象を生んでいく。19世紀半ばを過ぎるとヨーロッパの諸都市の城壁は撤去されていくことになる。近代的な意味での都市計画が成立するのは、この人口増加と「スラム」への対応のためである。

　産業化の波は植民地にも及ぶ。港湾都市の場合、蒸気船の寄港には不適格となり港湾の改造を余儀なくされ、また、鉄道の敷設によって植民地化は内陸へと領域を広げていくことになる。先進諸国の場合、工業化と都市化には一定の比例関係があったのであるが、発展途上地域

*23　布野修司編『近代世界システムと植民都市』京都大学学術出版会、2005。

の場合、20世紀に入って工業化の度合をはるかに超える都市化が起こることになった。「産業化なき都市化 urbanization without industrialization」「過大都市化 over-urbanization」と呼ばれる。地域で断トツの人口規模を持つプライメイト・シティ（単一支配型都市）の出現がその象徴である。

　第三の画期となるのは、19世紀末以降の高層建築の出現である。これには建築構造技術やエレベーター技術などが大いに関わる。従来の石造建築に替わる鉄骨造そして鉄筋コンクリート造の構造方式によって立体的に居住することが可能になる。平面的な拡大のみならず立体的な空間利用が行われることで都市景観は一変することになった。そして、自動車、そして飛行機の出現がさらに大転換の画期となる。移動時間の短縮と大量輸送機関の発達は都市のあり方のみならず都市間ネットワークのあり方を根底から変えるのである。今や世界中どこでも同じように超高層ビルが林立する大都市の景観を見ることができる。情報伝達技術 ICT の発達が、すでに第四の画期を主導しつつあると考えられる。たとえば、東南アジア地域では大都市圏が中小都市と連結して農村も巻き込む拡大大都市圏 EMR[24]と呼ばれる現象が見られ始めている。携帯電話とオートバイが都市の形を変えつつあるのである。

　産業化の波が地球を覆っていくなかで、われわれが直面しているのは、エネルギー問題、食糧問題、環境問題など人類がこれまで経験してこなかった問題が顕在化しつつあることである。

9-5　都市のかたち──都市計画の系譜

　さてここから都市をつくるということについて考えよう。まず大胆に、人類がつくりだしてきた都市のかたち

[24] Extended Metropolitan Region

を概観する。都市計画の方法についておよその理解が得られるであろう。

都市が基本的に人工的な構築物であり、集団の歴史的作品であるとすれば、都市の発生と都市計画の発生は同時ということになる。都市は古代世界における基本的な制度、国家あるいは社会の仕組みのひとつとして成立したのである。

9-5-1　ヒッポダミアン・プラン──グリッド都市

都市計画の起源というと、決まってミレトスのヒッポダモス Hippodamos（前5世紀ごろ）の名前があげられる（図9-5）。ヒッポダモスこそ、整然としたグリッド・パターンの考案者であり、最初の都市計画家である、とアリストテレスが「都市計画の考案者」（『政治学』第二書）と書いているからである。しかし、ヒッポダモス以前にヒッポダモス風計画（ヒッポダミアン・プラン）すなわちグリッド・パターンの都市計画がなかったかというと決してそうではない。エジプトのカフーンやエル・アマルナの労働者集落は規則正しいパターンをしているし、東トルコのゼルナキ・テペやアッシリア時代のパレスティナのメギドもミレトス（前479年ごろ）に先立つ。また、ヒッポダモスがミレトスの設計に関わったかどうかは明らかではない。アリストテレスは、ヒッポダモスを理想的な都市のあり方について思索した一風変わった社会・政治理論家といい、ペイライエウスという都市を設計したといっているだけである。いずれにせよ、考古学的発掘から、ヒッポダモス以前に、グリッド・パターンの都市計画が存在したことは、ミレトスとともにグリッド・パターンの都市の先駆とされる古スミュナルの発掘からも明らかである。

なぜ、グリッド・パターンなのか。グリッド・パターンの都市を見ると、そのほとんどは更地(さらち)に新たに建設さ

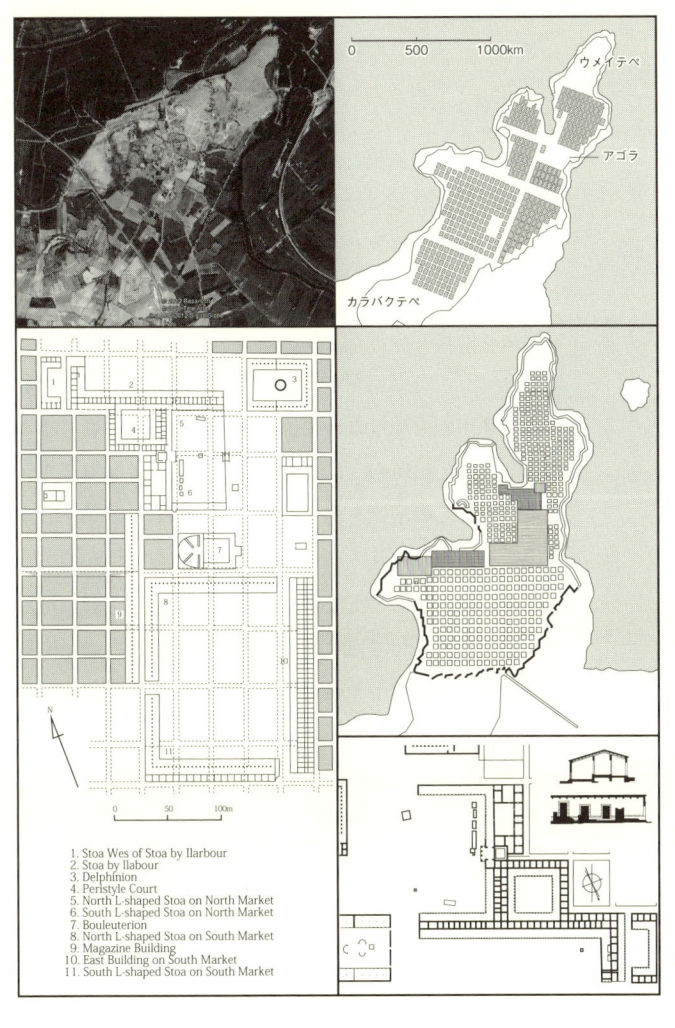

図9-5 ミレトス
(*25より)

れた植民都市である。ミレトスは90にも及ぶ植民都市を建設したという。都市計画の技術的問題（測量、整地、建設）、土地分配、住民管理の問題などを考えると、植民都市におけるグリッド・パターンの採用はきわめて自然である。古代ギリシャ・ローマに限らず、新大陸に西欧列強が建設した植民都市を思い起こしてみればいい。とくに、土着の文化を根こそぎにする施策をとったスペイン植民都市が典型的である。古今東西、グリッド・パターンの都市は数限りなく、きわめて身近である。

*25 布野修司、ヒメネス・ベルデホ、ホアン・ラモン『グリッド都市——スペイン植民都市の起源、形成、変容、転生』京都大学学術出版会、2013。

9-5-2　ペルガモン様式

ヒッポダミアン・プランの都市とは別にもうひとつ、ギリシャ都市の伝統として自然な地形を活かすかたちの都市がある。アレクサンドロス大王の東征は東方ヘレニズム世界に、アレクサンドリアと呼ばれる多数のグリッド都市を生むが、一方で統治者の威信を誇示するために都市を壮麗化する動きが起こってくるのである。

グリッド・パターンの都市の建設は大きなコストを要した。都市の立地によっては大規模な造成が必要となるからである。白紙の上にグリッドを描くのは簡単でも、現実には多くの困難を伴う。一方、自然の地形をそのまま用いる都市には壮大な景観を生み出す可能性があった。小アジアを中心に、支配者たちは、都市を自らの業績の、永遠の記念碑として残すために、大きな景観のなかにその姿を誇示する都市を構想し始める。

アリンダ、アッソス、ハリカルナッソスなどの都市が例としてあげられるが、こうした都市の記念碑化、壮麗化の頂点に立つのが小アジアの西海岸のペルガモンである（図9-6）。まちそのものが断崖の頂と南斜面に立地す

*26　現在のトルコ、ペルガマ市。ヘレニズム時代に栄えたペルガモン王国の首都。発掘は1878年ドイツ人技師フーマン C. Humann とベルリン博物館のコンツェ A.Conze によって始められ、その後デルプフェルト W. Dörpfeld、ウィーガント T. Wiegand らの考古学者に受け継がれた。

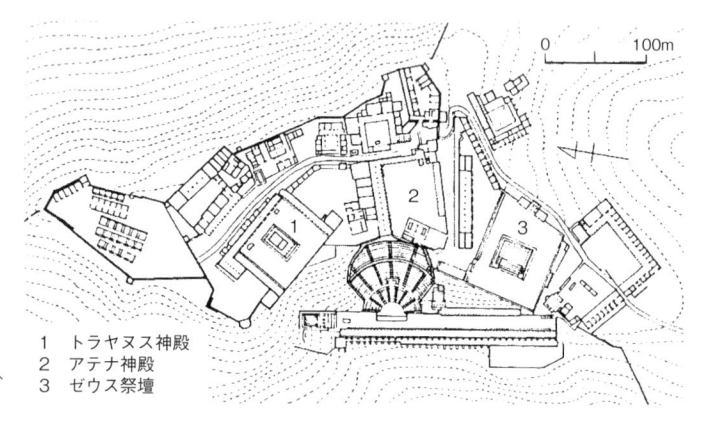

図9-6　ペルガモン
（都市史図集編集委員会、前掲書）
1　トラヤヌス神殿
2　アテナ神殿
3　ゼウス祭壇

るペルガモンは、地形を逆にとって壮麗な景観を作り出すのに成功した。「ペルガモン様式」と「ヒッポダモス様式」は、古代ギリシャ・ローマの都市計画の、2つの異なる起源であり、伝統となる。

9-5-3　宇宙論的都市

「ペルガモン様式」であれ、「ヒッポダモス様式」であれ、その内部構成に着目すればさまざまである。2つの伝統とは別の次元で、第三の都市計画の伝統がある。都市のかたちを宇宙の秩序の反映として考える宇宙論的都市の系譜である。宇宙の構造を都市の空間構造として表現しようとする都市のかたちとして、古代中国や古代インドの都城が明快である。中国の都城は、理念として「天円地方」の宇宙を示すとされる。東西南北に走る道路で区画され、中央に王宮がある。その南に社稷、宗廟の祭祀施設、北側に市場が置かれる。『周礼』考工記の「匠人営国」の条は都城の理念を示すものとしてよく知られている（図9-7）。古代インドにも、理想の都市について記述した『アルタ・シャーストラ』がある。

「都城」について、それを支えるコスモロジーと具体的な都市形態との関係を、アジアからヨーロッパ、アフリカまでグローバルに見てみると、いくつか指摘できることがある。

第一、王権を根拠づける思想、コスモロジーが具体的な都市のプランにきわめて明快に投影されるケースとそうでないケースがある。東アジア、南アジア、そして東南アジアには、王権の所在地としての都城のプランを規定する思想、書が存在する。しかし、西アジア・イスラーム世界には、そうした思想や書はない。第二、都市の理念型として超越的なモデルが存在し、そのメタファーとして現実の都市形態が考えられる場合と、機能的な論理が支配的な場合がある。前者の場合も理念型がそのまま

*27　応地利明「アジアの都城とコスモロジー」布野修司編『アジア都市建築史』昭和堂、2003。

*28　中国都城については、布野修司『大元都市——中国都城の理念と空間構造、そしてその変遷』（京都大学学術出版会、2015）がくわしい。

*29　インド都城については、布野修司『曼荼羅都市——ヒンドゥー都市の空間理念とその変容』（京都大学学術出版会、2005）がくわしい。

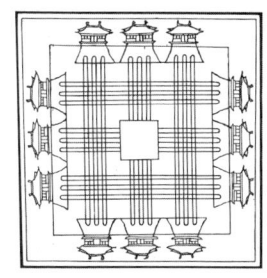

図9-7　周王城図
（宋・聶崇義『三礼図』）

実現する場合は少ない。理念型と実際の都市の重層はそれぞれ多様な都市形態を歴史的に生み出してきた。現実の都市構造と理念型との関係は時代とともに変化していく。第三、都城の形態を規定する思想や理念は、その文明の中心より、周辺地域において、より理念的、理想的に表現される傾向がつよい。たとえば、インドの都城の理念を具体的に実現したと思われる都市は、アンコール・ワットやアンコール・トムのような東南アジアの都市である。

都市とコスモロジーとの明確な結びつきは、中国とインドに限定されるわけではない。J. リクワートは、ローマについてそのイデアを明らかにし、さらにさまざまな事例をあげている[30]。

9-5-4　ダイアグラムとしての都市——幾何学都市

宇宙の秩序、あるいは理想的な秩序に基づいた都市を構想し、表現しようという試みは、冒頭に述べたように、歴史の流れのなかに繰り返し見ることができる。西欧におけるプラトン、アリストテレス以降の理想都市論のさまざまな流れは、H. ロウズナウ[31]が明らかにするところである。

理想都市は、しばしば幾何学的な形態によって表現されてきた。プラトンの『法律』（第五書）では、都市は国家の中心に置かれ、アクロポリスは環状の壁で囲まれる。円形状の理想都市の全体は12の部分に分割され、さらに土地の良否が平等になるように5040の小区画が計画される。また、プラトンは、伝説上の「幸福の」島、アトランティスについても理念型を記述している。アトランティスでは矩形の土地がそれぞれ正方形の6万の区画に区切られている。理想都市の2つの幾何学的形態、円形放射状のパターンとグリッド・パターンが、プラトンのユートピアにおいてすでに提示されている。

*30　ジョゼフ・リクワート『〈まち〉のイデア——ローマと古代世界の都市の形の人間学』前川道郎・小野育雄訳、みすず書房、1991。

*31　ヘレン・ロウズナウ『理想都市——その建築的展開』理想都市研究会訳、鹿島出版会、1979。

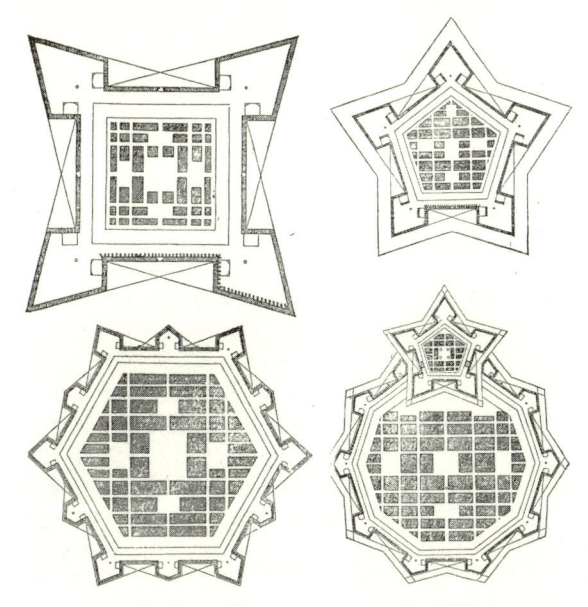

図9-8 カタオーネの理想都市
（都市史図集編集委員会、前掲書）

　この系譜のハイライトがルネサンスの理想都市である。完結的な幾何学形態への志向は、理想としての古典古代の発見、ギリシャ・ローマ都市の理想の復興という精神の運動を基礎にしていたが、具体的にはウィトルウィウスの建築論、都市論の発見と読解がその基礎にある。この形式化への志向を突き詰めることにおいて、理想都市の計画は中世における宗教的、象徴的な解釈から解放されることになる。しかし、理想都市の計画は、幾何学的な操作の対象に矮小化されたといえる。

　ルネサンスの理想都市の提案の背景には、都市計画史上の一大転換がある。それ以前は、攻撃より防御に重点があったけれど、新たな火器、すなわち大砲の出現によって攻城法の飛躍的進歩が行われたのがルネサンスである。幾何学的形態は、稜堡を設けて死角をいかになくすかをテーマとする理論に基づいて考案されるのである（図9-8）。

　この都市計画の技術化、すなわち幾何学化、形式化がもうひとつの、第四の都市計画の伝統である。近代の都市計画も大きくはこの流れのうちにある。

9-5-5　劇場都市

　ルネサンスの建築家たち、とくにマニエリスム期の建築家たちがさらに都市計画にもたらしたものが、遠近法の発見とその都市景観、都市構成への適用である。それは、都市を劇場の舞台のように設計する手法である。

　パースペクティブの効果はもちろん古来知られていた。上述の「ペルガモン様式」の都市計画の伝統がそうである。中国でも、隋唐の長安城の中軸線をなす朱雀大街は皇帝の権威を象徴化するヴィスタを実現していた。

　しかし、記念碑的な建築物へ向かう大通りの直線的ヴィスタなどが意識的に使われだすのは遠近法が建築家の自由自在なものとなってからである。この遠近法によるヴィスタの美学を徹底して追求したのが壮麗なるバロック都市である。

　ポアン・デ・ヴー（ポイント・オブ・ビュー）（視点）と呼ばれる大通りの焦点に記念碑的建造物を置く手法は好んで用いられてきた。放射線状のなす何本かの街路の中心に凱旋門や記念塔などを置く手法も同様である。

9-5-6　イスラーム都市

　幾何学や透視図法を用いた都市計画の流れとは異なる伝統として代表的なのがイスラーム都市である。イスラーム都市は、迷路のようである。この有機的形態は、イスラーム以前に遡るからイスラームに固有とはいえないが、イスラームの都市計画原理はその形態に関係がある。

　全体が部分を律するのではなく、部分を積み重ねることによって全体が構成される、そんな原理がイスラーム都市にはあるのである。チュニスに関するB.S. ハキームの論文[32]によると、その原理の一端が理解される（図9-9）。きわめて単純化していうと、イスラーム都市を律

*32　B.S. ハキーム『イスラーム都市——アラブのまちづくりの原理』佐藤次高訳、第三書館。

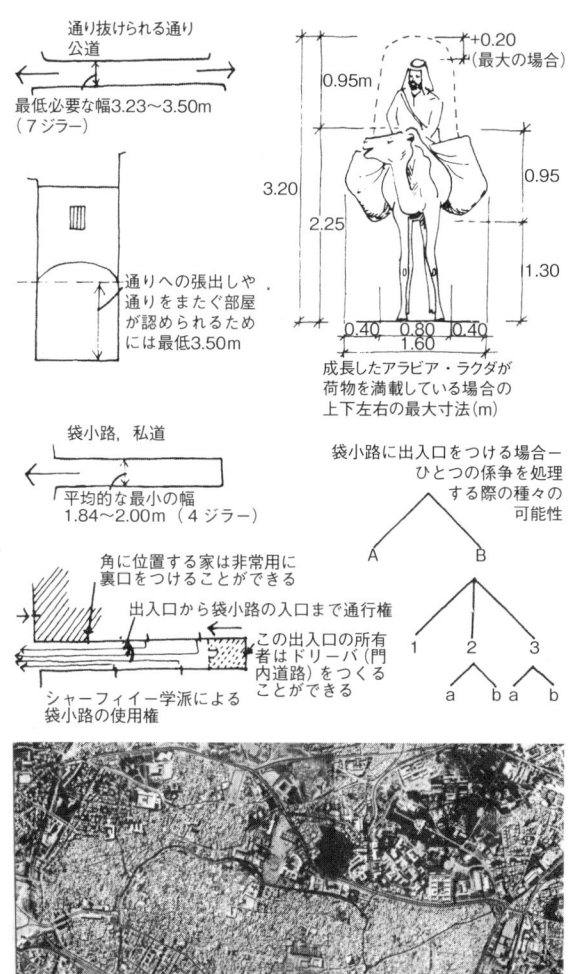

図9-9 イスラーム都市の構成原理（上）とチュニス（下）（布野修司・山根周『ムガル都市──イスラーム都市の空間変容』京都大学学術出版会、2008）

しているのはイスラーム法（シャリーア）である。また、さまざまな判例である。道路の幅や隣家同士の関係など細かいディテールに関する規則の集積である。全体の都市の骨格はモスクやバーザール（市場）など公共施設の配置によって決められるが、あとは部分の規則によって決定されるという都市原理である。

古来、理想的で完結的な都市がさまざまに構想され、建設されようとしてきたが、その理念がそのまま実現することは稀である。仮に実現したとしても、歴史の流れはその形態を大きく変容させるのが常である。そうした全体から部分へいたる都市計画の方法に対して、このイスラームの都市原理はもうひとつ異なる起源を示している。部分を律するルールが都市をつくるのであって、あらかじめ都市の全体像は必ずしも必要ではないのである。

　イスラーム都市は、城壁を持つのが一般的であるが、こうした城壁都市の伝統とまったく異なるのが日本や東南アジアの城壁を持たない、境界の明白でない都市である。東南アジアを最初に訪れた西洋人は、樹木に覆われ、そのなかに埋もれるように家々が集まる都市の形態に驚く。西欧の都市とはまったく異なり、都市と思えないのである。農村的原理をそのまま維持するようなそんな都市ももうひとつの都市のパターンとして考えることができる。発展途上国に出現した大都市の多くはそうした農村集落を内に抱え込んできたのである。

9-6　都市組織と建築

　いくつかの都市のかたちを見てきた。そこで改めて、都市をつくることをごく身近に考えよう。上のイスラーム都市の構成原理が大いに参考になる。

　都市で生活していくためには、飲料水が必要であり、食物が必要であり、電気やガスが必要であり……病院や学校が必要であり……、すなわち、さまざまな基幹設備や施設が必要である。都市計画のためにはまず都市生活のための基幹設備や施設の計画を考える必要がある。上下水道計画、交通計画……など、それは多岐にわたる。

　ここではわれわれの日常生活が展開される近隣住区あるいは街区の計画について考えたい。一般的には、住宅

地計画、地区計画といわれる分野である。キーワードとするのは「都市組織」である。

都市組織（urban tissues, urban fabric）とは、都市を建築物の集合体と考え、集合の単位となる建築の一定の型を明らかにする建築類型学（ティポロジア）で用いられている概念である。また、さらに建築物をいくつかの要素（部屋、建築部品、……等々）あるいはいくつかのシステム（躯体、内装、設備、……等々）からなるものと考え、建築から都市まで一貫して構成する建築都市構成理論において用いられる概念である。[33]

都市をひとつの（あるいは複数の）組織体と見なすのが都市組織論であり、一般的にいえば、国家有機体説、社会有機体説のように、都市を有機体にたとえ、遺伝子、細胞、臓器、血管、骨などさまざまな生体組織からなっているとみる。ただ、都市計画・建築学の場合、第一にそのフィジカルな空間の配列（編成）を問題とし、その配列（編成）を規定する諸要因を考えようとする。都市組織という場合、近隣組織のような社会集団の編成がその規定要因として意識されているといっていい。集団内の諸関係、さらに集団と集団の関係によって規定される空間の配列、編成を問題とするのである。

以上のように説明すると難しそうであるが、要は単純である。都市の構成単位として住居を考える。住居が集合することによって集合住宅や街区、住宅地ができるということである。もちろん、住居が集合すれば、集会所などが必要となるし、店舗や学校、病院や図書館などの施設が必要となる。住居の集合にそうした諸施設を加えていけば街区ができ、町ができる、と考えるのである。イスラーム都市の構成原理は、こうした都市組織のあり方をわかりやすく示しているのである。

まず住居を建てるとしよう。隣の土地との関係が問題となるが、イスラーム都市の場合、それを規定するのは

*33 N. J. ハブラーケン（N. John Habraken）。オランダの建築家、建築理論家。1928年インドネシア、バンドン生まれ。デルフト工科大学（1948〜55）卒業。アイントホーフェン工科大学を経てMIT教授（1975〜89）。オープン・ビルディング・システムの提唱で知られる。

シャリーアや判例であり、日本の場合、建築基準法や都市計画法である。その土地に建てられる建物の用途やヴォリューム（建蔽率や容積率）、高さや場合によっては形態や色彩なども法制度によって規定される。都市を作品と考える場合、それを大きく規定するのが都市計画に関連する法律であることはきわめて重要であるが、一方で、どういう建築によって都市を構成するかが問題である。それを問うのが都市組織論である。

　戸建住宅なのか集合住宅なのか、まず、その形式が問題となる。都市住居の型をどう考えるかである古代ギリシャの都市ではドムス（戸建住宅）とインスラ（集合住宅）の２つの形式が見られる。おそらく両方の型が必要とされるであろう。国によって地域によって都市住居のかたちはさまざまであるが、歴史的には中庭式住居の形式を採るのが古今東西一般的である。都市的集住状況においては、自分の住居の内に採光や通風を取り入れる空間を持つことが必要だからである。中国における四合院の形式は実にシステマティックである（図9-10）。イエメンのように高層住宅を発達させた地域もある（写真9-1）。

　日本の場合、第二次世界大戦後に2DKという住戸形式が考えられ、それを積み重ねて並べる住宅団地のかたちが都市型住宅の一般的なかたちとなっていくのであるが、一方で戸建住宅も数多く建てられている。たとえば、シンガポールではほとんどすべての住宅は高層住宅である。しかも、躯体はすべて国有とされる。インドネシアでは、共用部分を多くとった、また、集合住宅のなかに店舗や美容院などが入った新たなタイプの集合住宅の形式が提案され、実現されている。

　住居集合の型と共にそれがさらに集合する街区や住宅地の型が問題となる。小学校の校区を単位と考えるのがC.ペリーの近隣住区理論である。こうして都市の細胞となる都市組織のあり方を考えていけば、都市をつくっ

写真9-1　イエメンの高層住宅
（布野修司撮影）

*34　Clarence Arthur Perry（1872-1944）。アメリカのプランナー、社会学者。近隣住区 The neighbourhood unit 論の提唱者。スタンフォード大卒。ニューヨーク市都市計画局勤務。コロンビア大、ニューヨーク大で教鞭をとる。著作に "The Neighborhood Unit", *Monograph One*. Vol. 7, "Regional Survey of New York and its Environs, Neighborhood and Community Planning", New York Regional Plan, 1929., "Housing for the Machine Age", New York, Russell Sage Foundation, 1939など。

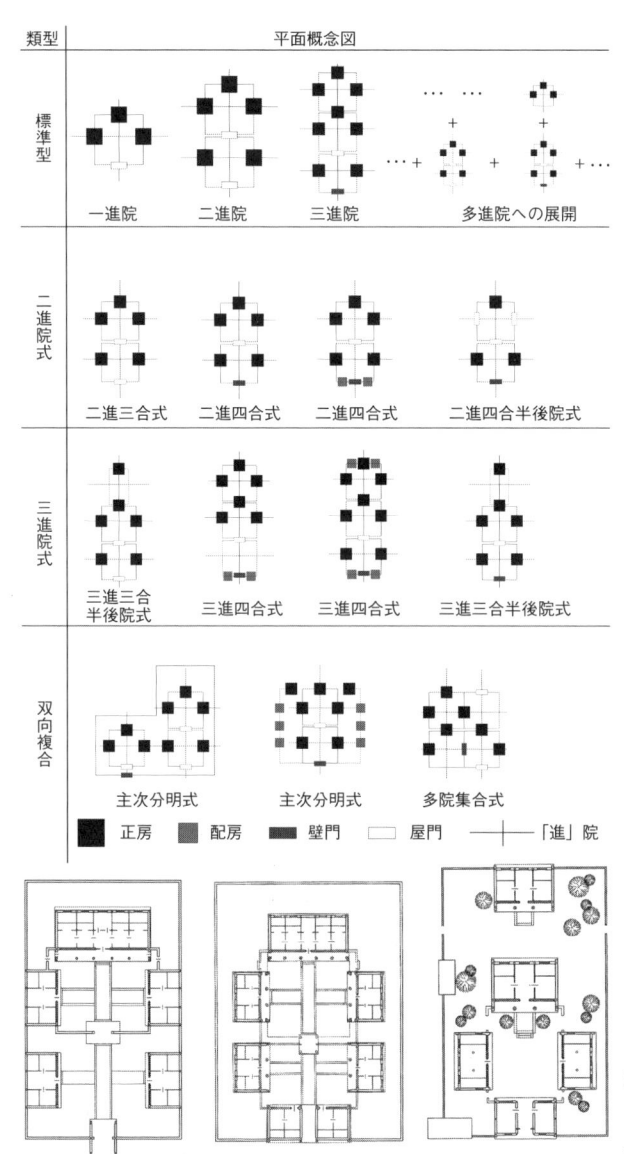

類型	平面概念図				
標準型	一進院	二進院	三進院	多進院への展開	
二進院式	二進三合式	二進四合式	二進四合式	二進四合半後院式	
三進院式	三進三合半後院式	三進四合式	三進四合式	三進三合半後院式	
双向複合	主次分明式	主次分明式	多院集合式		

■ 正房　▦ 配房　▪ 壁門　□ 屋門　—|— 「進」院

図 9-10　四合院の類型（上）と拡張パターン（下）（周立軍等『東北民居』中国建築工業出版社、2009）

ていくこと、そして都市が作品であることを実感できるであろう。モデルとなるのは世界中で人々が何百年の時間をつくりあげてきた都市組織の具体的なかたちである。

9-7　都市計画と諸科学

　建築学の視点から都市のかたち、そして都市計画について考えたが、都市計画には、都市地理学、都市社会学、都市生態学、都市経営学などさまざまな都市学、都市現象に関する科学が関わる。最後に、都市計画に関わる諸分野を概観し、都市計画との関わりを確認しておこう。

　一般的に都市計画というと、建造物や街路など都市の物理的な側面に関わる分野とされる。物やエネルギーの配置や配分などに主として関わるのが都市計画である。しかし、物的計画 physical planning を行う前提として、その計画内容や計画組織、計画過程などに関わるさまざまな分野がある。ハードとソフトという言い方で２つの分野が区別される。土木や建築の分野の都市計画は専らハードな面を扱い、都市政策、都市行政、都市経営、都市経済といった分野がソフトな面を扱うというのが本来は一体的に考えられるべきものである。

　都市計画は、政策決定に深く関わる分野である。それに対して、都市社会学、都市地理学、都市人類学など、さまざまな都市現象を分析することにどちらかというと重点を置く分野がある。それぞれの専門分野ごとにさまざまな形での都市への接近がなされている。あらゆる分野が都市に関わっているといっていい。問題は、細分化された諸分野がしばしば都市の全体像を見失っていることである。理想的には、直接的であれ、間接的であれ、諸科学の知見は都市計画の過程へ全体的に統合されるべきものである。

　都市計画が具体的に対象とするのは現代の都市である。それに対して、専ら過去の都市を明らかにする都市史や都市計画史のような分野がある。都市を集団の歴史的な作品と考える立場からは、歴史学と都市計画も密接に関

わっている。また、一般的にも歴史を常に振り返ることは、近視眼的に政策決定することを避けるために必要である。都市計画には長期的な歴史的パースペクティブが必要である。

都市計画が事実に基づいた現実を出発点とするのに対して、都市文学と呼ばれるジャンルのように、専ら都市のイメージや心理、フィクショナルな都市に関わる分野がある。ユートピア文学が理想都市計画の駆動力になったように、人間の想像力、そして構想力はきわめて重要である。また、都市の現実よりも都市のイメージの方が政策決定に寄与することもある。さらに都市住民の記憶の方がより全体的に都市を把握する手がかりとなる。

一方、都市計画は、具体的な実践である。ごく単純に都市計画の過程を理念化してみると以下のようである。

①都市を読む──都市の記述

都市の現状はどうか、都市で何が起こっているのか、都市現象の把握がまず必要である。都市を体験する（歩く、見る、聞く）ことが出発点である。そして感じたこと、得られた視点を大事にしたい。何に着目するのか、何を指標とするのか、そして、どういう記述方法を採るのかによってさまざまな都市像が浮かび上がってくる。

都市の形態、機能、構造のそれぞれの次元で分析が必要となるであろう。また、いくつかのレヴェルを分けて考える必要がある。住宅を含めた諸施設の分布など居住地の空間編成を明らかにするのが都市の生態学である。都市空間に現れるさまざまな図像や記号を読むのが都市の記号学である。都市生活と都市空間の関わりを明らかにするのが都市の現象学である。

②基本計画の作成

都市現象の把握をもとに、計画概念、そして空間言語を抽出するのが次の過程となる。物的計画の問題としては、全体コンセプト、計画理念が抽出された上で、どの

ような空間が必要とされるか、さまざまな空間言語が導き出される。この過程は決して自動的ではない。通常は、専門家や自治体内部の部局にこの作業は委ねられるが、①の過程も含めて住民参加を前提にして、ワークショップ方式でまとめることが一般的に行われるようになった。身近な問題は身近に解決を考えるというのが基本である。

基本計画がまとめられると、次の段階は事業化のための手法が技術面、財政面などさまざまな角度から検討される。そして具体的プログラムがまとめられる。

③プログラムの実施

④モニタリング

都市計画はプログラムの実施によって終了するわけではない。結果はきちんと評価され、反省される必要がある。また、計画のすべての過程はトレースされ評価される必要がある。

①〜④の過程を繰り返すことによって、計画の全体性が保証される。こうした過程を恒常化しながら、都市計画をひとつの総合学として再編成していくことは、われわれにとっての大きな課題である。

さらに学びたい人は……
① 理想都市に関する計画、理論をとりあげ、徹底的に調べてみよう。
② 世界中の都市からひとつ選んで、その誕生から今日における変化を、そのかたちに着目してまとめてみよう。
③ 自分が育った町あるいは今住んでいる町の諸問題を列挙し、それを克服する都市計画を立案してみよう。

【column】

まちを歩き、まちに学ぶ

脇田祥尚

　路地の魅力がわかるだろうか。路地は、都心部の開発から取り残された市街地や郊外の旧集落地区にしばしば見られる。海沿いにも集落内に路地が張り巡らされた漁村を多く見ることができる。足を踏み入れればわかるが、まずはそのスケールが魅力的である。人とすれ違うときには相手を意識せざるをえない親密さ、一人で歩くとしても、手を伸ばせば木々や家々に届いてしまいそうな小さなスケールが特徴である。建物の更新が進んでいない地区であれば、周りを取り囲む低層の木造住宅の町並みや、広い空と庭先の緑とでつくりだされるヒューマンスケールの空間の魅力を感じることができる。道にあふれ出した多くの植木鉢や自転車、洗濯物、家のなかから聞こえるテレビやラジオの音、子どもの話し声、晩御飯のおいしそうな匂いは、生活を感じさせてくれる。車が通らず安全なので、お年寄りがゆっくりと歩いていたり、子どもたちが駆け回っていたり、猫が悠然と歩いていることもある。折れ曲がったり湾曲したりする道は、歩く楽しみ、新しい風景への期待感を高めてくれる。

　実際に生きられた場所としてのまちを見ることが、建築や空間を理解することにつながる。何もメディアで取り上げられる現代建築を見ることだけが、建築を学ぶ方法ではない。

　みんなの場所とはどこにあるのだろうか。公園は、みんなの場所として計画されているが、実際みんなの場所として存在しえているのだろうか。人のいないコミュニティスペースがあまりにも多くはないか。みんなの場所をみんなの場所たらしめるものは何だろうか。空間のスケール、配置計画、アクセス、周辺施設の機能、周辺の人の流れ、地区内・都市内でのその場所の位置づけ、周辺の人々の場所への関わり、管理運営組織等々、さまざまな要因によってその場所が利用されるかどうかが決まる。その場所に足しげく通いながら、その時々の状況を実際に見ながら、考えるとよい。日常時と祭りやイベントが開催されるときでは使われ方がまったく異なるだろうし、午前中と午後と夕方でも使われ方が違うかもしれない。見ることとつくることは車の両輪であり、お互い欠くことができない。ただただつくることを目指すのではなく、「見る」ことを学ぶというセンスが必要である。建築の学校であるまちのなかで、我々は多くを学ぶことができる。

　一方、まちづくりの現場では、まずまちを歩くことが薦められる。まちを歩き、魅力・課題を把握することがまちづくりの第一歩である。統計データやアンケート調査の分析も重要であるが、我々が地域を考えるときに、まず尊重すべきは、歩いて見えてくるまちの姿である。

　視点を持って見ると、普段見えなかったものが見えてくることがある。まちづくりのテーマともなりえる歴史、自然、景観、防災、福祉、交通といった視点でまちを見てみよう。

　歴史に着目すれば、まずは文化財といわれるような歴史的建造物があげられる。しかし、まちづくりの観点からいえば、指定文化財や登録文化財でなくても、その地域に昔からある古い建物はすべて地域資源として位置づけることができる。地域の人々にどのように使われているのかにも着目してみるとよい。建造物だけでな

く、道端のお地蔵さんなども、地域の人々に昔から愛されている場所という視点でいうと、重要な対象といえる。同じ理由で、祭りの場所や祭りの際の神輿の経路などの情報があると、まちをより深く見ることができる。歴史ある樹木も、地域のランドマークとして長きにわたって知られていることから重要である。景観という視点からは、まちなみを構成する建物相互の関係や、看板やサインのデザイン、山や神社・城などへの見通し景（ビスタ）などが対象になる。調和のあるまちなみ景観を形成するために、景観計画などが策定され、高さ、屋根の形、色・素材、壁面線を対象に規制が行われることがある。個々の建物のそうした部位に着目しながら、まちなみを見るとよい。次に自然に着目してみよう。川とまちとの関係がどうなっているのか、水辺に降りて、水に触れあえる場所があるのか、まちのなかの緑地や個々の建築敷地内の緑化や家々の軒下の植木鉢などに着目しながら、まちを歩くとよい。まちなかで光の当たる場所、逆に日影になりやすい場所、風の抜ける場所はどこかを意識しながら歩くことも考えられる。

　いずれも地域資源の発見という視点に基づくものであるが、一方で、生活環境として見たまちという視点では、防災・福祉・交通に着目することが考えられる。

　防災に関しては、地震で壊れそうな建物を探すことがすぐ想起できると思う。建物の崩壊は、所有者だけの問題ではない。崩壊した建物が道を塞ぐことで、地区の人々の避難経路が失われる可能性がある。ブロック塀や電信柱などが、地震時に歩行者に危害を加えることも考えられる。安全な避難を保証するまちの構成になっているのかを検証する必要がある。福祉の面では、バリアフリーの視点がよく知られており、今では小学校ででもまちなかの段差探しの授業が行われることがあるが、子どもやお年寄り、妊婦などの視点で住みやすいまちになっているかという視点を持つことで、普段とは違うまちの姿が見えてくるはずである。車がスピードを抑制するための仕組みがあり、人々が安全・快適に歩くことができる仕様になっているか、地区のなかで、車が走る道と人が歩く道が分けられているかなど、交通の視点から見えてくるまちの姿もある。

　実際に建つ建築の設計実務だけが、建築家の仕事ではない。建築家には、いまそこにはないものを絵で見せることができる能力がある。たとえば東日本大震災ですべてが流されて何もない土地の将来のまちの姿を、建築家は、パースやCGや模型を用いて見せることができる。地域の人々からの建築家への期待は大きい。

　一方、建築家を地域づくり・まちづくりの専門家として位置づけてしまえば、その職能の範囲は際限なく広がっていく。地域の祭りに参加し、地域の人々とその場にともにいることの意味を共感することも、いってみれば建築家の仕事になる。場所に関わり、場所と人々とをつなげる。地域の人々と語らいながら、地域の将来を議論する。まちと関わるためにも、まずはまちを歩き、まちを見ることから始めるべきではないだろうか。

【column】

建築・都市と災害

牧 紀男

災害と防災

東日本大震災では2万人近い人命が失われるという被害が発生した。また、今後30年の間に70%という高い確率で首都直下地震、南海トラフ地震が発生すると予想され、東日本大震災を超える規模の被害が想定されている。さらに近年は豪雨災害も頻発している。しかし、災害による被害の大きさは、自然現象である地震、大雨・暴風雨といった極端気象（外力と呼ばれる）の強さだけで決まるものではない。同じ強さの地震動に見舞われても被害の様相は地域によって異なる。東日本大震災を引き起こした東北地方太平洋沖地震（M9）と阪神・淡路大震災を引き起こした兵庫県南部地震（M7.3）では、地震のエネルギー量は1000倍以上異なるが、全半壊の被害の世帯数を比べると阪神・淡路大震災の方が多い。人がたくさん住んでいる地域で地震が発生すると、それだけ被害が大きくなる。また、日本ではまったく建物被害が発生しないような地震でも、耐震性の低い建物が多い国々では建物が倒壊し、多くの人命が失われる。

写真1　東日本大震災による沿岸部の被害（宮城県石巻市）

このように災害とは自然現象ではなく、社会的な現象なのである。

社会現象である災害とつきあうためには2つの方法がある。ひとつは被害が出ないようにする方法である。地震が多い日本で、地震で住居が壊れないように耐震性を高めているのは、こういった考え方に基づくものであり、こういった対処方法を mitigation（被害抑止）と呼ぶ。どこの国でも耐震基準があるわけではなく、耐震性の高いすまいは地震国日本特有の文化である。もうひとつの方法は、災害により住居が被害を受けた後、簡易な小屋がけを建てる、被災地から移住する、などして、災害にしなやかに対応していく方法である。世界的に見ると、被害にうまく対応していく、という方法で災害に対処している地域が多く、こういった対処方法を preparedness（被害軽減）と呼ぶ。

建築・都市を守る技術

建築・都市に被害をもたらす自然現象として地震、水（河川氾濫、高潮、津波）、土砂、火災といった外力が想定されている。個別の外力に対して、まず被害を出さない被害抑止対策が講じられる。地震については、建築基準法で耐震基準を定めて地震の揺れで建物が倒壊しないように規定されている。日本の耐震基準は2011年東日本大震災と同じ場所で発生した1978年宮城県沖地震の反省をふまえて改訂が行われ、1981年以降に建設された建物は、物理的に十分な耐震性能を保有していると考えられている。断層による地面の変形による被害を防止するため断層近傍の開発を制限するという対策も存在

するが、日本での事例は少なく徳島県、横須賀市、西宮市といった自治体に限られる。

水害については、世界的に見ると氾濫原での都市利用規制、杭上住宅など水と共生する建築が存在するが、日本では現在、居住地域には水が入ってこないことを前提に都市・建築の計画が進められている。したがって、水については堤防や排水施設といった土木施設により対策が行われている。東日本大震災の復興では、堤防の高さが大きな問題となったが、日本の市街地は「水につからない」、いいかえれば「都市・建築は堤防で水から守られている」ことを前提として計画されている。しかし、堤防で居住地域をすべて守るということが難しくなってきており、土地利用規制、津波に強い建築等々、水に対しても都市・建築の計画により対応するような考え方が導入されるようになってきている。1959年の伊勢湾台風の被害をふまえ「災害危険区域」の指定を行い沿岸部で木造建築の建設を規制する名古屋市が数少ない事例のひとつであったが、東日本大震災の復興では多くの地域で「災害危険区域」の指定が行われ、沿岸部での住宅建設が規制されている。

土砂に対しては、森林保全や砂防ダムを建設し、堆積する土砂が下流に流れてこないようにする対策がとられる。しかし、必要な砂防ダムの数は膨大であり、さらにメンテナンス費用も必要となることから、土砂災害の危険性がある地域の土地利用を規制する対策が講じられるようになっている。2014年8月に広島市で多くの人命が失われる土砂災害が発生したが、広島市はこれまでもしばしば土砂災害を経験している。都市計画的な手法による対策が行われるようになったのは、広島市で発生した1999年の土砂災害を契機としてである。土砂災害の危険地域の開発を規制する法律が制定され、「土砂災害特別警戒区域」においては開発や建築構造形式の規制が行われるようになっている。

火災については、建築レベルの対策と都市レ

写真2 木造応急仮設住宅（岩手県陸前高田市）

ベルの対策が存在する。建築では、建築物の不燃化と避難のための対策が行われ、都市レベルでは延焼防止対策が行われる。現在、景観やデザインも日本の都市計画の大きなテーマとなっているが、都市計画の大きな目標は延焼火災の防止にあった。日本の都市計画では、延焼火災を防止するための対策として、地域を指定し建築物の耐火性能を規制する、火災の延焼拡大を防ぐために太い道路で囲まれたスーパーブロックを構成し周囲を高い耐火建築で覆う、消防車が進入可能なように道路の幅員を規定する、などの対策が講じられている。

被害を出さないための対策（「被害抑止」）は外力ごとに異なるが、発生した被害に対する対応は、水害、地震、火災と外力ごとに異なるわけではない。住宅が被害を受けた場合の対応は、建物の被害認定、建物の撤去、仮住まいの供給、恒久住宅の再建、というプロセスであり、これは地震でも水害でも同じである。発生した被害にどのように対応し、復旧するのかについての計画を整備しておくという対策が実施される。

災害と建築・都市の再建

災害後、建築家・都市計画家は、大規模な土地利用、街路の変更を伴う計画を提案するが、常に復興は既存の制度を用いた現実的な形で進められる。そして、二度と同じ被害を繰り返さない、ということが復興計画の基本となる。東日本大震災の被災地では100年に1回レベル

の津波は堤防で守ることを前提に、数百年に1回の津波にも備え、①高台移転、②市街地の盛土を行い、津波に対して安全なまちとして再建が行われている。その一方で、災害後、多くの人が地域を離れ、再建された安全なまちに人が戻ってこないという問題も発生している。

災害後のすまいの再建は、シェルター→仮設住宅→恒久住宅と3段階のプロセスで進められる。建築家による仮設建築の提案は、主としてシェルターに関する提案であり、学校などの公共建築が被害を受けず、避難所として利用される日本では、シェルターに対する需要はそれほど大きくない。さらに、恒久住宅が再建されるまでの仮のすまいとして、行政により応急仮設住宅が供給される。通常は建設現場の事務所として利用されるプレハブ建築が利用されるが、近年の災害では木造の応急仮設住宅も建設され、さらに民間賃貸住宅が利用され居住環境も向上されつつある。その一方で仮すまいのコストが上昇してきており、東日本大震災で建設されたプレハブ住宅を利用した応急仮設住宅では1戸あたりの建設費が600万円を超える。その一方で、災害復興公営住宅を恒久住宅までのつなぎの住まいとして利用する人もいる。東日本大震災では5年を超えて応急仮設住宅を利用する人も想定され、長期利用を見据えた半恒久住宅としての応急仮設住宅のあり方について検討することが求められている。

事前復興のすすめ

西日本では、今後30年の間に70%という高い確率でM8クラスの南海トラフの地震が、また同じような確率で首都圏においてM7クラスの地震が発生することが予想されている。南海トラフ地震では、社会経済活動が活発な地域が、広域にわたって被災することから、その影響は東日本大震災よりはるかに大きなものとなり、首都圏でも東日本大震災と同様、沿岸部での液状化、超高層ビルでの大きな揺れ、帰宅困難者といった問題が発生すると予想される。日本の政治・経済の中心を襲う首都直下地震の影響も甚大である。さらに2005年をピークに日本の人口は減少を始めており高齢化も進行している。人口減少・高齢化社会の災害からの回復力が低く、東日本大震災の被災地のように地域が生き残り困難になるような事態も想定される。

良い計画を立て、みんなが合意し、実行に移すためには、時間が必要になる。その一方で、復興が遅くなればなるほど人々が地域を離れる、というジレンマが災害復興には存在する。こういった問題を解決方法として、被害に見舞われることを前提に災害前に復興計画をたてる「事前復興」という考え方がある。「事前復興」というと何か特別なことのように思うかもしれないが、その目標は通常のまちづくりと同様、住みやすく、快適で、美しいまちを創ることにある。戦後の日本は大きな災害が発生しない時期に構築されてきたが、いまは災害が頻発する時代に入っている。南海トラフ地震・首都直下地震の被害を0にすることは不可能であり、人的被害は最小限にするが、被害をふまえて、どのように災害から地域を再建するのかについて考えておく「事前復興」が今後の日本の都市・建築を考える上で重要なテーマとなっている。

参考文献

牧紀男『復興の防災計画――巨大災害に備える』鹿島出版会、2013。

牧紀男『災害の住宅誌――人々の移動とすまい』鹿島出版会、2011。

【column】

建築と法律──空間の調停

竹内 泰

　建築を学ぼうとするものが必ず出会う科目に「設計演習」がある。建築物を設計するために必要とされる一般的な計画や描画の手法を体験的に習得する科目である。提示される課題には大概、計画敷地や建築物の用途と要求される諸室およびその規模などが与件として与えられている。課題では、それら与件を満足させながら「ひとつの建築物」を設計していく。「ひとつの建築物」に自分の思いを込め全体を統合し完成させていくことは、苦しくもあるが楽しい作業だ。このような作業を経て、自分のなかの設計者・技術者としての適性を見いだし、自分なりの建築観を形成し、自らの得意や専門性を見いだしていく。また、そのような過程を共有したもの同士として、設計者・技術者は互いに認め合う面がある。

　一通りの建築教育を経て、建築の専門家として世に出れば、設計演習にはなかったきわめて具体的な実務世界が待っている。設計演習では求められなかったより幅広く詳しい与件に出くわすのである。建築主が提示する与件に始まり、さらには諸々の法律や条例が与件として加わる。これらいずれにも則した「ひとつの建築物」を設計することが、まずは一義的な専門家としての役割となる。「建築法規」といった科目もあるが、学生にとっては実感が伴わないため、なかなか会得しにくく、実務現場で一から改めて取り組むことも多い。

　日本は、制度により運営されている国家であるため、「ひとつの建築物」を設計するにもさまざまな法律が関わってくる。とくに、建築物の設計においては、専ら建築基準法に基づくこととなる。さらに消防法や都市計画法などの関連法についても適宜参照する必要が出てくる。それら法的整合性を基にひとつひとつの建築物は建設されている。現代、われわれの見る都市空間の多くはこれら法的整合性を保った建築群により形成されているともいえよう。

　法律には、国家と国民との間の権利と義務を規定する「公法」と、国民と国民との間の権利と義務を規定する「私法」とがある。建築基準法はその公法にあたる。つまり建築物は、国家と国民の間の権利と義務により規定され成立している空間ともいえる。都市計画法が同じく公法であることから、都市も同様に規定された空間であり、規定された空間である建築物の集合具合が、さらに都市計画法により規定されているともいえよう。

　建築基準法の前身である市街地建築物法（1919（大正8）年公布）は、その名の通り発展の著しかった市街地の適切な制御が目的としてあった。一方、1950（昭和25）年に公布された建築基準法は、戦後の民主化を進める国家が、自らの目指すべき空間像を法文により再構築したものとして読むこともできる。建築基準法の第1条（目的）には、「この法律は、建築物の敷地、構造、設備及び用途に関する最低の基準を定めて、国民の生命、健康及び財産の保護を図り、もって公共の福祉の増進に資することを目的とする」とあり、まさに権利と義務を有する国民すべてがその対象となっている。建築基準法の成立は、国家の空間全体が法律により規定された瞬間であるともいえよう。建築基準法と同じタイミングで、建築物の設計や工事

写真1 空間は誰のものか。景観利益の侵害で訴訟のあった住宅街

監理などを行う技術者の資格を定める建築士法も公布される。建築士は弁護士や医師と同じように業務独占の国家資格であり、職能として社会的に位置づけられる。建築基準法と建築士法の制定に先立つ前年度には、戦後景気により激化する受注競争と不正を正すために建設業法も整理される。戦後すぐに、建築に関する諸法が一気に制定されることで、建築生産における基本的な関係である建築主・設計者（工事監理者）・工事施工者の相対関係が明確化された。しかしながら、公法として建築にまつわる相関関係は整理されたとしても、権利と義務を有する国民それぞれの空間的相関がどこまで整理されているといえるだろうか。それを担うのは誰なのか。

建築基準法を想像力豊かに読めば、戦後期の復興を果たさんとする国家が、技術者たちを善なる者として信頼し、期待を託す澄んだ想いが静かなトーンで埋め込まれているのがいまも伝わってくる。そしてそれらが現代われわれの生活空間や都市空間に、まさにつながっている。建築基準法第1条の「公共の福祉」という言葉は、建て主たる建築主の建築姿勢を問う言葉であるし、同時に、依頼を受けた設計者・技術者にもその設計姿勢を問う言葉である。一方、建築基準法は諸基準を定めている性格上、法文にある「最低の基準」さえクリアすれば、建築主は私権を最大化させた建築物が獲得できる。建築基準法はその手引書としても読まれかねない。当然、それを妨げるものではない。しかし、建築主個人と設計者・技術者個人のそれぞれの自己実現が一致したとき、歯止めをなくし、建築の持つ社会性も失われ、巨大な塵や凶器ともなりうることがある。近年、バブル期に建設された多くの建築物が社会的価値とその役割を失い早々に取り壊されていく事実がある。景観利益の侵害により訴訟となった個人邸やマンションの事例も挙げられる。耐震偽装事件は、国家や国民の善なる技術者への信頼を一瞬にして崩した。

戦後復興期に作成された建築基準法が公布され、未だ70年と経たない。建築基準法により建築や都市の空間規制が全国に行き渡ったとはいえ、いずれの現場も、場所ごと・地域ごとの独自の空間と経緯を引き継いでいる。その点で建築基準法は万能ではなく断絶的である。その不具合が、地方の条例などの地域ルールによって漸く補完・修復されつつある。しかし、制度が制度を補完するには多くの時間と労力を要する。現場が動いてこそ、制度に変化を加えられる面もある。

また、建築主もそれぞれの地域事情のなかにある。建築主は地域空間の形成者であると同時に、建築主を取り巻く帰属集団との関係のなかにある。「ひとつの建築物」を設計する設計者・技術者は、建築主の与件と同時に、受け手側である帰属集団、あるいは地域、あるいはもの言わぬ建築主（サイレント・クライアント）たちの、暗黙の与件を静かに聞き取る能力が求められる。それらを相互に調停しながら、それぞれの空間的相関を整えていく役割が、いま「ひとつの建築物」を設計する者には付託されている。

【コラム】建築と法律

第10章　建築生産の話

建物をつくるには多くの人と組織が関わっている。建物を発注する人、設計をする人、実際に工事をする人など。これらの人と組織がどう組み合わさって建物がつくられていくのかを具体的に説明したい。

古阪秀三

10-1　建築生産とは？

われわれが建築と考えるのは、身近に接する百貨店、マンション、鉄道の駅、学校などである。また、ときにはクレーンで鉄骨を吊っていたり、コンクリートを打つために型枠を立て込んでいたりという工事中のものもある。そして、建築したいと思う人があこがれるのは、それらの設計をした人である。設計人を日本の法律では建築士[*1]といい、通常は設計者と呼んでいる。建築家という言葉もあるが、日本では法律的には何の定めもなく、通称に過ぎない。もちろん、米国[*2]や英国[*3]に行くと、建築家の称号は制度のなかに組み込まれた呼称で、勝手に使うわけにはいかない。

さて、建築生産というのは、われわれが日常見ている建物をつくることを意味しており、設計の話や工事現場の話などすべてを包含する概念である。やや厳密にいうと、建築生産という言葉は一般に2つの意味で用いられる。ひとつは「設計プロセス」と「施工プロセス」を総称する。さらに場合によっては、「企画」「維持保全」をも含む。これを広義の「建築生産」という。2つは、「施工プロセス」に絞って用いる。これを狭義の「建築生産」

[*1] 日本では、建築士法3条において「左の各号に掲げる建築物を新築する場合においては、一級建築士でなければ、その設計又は工事監理をしてはならない」と規定されている。一方、日本で建築家の名称は通称であり、法的に規定されたものではない。しかし、日本建築家協会では職能としての建築家の名称と地位の向上を図る活動を展開している。

[*2] 米国では、州により建築家法が異なる。建築家として資格登録した者だけが建築家の名称を使用することができるというのは共通である。しかし、たとえば登録エンジニアであれば建築許可申請書に署名することができる州や市があるなど、建築設計業務を行うことができる者がそれらの建築家だけに限定されるかどうかに関しては、さまざまな実態がある。

[*3] 英国では、改正建築家（登録）法（Architects Act 1997）に基づき、Architects Register Boardに登録した者以外の者は、建築家という名称やこれを含む肩書きで業務を行ってはならないとされている。工事用の図書を作成する業務は建築家に限定されているわけではなく、他のエンジニアなどがその業務を行う場合もある。

あるいは単に「生産」という。ここでは広義の建築生産について説明したい。

10-2　建築プロジェクトの特徴

建物の設計をしたり、それを実現すべく工事をすることの全体を建築プロジェクトという。建築プロジェクトは大きくは次の4つを特徴としている。

① 建築プロジェクトは一回限りで、同じプロジェクトはないこと。
② 建築プロジェクトはさまざまな要求と目的を持っていること。
③ 建築生産プロセスは設計・施工などいくつかのプロセスに分かれていること。
④ そのプロセスごとに異なる担当者がいて、プロジェクト組織は臨時的に編成されること。

このうち③と④については、後の節でくわしく述べることにして、①②について簡単に説明する。

10-2-1　建築プロジェクトは一回限りであること

建築プロジェクトを実施するためには、建設用地の確保と設計図・仕様書（仕様書とは設計図に表現できないこと、各種のプロジェクトに共通のため、前もって標準的なやり方を記したもの）が存在することが前提である。同じ敷地に建築プロジェクトが併存することもなければ、同じ設計図・仕様書に基づくプロジェクトも存在しない。つまり、すべてが一回限りである。

この特徴は次のような特異性に分けて考えることができる。ひとつは建築プロジェクトごとに施工現場が異なることである。このことは設計、施工条件がプロジェクトごとに変化することを意味している。たとえば、地盤条件や地下水位は杭、地下階の設計、施工計画に大きく

影響する。また、施工現場には機械、資材、労働力のすべてを外部から搬入しなければならないが、その手配、輸送はプロジェクトごとに検討しなければならない。プロジェクトの実施時期、場所によっては技能労働者の制約から特定の工事が実施できず、別の工法によらざるをえないといったこともありうる。

特異性の2つめは設計図・仕様書がプロジェクトによって異なることである。建築プロジェクトはまず、構造、用途が多様である。構造別には鉄骨造、鉄筋コンクリート造、鉄骨鉄筋コンクリート造、木造など。用途別には、事務所、集合住宅、学校、ホテル、倉庫など。また、工事規模もさまざまである。設計図・仕様書はプロジェクトごとに作成されるため、必然異なった内容となる。

10-2-2　建築プロジェクトにはさまざまな要求と目的があること

建築主の要求は多様である。その多様な要求を受けた設計はさらに多様化する。たとえば、「環境共生を考慮して省エネルギーに対応した建物にしてほしい」という要求があったとすると、それを達成するための設計には、①建物の熱負荷の軽減、②自然環境の利用、③エネルギー源の検討、④熱交換の効率化などいろいろある。これらの優先度によって設計内容は異なる。また、使用する部品、部材、技術も多様で複雑化している。次のプロセスである施工計画では、確定した設計内容を実現する手段を検討するが、このプロセスにもいくつかのやり方が存在する。そのひとつは新しい施工機械、施工法、資材が種々用いられること、2つは特定の作業に限っても数種の機械、資材、労働者の組み合わせが考えられること、3つはすべてを現場で施工する方法とすべてを工場生産・現場組立にする方法を両端とするいくつかの施工方

*4　最近では「都市の低炭素化の促進に関する法律」(2012年12月施行)まで制定され、地球環境・温暖化対策が講じられている。その第1条によれば、「この法律は、社会経済活動その他の活動に伴って発生する二酸化炭素の相当部分が都市において発生しているものであることに鑑み、都市の低炭素化の促進に関する基本的な方針の策定について定めるとともに、市町村による低炭素まちづくり計画の作成及びこれに基づく特別の措置並びに低炭素建築物の普及の促進のための措置を講ずることにより、地球温暖化対策の推進に関する法律(平成十年法律第百十七号)と相まって、都市の低炭素化の促進を図り、もって都市の健全な発展に寄与することを目的とする」。

法が存在することなどである。端的にいえば、同じ設計図・仕様書であっても、同じ建物ができあがるとはいえないのである。

また、これらのプロセスにおける目的はそれぞれ異なり、個々のプロセス内でもその目的が、ある場合コスト最小化となり、別の場合工期短縮などとなる。要するに多目的である。

このように、建築プロジェクトは設計内容、施工方法の選択肢が多様なこと、目的自身が多様なことを特徴としている。

10-3　建築生産プロセス

建築生産プロセスは一般に図 10-1 に示すようなプロセスになっている。建築プロジェクトは一回性のものであるため、設計プロセスは不可欠であり、それは建築主の企画情報によって開始される。企画は建築主の業務である。建築主は通常、素人であるため、第三者がかかわっ

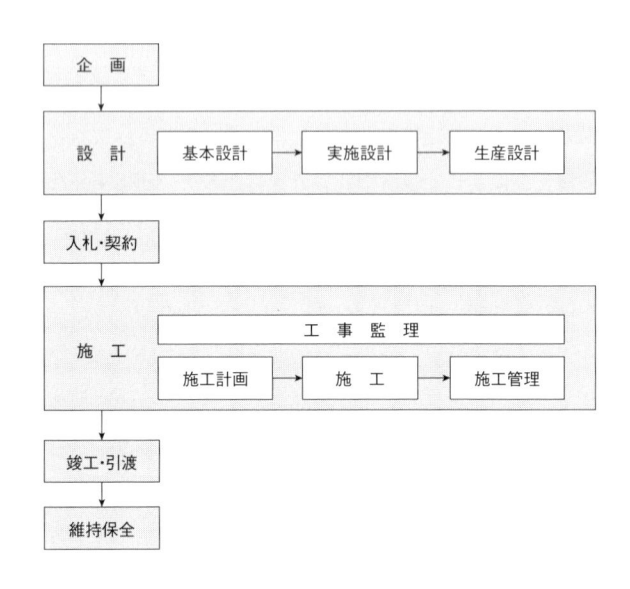

図 10-1　建築生産プロセス

て企画を立てることもある。設計者に企画業務を委託することもあり、また、営業企画として外部から建築主に売り込みがあることもある。企画を受けて、基本設計→実施設計→生産設計→入札[*5]・契約→施工計画→施工→施工管理→竣工・引き渡し→維持保全と続く。基本設計はあくまでも企画内容の具体化に主眼があり、建築主向けの性格が強い。実施設計は基本設計を実際の工事が可能な程度に具体化するプロセスであり、施工者向けの性格が強い。いずれにしても、基本設計と実施設計は設計者が行う業務であり、完成された設計図・仕様書をもとに入札に附される。この設計プロセスにおいて概略のスケジュール、工事費、施工方法、使用資機材の入手性などが検討される。これらを生産設計[*6]という。

現実にはさほど具体的な生産設計は行われておらず、多くの問題が内在している。たとえば、シドニー・オペラハウスの事例においては、コンペ時点での工期、工事費の予測はきわめて甘く、結果として大幅なオーバーランとなった。ただし、写真でみるように、今ではシドニーの名建築となっており、さまざまな評価がある。また、バブル経済期においては、設計段階で鉄骨構造で計画された建物が、入札に附した段階で、鉄骨部材の入手が1年先にしか可能とならないことが判明し、急遽他の構造

*5 建築工事の施工者を選定するに際して、工事の受注希望者に設計図書に基づく工事費を記入・提出してもらい、その額の多寡によって施工者を決める方法を入札という。工事費を記入・提出するものを札といったため、札を入れる意味から入札という名前がつけられた。

*6 生産設計をよりくわしくいうと、設計段階でつくりやすさや経済性、品質の安定性などの点から設計を見直し、施工の実現性を図ること。具体的には、生産に有利な構・工法の選定や最適材料の選択、構造の単純化・標準化、資材・労務の入手性などを検討することである。

写真10-1 シドニー・オペラハウス (Tourism Australia 提供)

第10章 建築生産の話

形式に変えるといったことが多く発生した。資機材の入手性の検討不足である。

　入札によって、当該工事を落札した施工者は、工事請負契約を締結し、施工計画にとりかかる。施工計画以降のいわゆる施工プロセスは、設計者の意図を忠実に実現するためのプロセスであり、施工者が担当する業務である。施工者には、当該工事全体の施工計画・管理を請け負う施工者（総合工事業者、一般にゼネコンという）と型枠工事、鉄骨工事など部分工事を専門に請け負う施工者（専門工事業者、一般にサブコンという）[*7]がある。また、工事が設計図書のとおりに実施されているかどうかを確認するために工事監理者が配置される。さらに維持保全のプロセスは、建築主への建物引き渡し以降の全プロセスを表象しているが、建物が引き渡されて初めて維持保全計画などが策定されることが多い。このプロセスの担当者は明確ではなく、建築主自らが行う、工事を担当した設計者や施工者が行う、さらに新たな専門家を雇うなど、さまざまである。

　このように、建築生産プロセスはいくつかのプロセスに分かれており、その担当者も通常は異なっており、さらに各プロセスは、直前のプロセスに技術的にも時間的にも追随するかたちで存在している。もちろん、個別のプロジェクトでは厳密にこの順序関係に従っていない場合もある。たとえば、設計施工（同一企業が設計と施工を一体で請けるやり方）のようなケースでは、実施設計、施工計画、施工プロセスを同時並行的に行っている。

10-4　建築チーム──プロジェクト組織

　一般のビル（集合住宅、事務所、庁舎など）を建設する場合、日本で伝統的に最も多く採用されている分業体制（設計と施工が分離され、施工は一括して総合工事業者（以

[*7] 専門工事業者とは、鉄筋工事や左官工事、屋根工事などの建設業法上の建設業許可をとって、それらの工事を行っている企業のことである。サブコンとは英語のsubcontractorを略していっており、日本語では下請業者という意味である。通常は一式請負契約で元請企業（ゼネコン）が工事を受注し、そのゼネコンと下請負契約を交わして専門工事業者が仕事をするために下請業者と呼ばれるが、下請とはあくまでも契約上の位置を示しているに過ぎず、一般的には専門工事業者という。

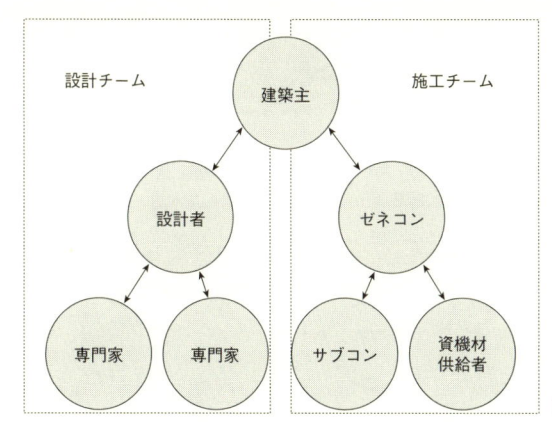

図 10-2　建築チーム

後、ゼネコンという）に発注されるケース）は図 10-2 のとおりである。この組織を一般には建築チームと呼び、設計を主な機能とした集団（図 10-2 の左側）を設計チーム、施工を主な機能とした集団（図 10-2 の右側）を施工チームと呼んでいる。この建築チームはプロジェクトごとに臨時的に編成される。編成の主導権は建築主が持つ。建築主は若干の情報から設計者を選び、別個にもしくは設計者の助言をもとにゼネコンを選ぶ。選定の方法は競争、随意契約、特命（特定のゼネコンを指名すること）などである。このように、建築チームは社会に分散しているなかから偶然的に編成されるのである。ちなみに専門工事業者は、ゼネコンが一定の自由裁量のもとに選定する。ひとつのプロジェクトに参画する主体の数は、戸建て住宅の場合で 20〜30、一般の建物で 50 を優に超える。

　この一般的な分業体制を契約の観点から見たのが図 10-3 である。建築主と設計者は設計契約を結び、建築主とゼネコンは工事契約を結ぶ。さらにゼネコンとサブコンは下請負の工事契約を結ぶ。他のプロジェクト関係者の間でも図 10-3 に示すような契約が結ばれる。このようにプロジェクト関係者間すべてにおいて契約が締結されることによって、プロジェクト組織は成立し、全体

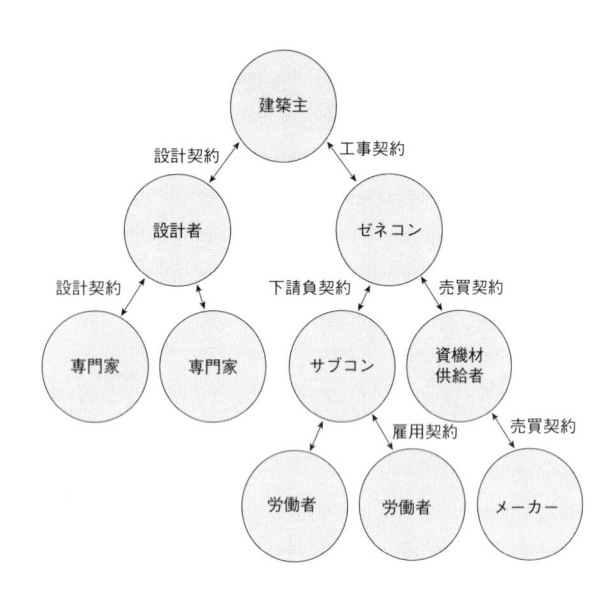

図10-3 建築チームの契約関係

を総称して、図10-3の場合を通常「施工の一括発注方式」あるいは「設計と施工の分離発注方式」と呼んでいる。

10-5　設計チーム

設計チームを具体的な実例に基づいて、さらにくわしく説明する。

今日の建築設計は、意匠、構造、設備、積算など、さまざまな専門性を持った設計者・技術者の協同作業で行われている。ひとりの建築士がすべてを行うことはまずない。図10-4は実際のプロジェクトの例である。建築主から設計を受託した設計事務所（図では元請設計事務所[*8]）は、受託した物件の意匠設計は自らがやり、残りの構造設計、設備設計、内外装の設計を外部に再委託している。意匠設計、構造設計、設備設計はさらに細分化して、その一部は専門の設計事務所やメーカーに再々委託されている。ここで注意を要するのは、再々委託先の設計事務所やメーカーは設計報酬が支払われる場合もあれ

[*8] 実例のため元請設計事務所としたが、建設業法によれば、「『請負人』とは、下請契約における注文者で建設業者であるものをいい、『下請負人』とは、下請契約における請負人をいう」と定義されている。法律的にいえば、「元請」の語は請負契約の下で使われるべき用語である。2005年に発覚した一連の耐震強度偽装事件後に国土交通省から発表された文書などでは「元請設計事務所」の用語が用いられ、設計・工事監理契約を請負とみなすかのごとく受け取られる。しかし実際には、個々の事件は、法廷で展開される論述によって、請負契約とみなす場合、委任契約とみなす場合に分かれる。したがって、設計・工事監理契約を一意に請負契約あるいは委任契約とみなすことはできず、「元請設計事務所」の表現は適切ではない。

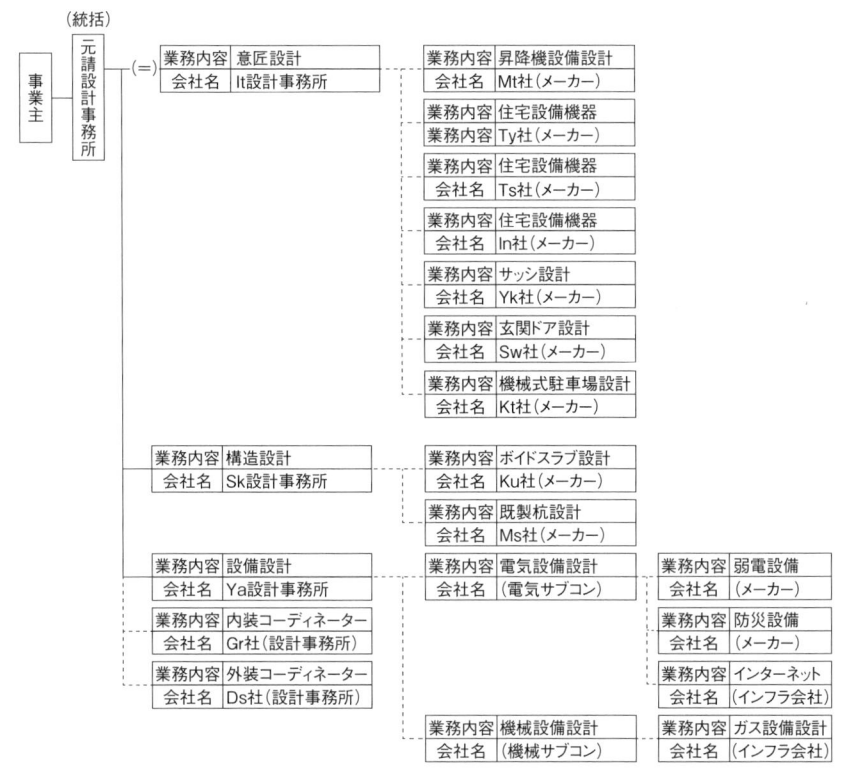

事業主	元請設計事務所（統括）	(=)	業務内容 意匠設計 会社名 It設計事務所	業務内容 昇降機設備設計 会社名 Mt社(メーカー)		
				業務内容 住宅設備機器 業務内容 Ty社(メーカー)		
				業務内容 住宅設備機器 会社名 Ts社(メーカー)		
				業務内容 住宅設備機器 会社名 In社(メーカー)		
				業務内容 サッシ設計 会社名 Yk社(メーカー)		
				業務内容 玄関ドア設計 会社名 Sw社(メーカー)		
				業務内容 機械式駐車場設計 会社名 Kt社(メーカー)		
			業務内容 構造設計 会社名 Sk設計事務所	業務内容 ボイドスラブ設計 会社名 Ku社(メーカー)		
				業務内容 既製杭設計 会社名 Ms社(メーカー)		
			業務内容 設備設計 会社名 Ya設計事務所	業務内容 電気設備設計 会社名 (電気サブコン)	業務内容 弱電設備 会社名 (メーカー)	
			業務内容 内装コーディネーター 会社名 Gr社(設計事務所)		業務内容 防災設備 会社名 (メーカー)	
			業務内容 外装コーディネーター 会社名 Ds社(設計事務所)		業務内容 インターネット 会社名 (インフラ会社)	
				業務内容 機械設備設計 会社名 (機械サブコン)	業務内容 ガス設備設計 会社名 (インフラ会社)	

図 10-4　集合住宅の設計組織の例

ば、支払われない場合もあることである。支払われない場合の多くは、専門工事業者として施工段階で工事に参加することによって、設計での損失を補填したり、メーカーでは最終的に製品価格に上乗せするかたちで設計報酬の補填を行っている。このようなやり方は健全でなく、価格の不透明性、不公正な競争状況を生ぜしめることになるが、建設産業に限らず、日本の社会に根強く残っている商慣習である。なお、2015 年 3 月 31 日に「民法の一部を改正する法律案」が国会に提出され、改正の内容に設計の再委託の制限のあり方が含まれており、専門家責任の位置づけの議論として注目される。いずれにせよ、これら建築設計に参画した構造、設備、積算などの協同設計者・技術者の名前が社会に向けて開示されるこ

とはなく、多くの場合、意匠担当の設計者の名前のみが明らかになる。これは建築基準法ならびに建築士法上、ひとりの建築士が一義的には当該建築物の設計上の責任をすべて負うことになっていることから、法制度上当然のことといえるが、協同した設計者の立場・モラール、さらには専門的技術の水準の観点からすれば、それらの協同設計者の果たした役割、責任範囲の開示は、今後慎重に検討しなければならない。ただし、耐震強度偽装事件以降の法改正により、構造設計一級建築士と設備設計一級建築士の制度が創設され、一定規模以上の建築物の構造・設備の設計をそれぞれ自ら行うか、構造設計一級建築士・設備設計一級建築士にそれぞれの法適合確認を受けるかすることが義務づけされている。

10-6　施工チーム

　施工チームを具体的な実例に基いて、さらにくわしく説明する。
　図10-5は実際のプロジェクトにおける躯体工事の施工組織の例である。
　ゼネコンX社は、躯体工事に関して、とび・土工事をB社に、型枠工事をC社に、鉄筋工事をD社に、それぞれ下請負契約（あるいは注文書、請け書のかたちで）を結んで下請に出している。これらB～D社が一次下請業者であり、各一次下請業者はさらに、二次下請、三次下請へと再下請に出している。とび・土工事の例でいえば、一次下請業者B社は、とび工事を二次下請業者B2a社に、土工事を二次下請業者B2b社に再下請として出している。さらに、二次下請業者B2b社は三次下請業者B3a社に再々下請として出している。B2b社からB3a社への外注の内容は、B社から下請した土工事の一部である場合、管理を除いて労務すべてである場合

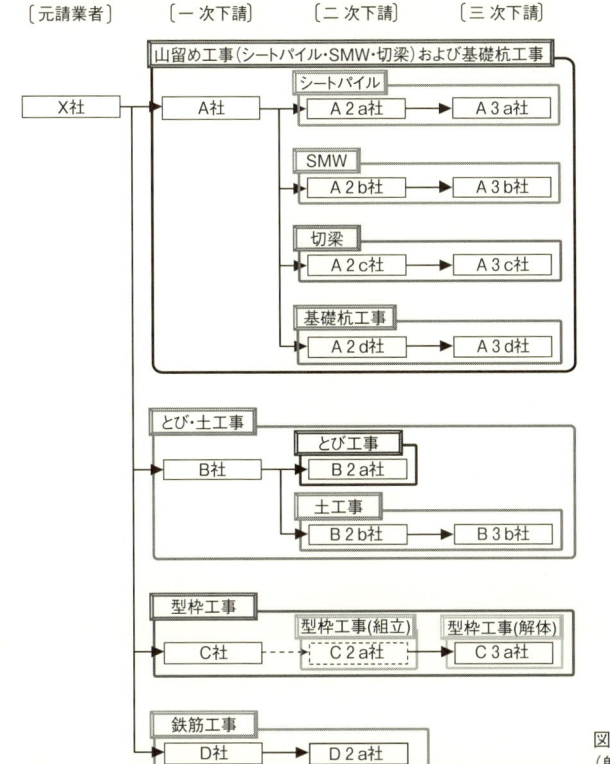

図10-5 施工チームの実例
（躯体工事の例）

　などさまざまである。ちなみに、一次下請であるB社はとび工事と土工事をまとめて請けているが、このようにとび工事と土工事をまとめて請けるのは関西地方に多く、関東では基本的にそれぞれを別会社が請けている。

　また、この図では下請関係が三次下請まで書かれているが、このように多重に下請関係ができることを重層下請構造といい、建設現場において、古来維持されてきた下請構造である。この重層下請構造のなかで、工事受注が季節や地域によって変動してもその影響を少なくとどめるべく需給変動が調整され、また、新規の職人の募集・教育が行われてきた。反面、再下請に出す業者がピンはねしているに過ぎないのではないか（図10-5のB2b社はその可能性がある）、あるいは元請・下請間、一次下請・

二次下請間、二次下請・三次下請間などで片務的な契約になっているのではないかなどの弊害も指摘されている。

さらに、一次下請業者の多く（とくに躯体系）は、特定のゼネコンから継続的に仕事を受注する割合が高く、専属的な関係にあるところもある。このような長期継続的な取引関係にある専門工事業者（下請業者）はゼネコンごとに協力会を組織しており、この協力会が当該ゼネコンと協力して、安全パトロールをやったり、生産性向上や品質確保のための勉強会などの活動をやったりするとともに、当該ゼネコンに新規に参入する専門工事業者を排除する参入障壁ともなっている。しかし、この協力会組織は近年かなり弱体化してきている。

10-7　多様なプロジェクト実施方式

すでに述べたように、建築生産プロセスは、大きくは企画、設計、施工、維持保全の各プロセスで構成されている。そこに登場する関係主体は発注者、設計者、総合工事業者（ゼネコン）、専門工事業者、種々のコンサルタントなどである。プロジェクトを実施するには、これらの関係主体を建築生産プロセスのどの時期に、どのような組み合わせで参加させるかを決定しなければならない。そして、これがプロジェクトの実施方式の選択といわれるものであり、それらの選択をどのような競争の内容で行うかを含めて模式的に示したものが図10-6である。図の右欄には現在日本で採用可能なプロジェクト実施方式の一覧が示してある。実施方式多様化の大きな流れのいくつかを摘記すると次のようである。

① 工事発注では、新設時の価格競争中心から、技術提案、品質、生涯費用などを考慮することができる実施方式の採用が始まった。これらには1998年の中央建設業審議会[*10]建議にある技術提案総合評価方

[*9] 長期継続的取引関係とは、契約の相手方を工事ごとに競争、とりわけ価格競争で選定するよりも、過去の経験から相手方の仕事の能力や考え方、信用などが満足できる場合に、その相手方との取引を継続するようになり、それが長期に維持される関係をいう。

[*10] 中央建設業審議会とは、建設業法第34条に「この法律、公共工事の前払金保証事業に関する法律及び入札契約適正化法によりその権限に属させられた事項を処理するため、国土交通省に、中央建設業審議会を設置する」とあり、また、第2項に「中央建設業審議会は、建設工事の標準請負契約約款、入札の参加者の資格に関する基準並びに予定価格を構成する材料費及び役務費以外の諸経費に関する基準を作成し、並びにその実施を勧告することができる」とある。

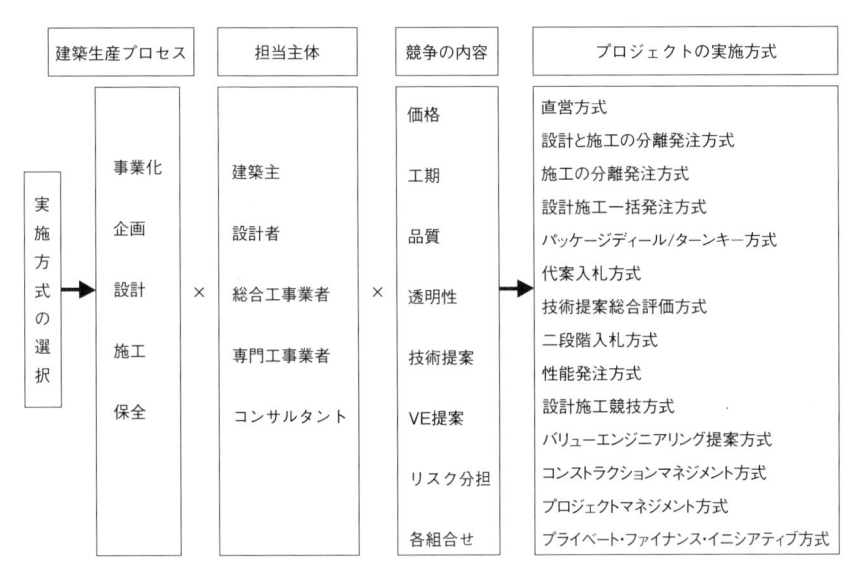

図10-6　多様なプロジェクトの実施方式

式、バリューエンジニアリング（VE）提案方式などが該当する。また、2005年に施行された「公共工事の品質確保の促進に関する法律」において、前者の評価方式が公共工事で全面的に採用されることとなった。

② 設計段階において、生産情報、施工方法、使用資機材の入手性など、いわゆる生産設計を行うために設計と施工を統合する実施方式が定着しつつある。これらには公共工事における設計施工一括発注方式、設計施工競技方式、性能発注方式、コンストラクションマネジメント（CM）方式などが該当する。

③ 発注者の立場に立ってプロジェクトの川上から川下までを一貫してマネジメントし、発注者要求の確実な実現、コストの透明性の確保などを目指してプロジェクトの推進を図る実施方式としてCM方式の採用が増加している。

④ 事業採算やプロジェクトファイナンスの観点をより重視、あるいはVFM（Value for Money）に力点を

おいた実施方式も出現している。プライベート・ファイナンス・イニシアティブ（PFI）方式はそのひとつといえる。

⑤　プロジェクトにはコスト、工期、品質、収益性など、さまざまなリスクがあるが、それらのリスクを誰が負担するかは実施方式に依存している。すなわち、近年の実施方式の多様化は発注者が負担するリスクの範囲を選択的にしているともいえ、資金調達を含むほぼすべてのリスクを受注者側が負担するPFIから、各種工事の完成、品質などにも一定のリスクを発注者が負担する施工の分離発注方式まで、その幅は相当程度に広い。このリスク負担の多寡は、プロジェクトの細部にわたる競争性、公正性、透明性の確保とトレードオフの関係にあり、施工の分離発注方式の場合、発注者側のリスクは相対的に大きくなるが、細部にわたる競争性、公正性、透明性が確保できる。一方、PFIでは発注者のリスク負担は相対的に少ないが、競争性、公正性、透明性の確保は民間事業者の選定に限定され、それ以降のことは民間事業者に委ねられる。

⑥　東日本大震災以後の復旧・復興を経て、現在ではアットリスクCMやアーリー・コントラクター・インボルブメント（ECI：施工者の設計段階への早期参加）などの方式が注目を集めるようになっている。

　また、特定のプロジェクトの実施方式を選定した場合にも、発注者、設計者、施工者の相対的能力の高低によって業務の分担関係は異なる。この分担関係を決めるのも基本的には発注者である。発注者の能力が十分な場合、発注者の担当する範囲は広くなるであろうし、設計者の能力が十分な場合には、その担当範囲は広くなる可能性が高い。もちろん、その場合でも狭い範囲を受託することもあるが、少なくとも受託範囲に関して選択の幅が広

くなる。施工者の能力の大小によっても同じような事情が考えられる。要するに、発注者、設計者、施工者それぞれの能力のいかんによって分担範囲は可変である。どう割り付けるか、割り付けた方式を選ぶか、発注者の判断はきわめて重要である。

　このようにプロジェクトの実施方式の多様化は、一方で特定のプロジェクトにおいて発注者側に最適なプロジェクトの実施方式を選定する能力が必要であることを意味している。と同時にその能力が不足している場合、中立的なコンサル（技術アドバイザー）を雇う必要がある。そして、この中立的技術アドバイザーの需要は徐々に高まっていくことが予想される。たとえば、公共工事の品確法における技術提案総合評価方式では、技術評価での「加算方式」と「除算方式」の優劣、「技術提案と価格の妥当なバランス」などに関して、多くの公的発注者が試行錯誤の状態にある。また、民間工事の施工者選定では、ゼネコン数社に入札を求め、CMr（後述）の支援の下、設計図書、見積り内容、施工計画の精査を行い落札者を決定する方法が採用されるケースが増加している。

10-8　多様なコンサルの顕在化によるプロジェクト実施方式の変化

　コンストラクションマネジャー（CMr: Construction manager）、プロジェクトマネジャー（PMr: Project manager）、コスト管理士、ファサードデザイナーなど日本においてもさまざまな専門領域のコンサルが誕生している。建築プロジェクトへのコンサルの参加の仕方を英国と日本で比較すると、英国の場合、発注者が直接に雇用し（図10-7）、日本の場合は、基本的には設計事務所が設計とともにコンサル業務も一括して発注者から受託し、コンサルはプロジェクトの表舞台には出てこない。

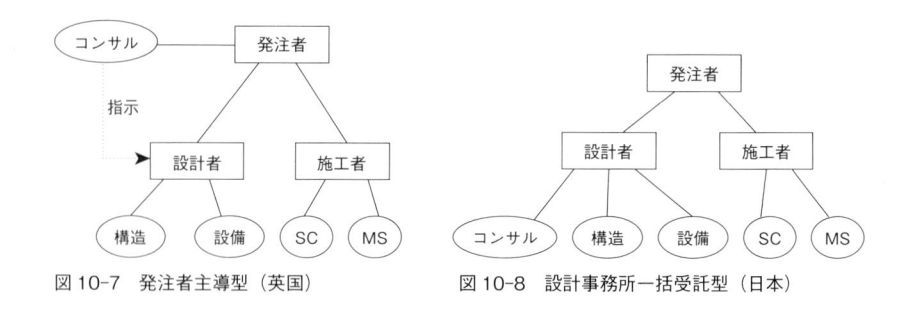

図10-7 発注者主導型（英国）　　図10-8 設計事務所一括受託型（日本）

　設計事務所はすべての業務を基本的には自らの組織のなかでこなし、必要に応じて一部を外部のコンサルに委託している（図10-8）。端的には、発注者が個別にコンサルを雇う英国型と設計事務所が一括して受託する日本型に区分される。この両者の違いは、コンサルの立場から見ると、発注者を支援するのか、設計者を支援するのかの違いとなり、発注者を支援する場合には、設計者に対して発言権が増し、一方、設計者を支援する場合には設計者の意向を尊重することとなる。どちらが合理的かはプロジェクトにより、発注者の能力により異なるが、少なくとも発注者が正確で合理的な要求事項を出す責任が重くなるにつれて、発注者支援コンサルの比重が増すであろう。いずれにせよ、新しいコンサルの登場とそれを活用したプロジェクトの推進方法は多様になっていくであろう。

　発注者や設計者を支援するコンサルのみならず、ゼネコンや専門工事業者が有償、無償を問わず発注者、設計者を支援することも一般に行われている。その典型は工事を特命で請けたゼネコンが当該プロジェクトで発注者、設計者支援をすることである。また、室内環境、防災などに関しては企画段階で発注者支援のコンサルとして、次に設計段階では設計者として、さらに施工段階では工事をも担当するといったケースもある。これらを模式的に示したのが図10-9〜図10-14である。横軸には企画、

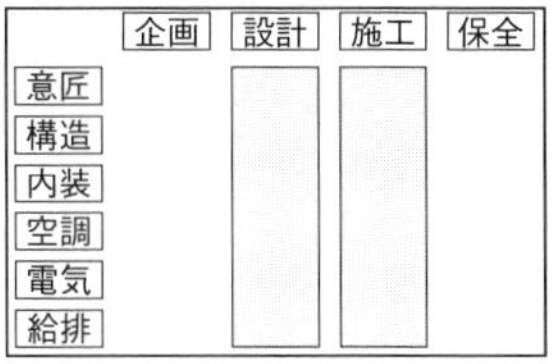

図 10-9　設計と施工分離

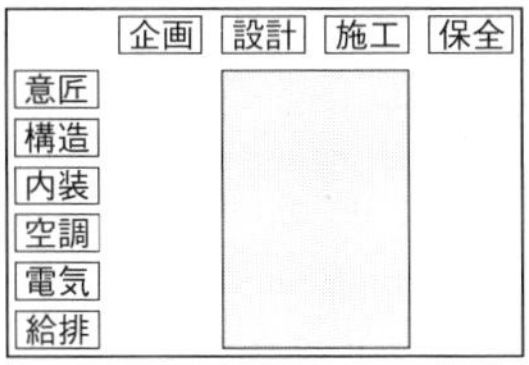

図 10-10　設計施工一括

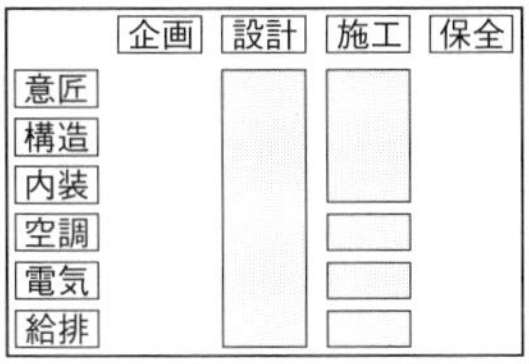

図 10-11　施工の分離

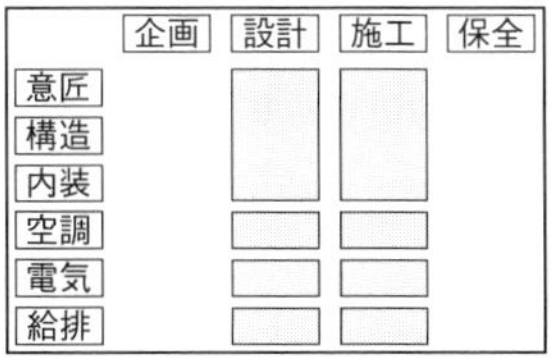

図 10-12　設計施工共一部分離

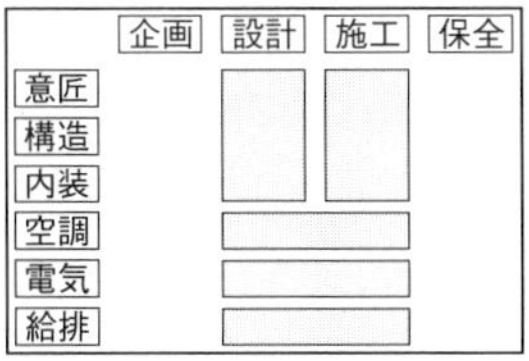

図 10-13　一部設計施工

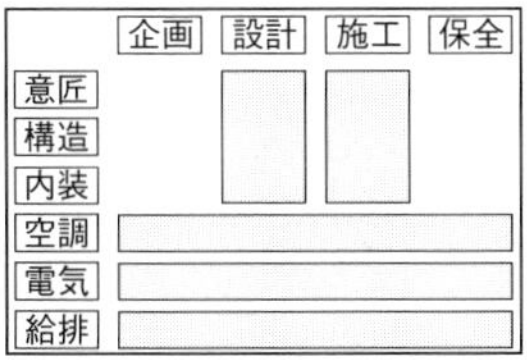

図 10-14　一部ターンキー

設計、施工、維持保全という建築生産プロセスが書かれている。縦軸には意匠、構造、内装、空調、電気、給排水衛生といった設計、もしくは工事が分担して行われている単位が示されている。ここに、防災など特殊性・専門性の高い単位が書かれてもよい。さて、図 10-9 は設計と施工が分離され、それぞれは一括して受託／受注している伝統的なケースである。図 10-10 は設計施工一括、図 10-11 は施工の分離発注である。これが可能であれば、設計も図 10-12 のごとく分離することが可能であろう。さらにそうなれば、建築部分は設計と施工が分離されたとしても、竣工後機能的に最も発注者に影響を与える部分は設計施工でやる（図 10-13）、それならば企画段階から竣工後まで一貫して受託／受注する（図 10-14）ということも考えられる。

10-9　建物をつくることの原則

　建物をつくるには、多くの専門家、技術者、技能者が結集する必要があり、また、それらが協調的に仕事をしなければいい品質のものはできあがらない。その結集の

参考文献

日本建築学会編『信頼される建築をめざして――耐震強度偽装事件の再発防止に向けて』日本建築学会、2007。

古阪秀三総編集・著『建築生産ハンドブック』朝倉書店、2007。

古阪秀三編著『建築生産』理工図書、2009。

日本建設業連合会『建設業ハンドブック』毎年版、日建連、2006〜14。

仕方、協調の仕方にはいろいろな方法がある。いずれの方法をとるにしても、関係者に「応分の負担と応分の利益」の原則が貫かれなければならない。

さらに学びたい人は……
① 自分が住んでいる近所の建設現場をよく見てみよう。誰が、どんな格好で働いているだろうか。
② 同じ設計図面であれば、同じ建物ができあがるか考えてみよう。
③ すごいと思うひとつの建物の資料をインターネットで探してみよう。

【column】

変質する重層下請構造と労働災害死

古阪秀三

　建設産業の労働災害死は、1960年代には2400人前後だったが、2005年に500人を切り、さらに2009年には400人を切った。1972年に労働安全衛生法が制定され、元請建設会社の責任を強化、建設産業が一丸となって取り組んだ結果であり、きわめて喜ばしいことで、関係者の努力に敬意を表したい。しかし、なぜか一抹の不安・疑念を禁じえない。この点について考えてみたい。

　建設現場において、重層下請構造は古来維持されている。この重層下請構造のなかで、需給変動が調整され、職人の募集・教育が行われてきた。「職人を育てる」こともやってきた。反面、ピンはね、片務的契約などの弊害も指摘されてきた。しかし、現在の重層下請構造は形としては同様でありながら、そこで維持される機能が変質してきた。その最も特徴的なことは次のことであろう。

　元来、一次下請となる専門工事業者が直接雇用していた職人・職長を、元請からの発注単価が過度に引き下げられたことにより社会保険、雇用保険の事業主負担に耐えられなくなり、二次下請として外部に出すようになり、この連鎖が二次、三次の下請にも及び、結局、社会保険、雇用保険の負担がかからない域に達する（一人親方）まで連なっている。そして、かれらは大半が保険未加入者となる。極端にいえば、いまや業種によっては一次下請の専門工事業者に直接雇用の職人はいない。このような費用負担の軽減を主目的とする連鎖のなかでは職人教育を期待することなど、とうていできない。さらに、低賃金にあえぐ職人に自己研鑽など望むべくも

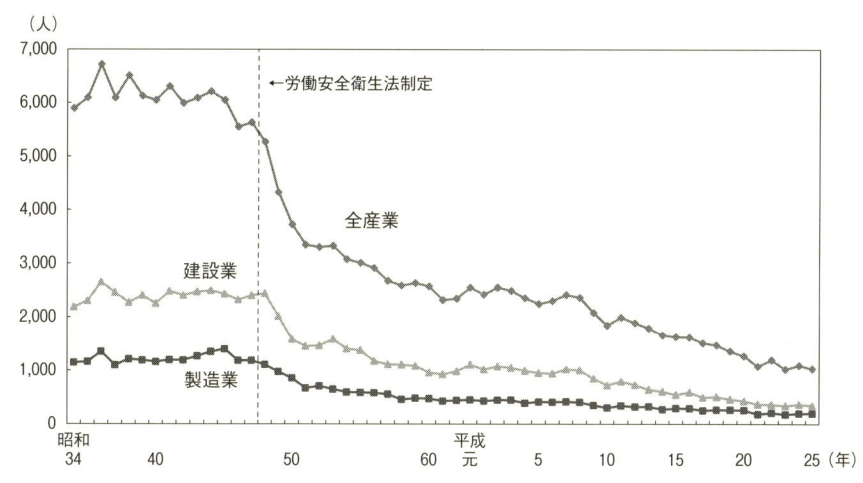

図1　死亡災害発生状況の推移
厚生労働省・労働基準局安全衛生部安全課「死亡災害報告」（http://www.mhlw.go.jp/stf/houdou/0000046019.html）より作成。平成23年は東日本大震災を直接の原因とする死亡者を除いた数。

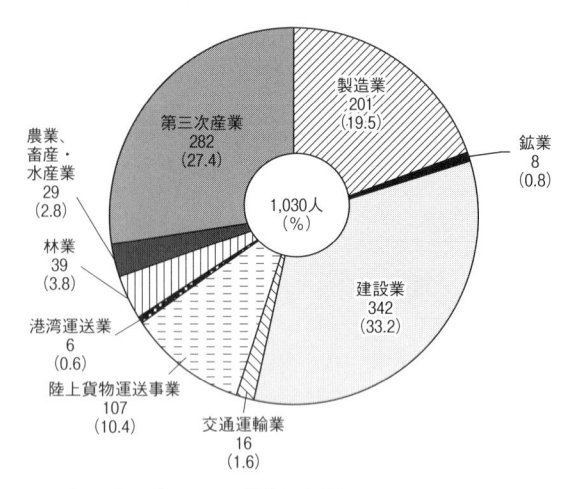

円グラフ内訳：
- 製造業 201 (19.5)
- 鉱業 8 (0.8)
- 建設業 342 (33.2)
- 交通運輸業 16 (1.6)
- 陸上貨物運送事業 107 (10.4)
- 港湾運送業 6 (0.6)
- 林業 39 (3.8)
- 農業、畜産・水産業 29 (2.8)
- 第三次産業 282 (27.4)
- 合計 1,030人 (%)

図2 平成25年の業種別死亡災害発生状況
厚生労働省・労働基準局安全衛生部安全課「死亡災害報告」より作成。

ない。いったい誰が職人を育てているのであろうか。

　一方で、元請からの発注単価に社会保険、雇用保険などを含む福利厚生費は本来含まれているはずである。それは、個別工事では、注文書・請書、あるいは書面／口頭契約で処理しているにせよ、その基本的契約条件として各元請が用意している標準下請要綱、標準取極要綱などに規定されていることがよりどころである。問題は、標準下請要綱、標準取極要綱などが作成された背景・時期と現在の具体的な取引の場面との間には相当な乖離があることであり、現状のような元請からの発注単価の過度の引き下げのもとでは、専門工事業者が職人の処遇・賃金の改善を図る余裕などない。また、専門工事業者に「契約に基づくこと、そのためには標準下請要綱、標準取極要綱等に規定されていることが重要であること」の認識がない。元請は「下請単価に含まれている」といい、専門工事業者は「保険などにかかる経費も認めてくれない」といい、かみあわない議論、議論があればまだしで、かみあわない沈黙が続いてきた。こうして、元請下請関係は「車の両輪、親子の関係」の言葉で代表されるような協調的関係から、「無理難題をいう、締め付けが厳しい」敵対関係に変わってしまっている。事実、一次の専門工事業者からは、「元請が経費を認めず、保険などをかけることもできないから、直接雇用することをやめ、二次下請体制にした」という声が大きい。しかも、これを一時的緊急避難とは考えず常態化している。このなかには「丸投げ」と目されるものも少なくない。また、「職人の貸し借り」も日常的に行われている。「丸投げ」「職人の貸し借り」は法律的にいえば原則禁止である。後者に関しては2005年7月の建設労働法の一部改正で若干の緩和策が講じられつつあるが、原則は禁止である。また、遅ればせながら国土交通省ならびに厚生労働省では2017年度には保険加入者100％を達成すべく、技能労働者の積算単価である設計労務単価を3年続けてアップするなど、さまざまな施策を講じ始めてはいる。しかし、どこまで実を結ぶことか。

　このような状況のもとでの「死亡災害が400人を切った」事実に接すると、一人親方たち（形式的には一人親方ではあるが、端的には雇用関係がない個人労働者に過ぎない）の死亡災害がどのように計上されているかが気になる。また、死亡災害の多くは、依然として墜落などの繰り

返し型の災害が多いことから推察すると、技術的・設備的な安全対策は一定程度満足な状態にあるが、属人的な問題（たとえば個人の不注意、低い安全意識など）が依然として未解決の状態にあることが予想される。一方、施工不良・建設事故が多発している。その原因はさまざまに考えられるが、重層下請構造に起因する施工不良・建設事故も少なくないと推察される。技術的・技能的情報が適量・的確に流れない、重層化のもとで適切な職人が手当てされていない、低賃金のもとで職人の技能、士気、モラルの低下が著しいなどが具体的原因である。施工不良・建設事故を防ぐ、すなわち、建設工事において品質を確保するためには、設計・施工両プロセスでの検査・確認・チェックを二重三重にしても十分である保証はなく、結局は施工者とりわけ実際に工事を実施する職人の技量・良識に依存せざるをえない部分が必ず存在する。工事・作業をやったかどうかは当該担当の職人が最もよく認識している。こうした意味で、職人は品質確保の最後の砦なのである。

要は、労働災害防止の面からも、品質確保の面からも「職人を尊重すべし」なのである。

【column】

タワークレーンはどのように立ち上がっていくのか、そして消えていくのか

金多　隆

建築現場では、建築部材や資材が右に左に上へ下へと運ばれ、職人によって所定の位置に取り付けられる。ヒトとモノが集中する活気ある場であり、新しい街がつくられていく風景そのものである。なかでもクレーンは、現代の建築現場になくてはならない存在になっている。超高層のオフィスビルや複合施設から、戸建て住宅や仮設住宅の現場にいたるまでさまざまな現場でクレーンが用いられている。クレーンにはさまざまな種類があるが、街中の建築現場でよく見られるクレーンは、旋回のできる斜めに突き出した腕木（ジブ）を備えたクライミング式のジブクレーンであり、一般にタワークレーンと呼ばれている。タワークレーンは、工事が始まると組み立てられ、突如、街中にその大きな姿を現す。そして躯体工事が終了すると解体、搬出され、街の風景から消えていく。超高層ビルや集合住宅の工事では、クレーンのマスト（支柱）が地上から伸びていると、仕上工事に支障をきたす場合があり、フロアクライミング方式が採用される。フロアクライミング方式は、建物の構造躯体である床や梁を利用して、建物に乗っかる方式である。工事中は最上階が順次、構築されていくので、工事進捗に合わせてクレーンも建物のフロアをクライミングする。そのしくみは、じつに独特でおもしろい。

フロアクライミング方式の場合、組立ては建物が立ち上がる敷地の内側で行われる。まず地上に土台となるベース架台を設置する。通常、クレーンはユニット化されて現場へ搬入され、別のクレーンで各ユニットを組み立てる。ベース架台の上に底部マスト、その上に2段目マストと連結していく。その上に昇降装置、旋回フレーム、巻上げ装置、ジブワイヤーと、必要な

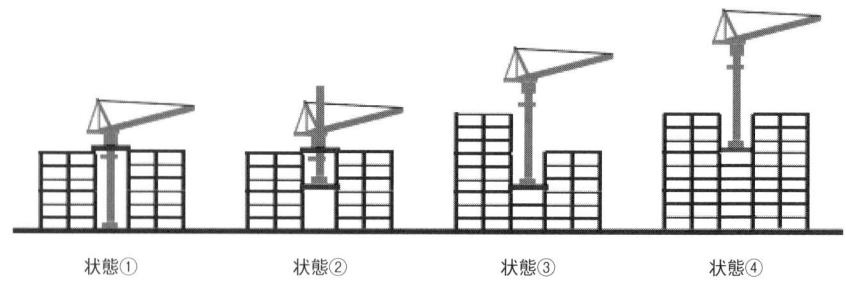

図1 フロアクライミング方式タワークレーンのクライミング

　ユニットを連結し、組立て完了である。
　工事が進行し、高さが不十分になれば、以下の手順（図1参照）で、「尺取虫」の如くクライミングする。状態①はクライミング前の状態である。まず建物の最上階に旋回フレームを下げて、昇降フレームを固定する。そして、ベース架台の基礎ボルトを開放する。昇降シリンダを作動させてマストを引き上げ、下部かんぬきをマストに固定する（状態②）。次に、上部かんぬきを開放して、昇降シリンダを作動させると、マストが上昇する（状態③）。こうして、上階の躯体工事の進行に合わせて昇降シリンダを作動させ、マストとベース架台のクライミングを繰り返す（状態④）。
　クライミングは、各階ごとに行うと煩雑であるため、通常は3層分などまとめて行われることが多い。
　躯体工事が最上階に達し、クレーンを必要とする作業がなくなればクレーンを解体する。フロアクライミング方式のタワークレーンがクライミングしてきたところは、その後工事が進行し、最後は仕上げも行われているため、空間が十分ではなく、同じところを下降することはもはや不可能である。フロアクライミング方式の解体は一般に「親亀・子亀・孫亀」方式と形容されている。タワークレーンを用いて、解体するものより一回り小さなクレーンを建物最上階に組み立てる。そのクレーンを用いてタワークレーンを解体し、ユニットを地上へ降ろす。子亀を用いて親亀を解体するのである。同様の手順を繰り返す。つまり孫亀クレーンを構築し、子亀クレーンを解体する。最後は人の手で、エレベータを使って孫亀クレーンのユニットを地上へ降ろす。
　クレーンは新しい街がつくられていく風景の象徴といってもよい。そのクレーンが街中に現れ、そして消えていく裏にはこのようなしくみがある。

参考文献
社団法人日本クレーン協会HP

【column】

設計と施工の連携

西野佐弥香

　建築と自動車の違いは何だろう。ただし、完成した建築と自動車ではなく、完成する前の建築と自動車の違いだ。自動車という工業製品が世に出るためには幾度となく試作が行われる。すべての部品の設計が完了し、検討が尽くされて初めて製品になる。そして何千台、何万台という自動車が同じ仕様で同じ生産者の手で作られる。けれども建築は、原則として一回きりのプロジェクトである。たとえ発注者が同じ建築プロジェクトであろうとも、敷地や目的、設計内容は異なる。毎回が試作のようなものだ。一社で設計・試作から生産・販売まで行う自動車とは対照的に、設計者や施工者の顔ぶれすら同じではない。それを期間やお金といったある条件下で安全に進め一定の品質を確保しようとするならば、設計と施工の連携は不可欠である。ただし、ひとくちに連携といっても、設計者と施工者の技術力や経験によって役割分担は自然と異なってくる。設計者がどこまで図面を描き、どの程度工事に関わるか、施工者がどこから図面を描き、どの程度設計に関わるか。

　建築家・前川國男は、設計者として最も深く工事に関与した建築家のひとりである。現場には必ず設計の担当者が常駐し、コンクリート打設ともなれば、型枠のなかにコンクリートが均一に充填されるよう、施工管理の担当者や専門工事業者とともに竹竿を突いた。とりわけ前川氏の設計手法「テクニカルアプローチ（技術の開発を通したデザインの試み）」の精華である打込みタイルや耐候性鋼、プレキャストコンクリートは、設計者と専門工事業者が複数のプロジェクトにわたって設計の初期段階から協働するなかで開発・実現された。

　打込みタイルに関する連携の様子を見てみよう。まず、設計段階で打込みタイルを用いる範囲が決定した時点で、設計者と専門工事業者がタイルの色合いや肌について検討する。以前のプロジェクトで用いたタイルの型を用いてサンプルを作成し、磁器にするか炻器にするか、土の種類と配合、釉薬の有無などを決定するのだ。次に、専門工事業者がタイルの原寸図や納まり図、タイルを用いるすべての面についての展開図を作成し、設計者と施工管理の担当者、専門工事業者の三者で検討を行う。施工管理を担当する総合建設業者に打込みタイルの施工経験がない場合は、設計者が過去のプロジェクトを案内して理解を求めた。さらに、いよいよ工事を実施する段階になると、設計者（監理者）は施工管理の担当者と専門工事業者が作成した施工要領書を承認するだけでなく、施工の予行演習の指導も行った。たとえば、タイルが打ち付けられた1t近くの重量を持つ型枠を起こしたり角を処理したりするには経験が必要となるためである。

　このような現場は設計者や施工者といった立場を超えて年長者が若手を教育する「学校」のような場となり、若手の技術者はここでの記録をまとめた「教科書」を次の現場に持って行ったという。

　もちろん、施工側が深く設計に関与して連携することもある。施工者の力を活用することに長けていた建築家・村野藤吾は、現場での変更や制作指導を重視し、図面には「この部分現場にて決定」という指示が残っている。また、設

写真1　前川國男設計の打込みタイルを用いた外壁

写真2　村野藤吾設計の石張り・三次元曲面の外壁

計段階から総合建設業者に設計への参加を求め、設計の具体化・詳細化を協働して行った。たとえば石張りの三次元曲面の壁は（現在ならコンピュータを用いて比較的容易に設計を詰められるが）、設計側が描いた線に施工側が敷地の形状や面積を検討しながら二次元で曲率を与え、施工者が建設現場でベニヤ板に粘土を載せたモックアップを作成して設計者が三次元形状を決定し、それを施工者が施工図に落とし、最後は設計者と施工者が実際に使用する石を並べてみて割付を検討したのである。

　前川と村野の連携の方法は①設計段階で設計者と連携する施工者は誰か②どのような設計内容について連携するか③工事段階で設計者と施工者の調整や意思疎通の仲介をするのは誰か、の３点で異なる。けれども、設計者と施工者がどちらか一方に仕事を任せきりにしたり、最低限の品質で妥協して馴れ合ったりするのではなく、連携によってよりよい建築を実現しようとした点は共通である。技術の進歩や社会の状況に応じて方法は変化していっても、よりよい建築を目指すとき、設計と施工の連携の大切さは変わらない。

あとがき

　本書は、京都大学建築系教室を母体とする『traverse――新建築学研究』編集委員会を中心として編まれたものです。『traverse――新建築学研究』は2000年4月に創刊され、年刊で現在まで15号発刊されています。
　その創刊の言葉は以下のように書きだされています。

　　「京都大学「建築系教室」を中心とするグループを母胎として、その多彩な活動を支え、表現するメディアとして『traverse――新建築学研究』を創刊します。『新建築学研究』を唱うのは、言うまでもなく、かつての『建築学研究』の伝統を引き継ぎたいという思いを込めてのことです。」

　『建築学研究』の歴史は昭和の初期に遡ります。
　日本の建築学の起源は、明治10（1877）年に、工学寮（明治6（1873）年開校）が廃止、工部大学校と改称され、英国人建築家ジョサイア・コンドル（Josiah Conder, 1852-1920）が造家学科の教師として招聘された時点に遡ります。コンドル来日から2年後の明治12（1879）年に工部大学校の第一回卒業生となったのが、辰野金吾、片山東熊、曾禰達蔵、佐立七次郎の4人です。その後、明治18（1885）年に工部大学校は文部省に移り、翌19年には帝国大学工科大学となります。このとき教授に就任したのが第一期生の辰野金吾です。明治26（1893）年になると講座制度が定められ、造家学科には3講座が設けられましたが、講座の内容が安定するのはもう少し後のことで、日本で最初の建築学の博士論文を書いて学位を取得した伊東忠太が教授に就任したのは明治34（1901）年です[*2]。最初の学位論文が建築史の論文であることは記憶されていいでしょう。その間、明治30（1897）年に帝国大学は東京帝国大学と改称され、翌31年9月には、造家学科は建築学科と改称されます[*3]。東京帝国大学建築学科を中心とする日本の

249

建築学のその後の発達については、それぞれ調べてみてください。[*4]

　京都帝国大学に建築学科が創設されたのは大正9（1920）年のことです。[*5] 京都帝国大学が設立されたのは明治31（1898）年ですから、建築学科の創設は20年余り遅れることになりますが、東京帝国大学建築学科に互して数々のすぐれた建築家、建築学者を輩出してきたことはよく知られています。この京都帝国大学の建築学教室が発行したのが『建築学研究』なのです。

　『建築学研究』は、1927（昭和2）年5月に創刊され、形態を変えながらも1944（昭和19）年の129号まで出されます。そして、戦後1946（昭和21）年に復刊されて、1950（昭和25）年156号まで発行されます。数々の優れた論考が掲載され、京都大学建築学教室の草創期より、その核として、きわめて大きな役割を担った歴史的ジャーナルです。

　『traverse──新建築学研究』は、志も高く、『建築学研究』を現代に引き継ごうとしたものなのです。現在は、若い学生たちに編集の主体は移行しつつあり、さらなる展開が期待されています。

　「建築学の研究範囲は、総ての学術の進歩に伴ひ、極めて広汎なものとなって来た。その研究題目も微にいり細に渉って、益々広く深くなってきた。」と、すでに『建築学研究』の創刊の言葉に武田五一が書いています。領域の拡大と専門分化はさらに進展しているのが今日の状況です。問題は、建築をめぐる大きな議論をする場が失われつつあることです。この『建築学のすすめ』が、あらかじめ限定された専門分野に囚われず、自由に建築を学ぶすべての人びとに手に取っていただけることを願っています。「traverse編集委員会」という編者名にその初心が示されています。

　　注
　　*1　『法隆寺建築論』1901年、東京帝国大学紀要。伊東忠太には、他に「法隆寺建築論」（『建築雑誌』7（83）、317-350頁、1893年11月28日）がある。
　　*2　その伊東忠太が歴史的意匠と建築史の第三講座を担当、中村達太郎が第一講座（建築一般構造）、塚本靖がそれまで辰野金吾が担当していた第二講座（建築設計）を担当した。
　　*3　伊東忠太「『アーキテクチュール』の本義を論じて　其の訳字を選定し　我が造家

学会の改名を望む」『建築雑誌』90 号、1894 年（『伊東忠太建築文献』第 6 巻、龍吟社、1937)。
＊4　布野修司「「建築学」の系譜、近代日本におけるその史的展開」『建築概論』建築学体系 1、彰国社、1982 年 6 月 20 日。
＊5　武田五一、天沼俊一、日比忠彦、藤井厚二が早々の講座を担当した。

文責　布野修司

索　引

あ

アーキグラム　145
アーキテクチャー　i
アーキテクト　i
アーチ　54
アーティキュレーション　35
アーバン　191
アーリー・コントラクター・インボルブメント（ECI）　238
アカデメイア　27
アクティブ　140
アクティブデザイン　149
アクロポリス　25, 191, 206
足場　114
アスタ・コサラ・コサラ　56
アスタ・ブミ　56
校倉　54
圧縮　106, 120, 121, 123-125, 128, 129
アッシリア　202
アッソス　204
アトランティス　206
アドルノ、T.　18
アポロン　31
阿弥陀堂　74
アリーナ　99
アリストテレス　202
アリンダ　204
アルケー　i
アルジェ　137
アルタ・シャーストラ　59, 205
アルベルティ、L. B.　32, 59

アレグザンダー、C.　45, 47, 66
アレクサンドリア　204
アンウィン、R.　46
アンコール・トム　187, 206
アンコール・ワット　206

い

イエイツ、F.　32, 33
イエメン　212
イェリコ　195
イスラー　132
イスラーム　208
伊勢湾台風　220
板扉　91
板軒　89
一括発注　232, 237
イデア　28
伊東忠太　49
入隅　78
入母屋造　73
インスラ　212
インダストリアルデザイン　21

う

ヴァストゥー・シャーストラ　59
ヴァナキュラー　52, 145
ヴァレリー、P.　35, 38
ウィトルウィウス　i, 19
ウエーバー、M.　197
ヴェンチューリ、R.　46, 47
ヴォールト　35, 54
後戸　74, 89, 90

打込みタイル	247	カテドラル	34
内法	76, 78	角柱	89
宇文愷	187	曲尺	70
埋木	77, 78, 86	カプセル	46
ウル	195	框	78
ウルク	195	鴨居	78, 86
ウルブス	191	火薬	199
		ガラス	iv, 54
		換気	139
		堪輿	56

え

エアコン	144, 159		
『営造法式』	63		
エコシステム	146		

き

エッフェル塔	18	ギーディオン、G.	13
エネルギー	139, 141, 144, 147	キヴィタス	191
エル・アマルナ	202	ギザ	196
エレベーター	19	木鼻	88
		気密	139
		キュービット	69

お

オアシス	181	栱(肘木)	63
応力	110, 124	共振	108
オスマン、G. E.	45	擬洋風	185
帯鉄	169	曲面	118, 130
折板構造	130	許容応力度	125
温水コイル	155	木割書	63
陰陽五行	56	『欽定工部則例』	63
		近隣住区理論	212

か

く

開帳	91	『空間・時間・建築』	13
外乱	145	空気調和	142, 144
外力	118	空気膜構造	131
カウティリヤ	59	釘	169
カエサル（シーザー）	i, 56	組物	76, 79
蟇股	76, 79, 88	クライアント（建築主）	112, 223, 228
頭貫	81, 88	グリッド	202
仮設住宅	221	クレーン	225, 245
家相	56	グロピウス、W.	142
片持梁	102		

索引

253

け

芸術 …………………………… 49, 99
ケーブル …………………… 104, 131
化粧垂木 ………………………… 76
化粧屋根裏 ……………………… 81
桁行 ……………………………… 96
ゲデス、P. …………………… 46, 47
ゲルマン ………………………… 37
間 ………………………………… 73
懸垂曲面 …………………… 129, 131
建築家 ………………………… 225
建築基準法 …………………… 223
建築士 …………………… 225, 234
建築十書 …………………… 56, 59
建築士法 ……………………… 225
建築生産プロセス ……………… 228
建築プロジェクト ……………… 226
建築主→クライアント
建築法規 ……………………… 222

こ

高温多湿 ……………………… 139
黄河 …………………………… 196
剛構造 ………………………… 108
格子 …………………………… 179
工匠 …………………………… 64
工場生産化（プレファブリケーション） … 53
構造設計 ……………………… 101
構造力学 ……………………… 100
『工程做法』 …………………… 63
格天井 …………………… 74, 81
向拝 …………………………… 73
構法 …………………………… 139
弘法大師 ……………………… 84
虹梁 …………………………… 88
国宝 …………………………… 178

ゴシック …………………… 34, 35
古社寺保存法 ………………… 166
コストフ、S. ………………… 193
コスモロジー ………………… 187
コタ …………………………… 192
コミュニティ ………………… 217
小屋組 ………………………… 88
コリント ……………………… 38
コンキスタ …………………… 199
コンクリート …… iv, 54, 131, 151, 155
コンストラクションマネジメント（CM）… 237
コンストラクションマネジャー … 239
こんにゃく …………… 122, 123, 125

さ

最適設計 ……………………… 109
棹縁天井 ……………………… 81
作事 …………………………… 49
サグラダファミリア …………… 132
サスペンション ……………… 109
サブコン ……………………… 230
三渓園 ………………………… 171
散水 …………………………… 153

し

仕上げ ………………………… 92
シェルター ………………… ii, 50
市街地建築物法 ……………… 222
敷居 …………………………… 91
軸力 ……………… 102, 104, 119, 121, 125
繁垂木 ………………………… 89
地震動 …………………… 107, 121
下請 …………………………… 235
自重 …………………………… 123
湿気 …………………………… 139
ジッテ、C. …………………… 46
四天王寺 ……………………… 70

四天柱	82	スペースフレーム	3
シドニー・オペラハウス	229	スマートシティ	160
部	81, 85, 91	スラム	200
尺	65	寸法	65
遮熱	153		
シャリーア	209	**せ**	
シャルトルの大聖堂	25	青鳥	56
柔剛論争	108	生産設計	229
柔構造	108	制振構造	100
重層下請構造	235, 243	静定構造	120, 121
集熱	151, 155	井籠	54
重要文化財	178	設計施工	237
シュジェ・ド・サン＝ドニ	34, 35	石膏	132
須弥壇	74, 89, 90, 91	接合部	111, 119
シュムメトリア	29, 57	ゼネコン	230, 231
シュメール	195	セメント	66
『周礼』	63	ゼルナキ・テベ	202
ジョイント	134	セルフ・エイド	46
省エネルギー	140, 148	セルフビルド	50, 52
城市	190	線材	117, 118
仕様書	226	千本釈迦堂	73
『匠明』	63, 64	専門工事業者	230, 236
白鳥神社	168		
シルパ・シャーストラ	59	**そ**	
身体寸法	65	造家	ii, 15
シンメトリー	29	総合工事業者	230
		ソクラテス	27, 35, 38
す		塑性変形	109
随意契約	231	組積造	165
スクォッター	187		
スケール	vi, 65, 69, 217	**た**	
朱雀大路	73	大工	64
厨子	82, 89, 91	大虹梁	76, 78, 79, 81, 169
ステンドグラス	25, 35	大地震	166
ストラット	106	耐震設計	107
スパン	63	耐震補強	174
スプロール	200	代替エネルギー	140

大報恩寺本堂	72, 73, 92	テクニカルアプローチ	247
タウンスケープ	185	鉄	iv, 54
高潮	219	デッキプレート	130
畳	70	鉄筋コンクリート造	iii, 100, 227
建売住宅	53	鉄骨造	iii, 100, 225, 227
建具	81	天円地方	205
手挟	88	天井	74, 76
垂木	63, 72, 73	テンセグリティ	106, 121
タワークレーン	246	テント	54
弾性変形	109		
断熱	139, 155	**と**	
ダンパー	109	東大寺大仏殿	166, 168-170
暖房負荷	153	等張力曲面	129, 131
		燈明寺本堂	171
ち		棟梁	64
地球温暖化	140	通肘木	76, 81
蓄熱	151	ドーム	101, 104
チャタル・ヒュユク	195	特命	231
柱間	76, 78	飛貫	87
チュニス	137, 208	土木	15, 99
長安	187, 197	ドムス	212
超高層	66	トラス	102, 104, 119, 169
聴竹居	143		
張力	104, 121	**な**	
直下型地震	165, 166	内陣	73, 74, 89-91
		長押	76, 78
つ		南海トラフ	221
通風	153		
土壁	81	**に**	
津波	219	日射	138, 139, 141, 151, 156
坪庭	153	入札	229
徒然草	91	ニュータウン	46
て		**ぬ**	
ディオニソス	31	ヌガラ	192
ディテール	iii, 115, 154	貫	78
ティポロジア	211		

ね

ネオプラトニズム……………………………38
ネクロポリス…………………………………196
熱………………………………………………142
根継……………………………………………88
熱損失…………………………………………151

の

ノヴァーリス…………………………………29
濃尾震災………………………………………166

は

バーザール……………………………………209
パース…………………………………………114
パースペクティブ……………………………208
バータリプトラ………………………………196
ハイデガー、M. ………………………ii, 1, 52
パイドロス……………………………………38, 40
排熱……………………………………………157
廃仏毀釈………………………………………175
バウハウス……………………………………15
鋼構造…………………………………………125
ハギア・ソフィア……………………………25, 33
矧木……………………………………………79
パクストン、J. ………………………………18
バシリカ………………………………………56
パタン・ランゲージ…………………………46
パッシブ………………………140, 149, 153, 154, 159
バビロニア……………………………………195
パマヒイン……………………………………56
ハラッパー……………………………………196
バリ……………………………………………192
バリアフリー…………………………………218
ハリカルナッソス……………………………204
バリューエンジニアリング（VE）…………237
パルテノン……………………………………25

半剛接合………………………………………119
番付……………………………………………78
パンテオン……………………………………99
バンハム、R. …………………………………145

ひ

肘木→栱
肘尺……………………………………………69
ビスタ…………………………………………218
ピタゴラス……………………………………28
引張……………………………………120, 122-125
ヒッポダモス…………………………………202
日時計…………………………………………58
廟………………………………………………45
ピラミッド……………………………………28, 196
尋………………………………………………69
檜皮葺…………………………………………73, 88, 90
ピン接合………………………………………118

ふ

ファサード……………………………………114
不安定…………………………………………120
フィート（フット）…………………………65, 69
風蝕……………………………………………77
風水……………………………………………56, 181
風土……………………………………………183
輻射……………………………………………156
複層ガラス……………………………………157
部材……………………………………………121
普請……………………………………………49
不静定…………………………………………120
不静定構造……………………………………121
仏堂……………………………………………74
風土記…………………………………………183
舟肘木…………………………………………89
プラ……………………………………………192
プライメイト・シティ………………………201

フライング・バットレス……………………35	
プラトン………………………………206	
フリーメーソン…………………………33	
ブリコラージュ…………………………54	
プリンボン………………………………56	
プル……………………………………192	
ブレース………………………………119	
プレキャスト……………………130, 247	
プレストレス…………………………126	
プレファブ住宅…………………………53	
プレファブリケーション→工場生産化	
プロジェクト組織……………………230	
プロジェクトマネジメント（PM）………237	
プロジェクトマネジャー……………239	
プロポーション……………………v, 65	
文化財……………………………161, 171	
分離発注………………………………232	

へ

平安京…………………………………73	
幣軸構…………………………………84	
ベニヤ板………………………………248	
ペルガモン……………………………204	
ヘルメス…………………………………38	
ヘレニズム……………………………204	

ほ

ポアソン効果…………………………123	
ポイント・オブ・ビュー……………208	
法会……………………………………91	
放射……………………………………153	
方立……………………………………78	
保温……………………………………155	
ポストモダニズム……………………146	
ポストモダン……………………………13	
ポリス…………………………………191	
本瓦葺……………………………88, 90	

ま

マーナサーラ………………59, 60, 70	
曲げ………………102, 123, 124, 128, 129	
マニエリスム…………………………208	
マヤマタ………………………………60	
マンダラ…………………………………61	

み

ミース・ファン・デル・ローエ、L.…46, 146	
ミレトス………………………………202	

む

棟木……………………………………72	
棟札……………………………………86	

め

メギド…………………………………202	
メソポタミア……………………58, 195	
メタボリズム……………………………46	
面材……………………………………118	
免震構造………………………………100	
メンフィス……………………………196	

も

モエンジョ・ダーロ……………………196	
モーツアルト……………………………33	
モーメント………………………125, 127	
木匠塾…………………………………54	
木造……………………………65, 165	
木造建築………………………………171	
裳階……………………………………165	
モスク…………………………………209	
モックアップ…………………………248	
モデュール………………………63, 65	
モニタリング…………………………216	
モリス、W.………………………………46	

モンゴル……………………………… 199	ランボー、J. L. ……………………… 66
モンスーン…………………………… 184	

り

	力学 ………………………………… 112

や

ヤード ………………………………… 69	リクワート、J. ……………………… 206
薬師寺東塔…………………………… 165	理想都市……………………………… 207
	立体トラス…………………………… 112
	臨淄 ………………………………… 197

ゆ

る

邑 …………………………………… 196	ル・コルビュジエ…………………… 142
ユートピア…………………………… 206	ルドフスキー、B. ………………… 47, 53
ユーパリノス……………………… 35, 37, 38	ルネサンス………………………… 33, 207
ユーラシア…………………………… 199	
ユスティニアヌス……………………… 33	

れ

ユニバーサルスペース…………… 46, 146	礼堂 ……………………………… 74, 91
ユネスコ……………………………… 181	レコンキスタ………………………… 199
	煉瓦 ……………………… 65, 151, 164

よ

ろ

揚子江 ……………………………… 197	ローエネルギー…………………… 147, 159
余震 ………………………………… 166	露地 ………………………………… 153
	『魯般営造正式』……………………… 63

ら

ラーメン構造……………………… 102, 118	ロマネスク…………………………… 35
来迎壁 …………………………… 88, 89, 91	ロンシャン…………………………… 25
ライト、F. L. ……………………… 113, 142	ロンドン……………………………… 200
洛陽 ………………………………… 197	ロンボク……………………………… 192
ラスキン、J. ……………………… 46, 71	

わ

ラ・トゥーレット………………………… 25	脇陣 ………………………… 74, 89, 90, 92
ラトン …………………………………… 27	
ランドスケープ…………………… 139, 185	
ランドマーク………………………… 218	

索引

259

■執筆者紹介（執筆順。＊編者）

＊布野修司（ふの・しゅうじ）　　　　　　　　　　　　　序、第3章、第8章コラム、第9章
　　日本大学特任教授。専門は建築計画学、地域生活空間計画、アジア都市建築史

＊竹山　聖（たけやま・きよし）　　　　　　　　　　　第1章、第1章コラム、第2章
　　京都大学教授。設計組織アモルフ。専門は建築設計

　青井哲人（あおい・あきひと）　　　　　　　　　　　　　　　　　　第2章コラム
　　明治大学准教授。専門は建築史・建築論

　田中麻里（たなか・まり）　　　　　　　　　　　　　　　　　　　　第3章コラム
　　群馬大学教授。専門は建築計画学

＊山岸常人（やまぎし・つねひと）　　　　　　　　　　　　　第4章、第4章コラム
　　京都大学教授。専門は建築史・宗教史・文化財保護

＊大崎　純（おおさき・まこと）　　　　　　　　　　　　　　　　　　　　　第5章
　　京都大学教授。専門は建築構造学

　竹内　徹（たけうち・とおる）　　　　　　　　　　　　　　　　　　第5章コラム
　　東京工業大学教授。専門は建築構造設計、鋼構造、シェル・空間構造

　諸岡繁洋（もろおか・しげひろ）　　　　　　　　　　　　　　　　　　　　第6章
　　東海大学教授。専門はシェル・空間構造

　今川憲英（いまがわ・のりひで）　　　　　　　　　　　　　　　　　第6章コラム
　　東京電機大学教授。構造設計事務所 T.I.S.& PARTNERS。専門は長寿命建築構造設計

　小玉祐一郎（こだま・ゆういちろう）　　　　　　　　　　　第7章、第7章コラム
　　神戸芸術工科大学教授。エステック計画研究所。専門は建築環境計画、建築設計計画

　西澤英和（にしざわ・ひでかず）　　　　　　　　　　　　　　　　　　　　第8章
　　関西大学教授。専門は耐震工学、鉄骨構造学、建築保存工学

　脇田祥尚（わきた・よしひさ）　　　　　　　　　　　　　　　　　　第9章コラム
　　近畿大学教授。専門は都市計画、まちづくり

　牧　紀男（まき・のりお）　　　　　　　　　　　　　　　　　　　　第9章コラム
　　京都大学教授。専門は防災学

　竹内　泰（たけうち・やすし）　　　　　　　　　　　　　　　　　　第9章コラム
　　東北工業大学准教授。専門は建築設計

＊古阪秀三（ふるさか・しゅうぞう）　　　　　　　　　　　第10章、第10章コラム
　　京都大学教授。専門は建築生産、プロジェクトマネジメント

　金多　隆（かねた・たかし）　　　　　　　　　　　　　　　　　　第10章コラム
　　京都大学准教授。専門はプロジェクトマネジメント

　西野佐弥香（にしの・さやか）　　　　　　　　　　　　　　　　　第10章コラム
　　株式会社アクア。専門は建築社会システム工学

建築学のすすめ

2015年6月18日　初版第1刷発行

編　者　traverse編集委員会

発行者　齊藤万壽子

〒606-8224　京都市左京区北白川京大農学部前
発行所　株式会社　昭和堂
振替口座　01060-5-9347
TEL（075）706-8818／FAX（075）706-8878
ホームページ　http://www.showado-kyoto.jp

© 布野修司 ほか 2015　　印刷　亜細亜印刷
ISBN978-4-8122-1513-5
＊乱丁・落丁本はお取り替えいたします。
Printed in Japan

本書のコピー、スキャン、デジタル化等の無断複製は著作権法上での例外を除き禁じられています。本書を代行業者等の第三者に依頼してスキャンやデジタル化することは、たとえ個人や家庭内での利用でも著作権法違反です。

世界住居誌
　　布野修司編 ……………………………………………… 3000 円

アジア都市建築史
　　布野修司編／アジア都市建築研究会執筆 ……………… 3000 円

ヨーロッパ建築史
　　西田雅嗣編 ……………………………………………… 2400 円

近代建築史
　　石田潤一郎・中川理編 ………………………………… 2400 円

日本建築史
　　藤田勝也・古賀秀策編 ………………………………… 2400 円

日本風景史──ヴィジョンをめぐる技法
　　田路貴浩・齋藤潮・山口敬太編 ……………………… 4100 円

京都発！ニュータウンの「夢」建てなおします──向島からの挑戦
　　杉本星子・小林大祐・西川祐子編 …………………… 2800 円

京都まちあるき練習帖──空間論ワークブック
　　浜田邦裕著 ……………………………………………… 1900 円

京都の町家と町なみ──何方を見申様に作る事、堅仕間敷事
　　丸山俊明著 ……………………………………………… 6600 円

昭和堂
（表示は本体価格）

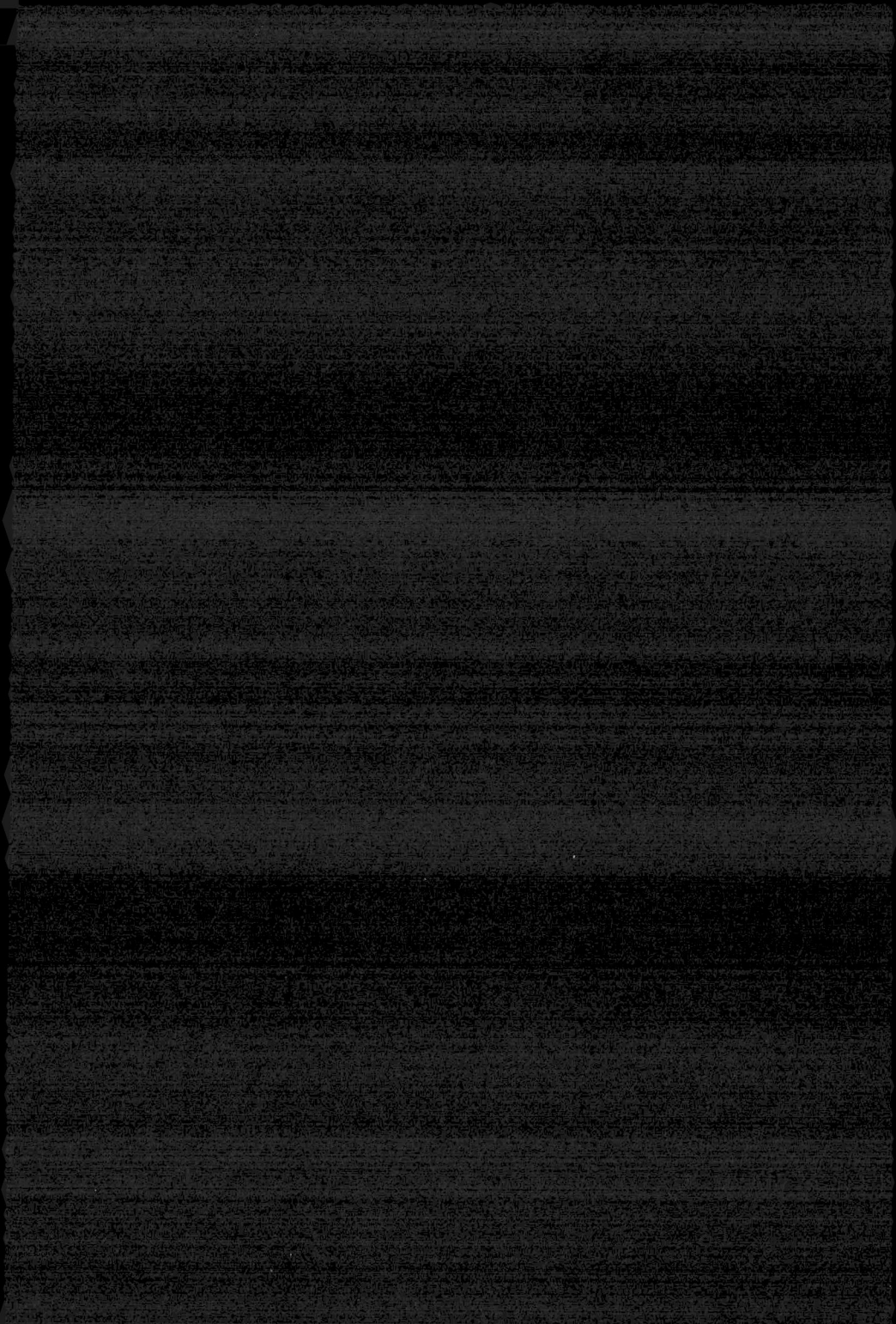